실전! OSGi & Spring DM

권정혁 지음

실전 OSGi & SpringDM

지은이 권정혁
펴낸이 박찬규 | 엮은이 김윤래 | 표지디자인 Arowa & Arowana

펴낸곳 위키북스 | 주소 경기도 파주시 교하읍 문발리 파주출판도시 535-7 세종출판벤처타운 #311
전화 031-955-3658, 3659 | 팩스 031-955-3660

초판발행 2009년 09월 10일
ISBN 978-89-92939-28-7

등록번호 제406-2006-000036호 | 등록일자 2006년 05월 19일
홈페이지 wikibook.co.kr | 전자우편 wikibook@wikibook.co.kr

이 책의 저작권은 저자와의 독점 계약으로 위키북스가 소유합니다.
신 저작권법에 의해 한국 내에서 보호를 받는 저작물이므로 무단 전재와 복제를 금합니다.
이 책의 내용에 대한 추가 지원과 문의는 위키북스 출판사 홈페이지 wikibook.co.kr이나
이메일 wikibook@wikibook.co.kr을 이용해 주세요.

「이 도서의 국립중앙도서관 출판시도서목록 CIP는 e-CIP 홈페이지 | http://www.nl.go.kr/cip.php에서 이용하실 수 있습니다.
CIP제어번호: CIP2009002666」

실전
OSGi &
SpringDM

• 차 례 •

00   들어가기 전에 1

    1   읽는 순서 2
    2   이 책의 표기법 3
        2.1   용어 표기 3
        2.2   웹 주소 표시 3

01   OSGi 소개 5

    1   OSGi란 무엇인가? 5
    2   OSGi의 탄생과 발전 7
    3   OSGi의 특징 9
    4   OSGi 아키텍처 10
        4.1   OSGi 프레임워크 10
        4.2   OSGi Services 12
    5   OSGi와 Equinox 15

02   HelloOSGi 17

    1   OSGi 개발 환경 준비 17
        1.1   자바 개발 환경 17
        1.2   이클립스 18

	2	Hello OSGi	19
	2.1	프로젝트 위자드로 번들 프로젝트 생성하기	19
	2.2	OSGi 실행환경 이해하기	26
	2.3	OSGi 커맨드라인 명령어	31
	2.4	Activator.java	32
	2.5	MANIFEST.MF	34

03 번들 *37*

	1	번들 : OSGi의 기본 모듈	37
	2	모듈 레이어에서의 번들	38
	2.1	번들 Manifest	39
	3	라이프 사이클 레이어에서의 번들	43
	3.1	번들 설치하기	43
	3.2	번들 객체	44
	3.3	Bundle State	46
		INSTALLED	48
		RESOLVED	48
		STARTING	50
		ACTIVE	51
		STOPPING	51
		UNINSTALLED	51
	3.4	BundleActivator와 BundleContext	52
		새로운 번들 설치	53
		번들정보 얻어오기	54
		서비스 등록하기 및 서비스 가져오기	54
		프레임워크 이벤트에 Subscribe 또는 Unsubscribe 하기	54
		영구저장소에 파일 생성하기	55
		시스템 프로퍼티 읽어오기	55

4	번들 자동 설치 프로그램 만들기	56
5	조각 번들	68

04 서비스 69

1	SOA		70
	1.1	서비스란?	71
2	OSGi에서의 서비스		72
	2.1	OSGi 서비스 등록과 해지	76
	2.2	OSGi 서비스 사용하기	79
	2.3	OSGi 서비스 추적하기	83
	2.4	여러 개의 서비스 사용하기	88

05 OSGi 이벤트 시스템 93

1	OSGi상에서의 시스템 이벤트		93
	1.1	BundleEvent	95
	1.2	FrameworkEvent	99
	1.3	ServiceEvent	102
2	OSGi의 애플리케이션 이벤트		106
	2.1	화이트보드 패턴	108
3	Event Admin 서비스		109
	3.1	Event Object	112
	3.2	이벤트 핸들러로 이벤트 받기	115
	3.3	Event Admin에게 이벤트 보내기	120

06　Log 서비스　　123

1　Logging for Debugging 123
2　Log4j 125
3　OSGi Log 서비스 127
4　Log4j vs. OSGi Log 서비스 130
5　OSGi Log 서비스 예제 131
　　5.1　TimeLogger 131
　　5.2　ConsoleLogger 134
　　5.3　RecentLogPrinter 137
　　5.4　Log4j Logger 141
　　　　5.4.1　라이브러리 JAR 파일을 번들 내에서 사용하기 143
　　　　5.4.2　일반 JAR 파일을 OSGi화하기 150

07　Configuration Admin 서비스　　159

1　Configuration Admin 서비스 160
　　1.1　Configuration 161
　　1.2　Configurator vs. Configurable 162
　　1.3　Managed Service vs. Managed Service Factory 163
2　Configuration Admin 으로 Configuration 저장하기 163
　　2.1　이퀴녹스 OSGi 콘솔 확장하기 165
　　2.2　Configuration 콘솔 예제 168
3　Configurable 번들 만들기 184
　　3.1　Configurable with Managed Service 185
　　3.2　Configurable with Managed Service Factory 196

08 Preferences 서비스 *209*

1 Persistent Area에 저장하기 *210*
2 Preferences 서비스 *212*
    2.1 Preferences 데이터 저장하기 *216*
    2.2 Preferences 데이터 읽어오기 *218*

09 HTTP 서비스 *221*

1 HTTP 서비스 *222*
    1.1 HelloWorld 서블릿 *224*
    1.2 리소스 추가하기 *227*
2 OSGi용 웹 관리자 툴 만들기 *229*

10 OSGi 콘솔 *243*

1 JAR 번들파일로 만들기 *243*
    1.1 번들로 Export 하기 *244*
    1.2 BND *247*
        1.2.1 .bnd 파일 *248*
        1.2.2 bnd를 커맨드 라인에서 사용하기 *252*
2 Equinox를 콘솔에서 사용하기 *255*
    2.1 config.ini 파일을 이용하여 OSGi 콘솔 실행 설정하기 *258*

11 Spring Dynamic Modules for OSGi™ *265*

1 스프링 프레임워크 *265*
2 Spring Dynamic Modules for OSGi *271*
3 SpringDM 개발환경 설정 *274*

		3.1	SpringIDE 설치	274
		3.2	Maven 설치	277
	4	타겟 플랫폼 설정		278
	5	Hello SpringDM		299
	6	OSGi 번들 개발과 SpringDM 번들 개발의 차이		306
		6.1	개발 단위의 변화	306
		6.2	초기화 순서의 변화	306
		6.3	OSGi 서비스 등록/찾기 방법의 변화	307
		6.4	웹 애플리케이션의 지원	308

12 SpringDM을 이용한 OSGi 서비스 활용　　　*309*

	1	SpringDM을 이용한 OSGi 서비스 등록과 가져오기		309
	2	SpringDM으로 검색엔진 만들기		311
		2.1	검색엔진 등록	311
		2.2	한 개의 검색엔진을 사용하는 클라이언트	315
		2.3	여러 개의 검색엔진을 사용하는 클라이언트	319
	3	SpringDM의 OSGi 지원 옵션		321

13 SpringDM으로 웹 애플리케이션 만들기　　　*327*

	1	OSGi와 Web 지원	327
	2	HelloSpringDM 웹 애플리케이션 만들기	329

저자 서문

자바가 1995년 SunWorld '95에서 세상에 발표된 지 벌써 15년이 흘렀습니다. 자바는 15년간 발전을 거듭하여 이젠 8억 대의 PC, 20억 대의 휴대전화, 35억 개 이상의 스마트 카드, 그 외에 TV, 셋톱 박스, 프린터 등 수많은 기기에서 활용되는 기술이 되었으며, 650만 명의 개발자들이 자바를 이용해서 개발을 하고 있습니다.

자바는 플랫폼 이식성이 뛰어나기 때문에 일반 데스크톱보다는 임베디드 기기에서 더욱 큰 강점을 나타내고 있습니다. 1999년에 썬 마이크로시스템즈와 IBM, 에릭슨 등은 임베디드 기기의 원격 관리가 가능한 자바 기반 서비스 플랫폼을 제정하기 위한 OSGi Alliance라는 단체를 결성하였습니다. OSGi Alliance에 의해 제정된 OSGi 표준은 원래는 홈 게이트웨이를 위한 규격이었으나, 다양한 확장성으로 인해 점점 적용범위를 넓혀 가고 있습니다.

OSGi가 일반 자바 개발자들에게 익숙해진 건 바로 개발자 IDE인 이클립스가 3.0부터 OSGi 기반으로 변경되면서부터입니다. 이클립스 자체가 OSGi를 이용하기 때문에 많은 기능 추가가 있었고, OSGi 프레임워크에 대한 개발을 지원하면서 OSGi 개발이 더욱 쉬워졌습니다. 여기에 최근 자바 개발 시 거의 표준처럼 사용되고 있는 스프링 프레임워크가 SpringDM이라는 이름으로 OSGi에 대한 지원을 추가하면서, OSGi는 이제 임베디드 기기를 넘어 엔터프라이즈 영역까지 진출을 꾀하고 있습니다.

제가 OSGi와 SpringDM을 이용하여 2년간 프로젝트를 하면서 꽤 많은 개발자들과 같이 진행했지만, OSGi 기술은 처음에 익숙해지기가 조금 어려운 게 사실입니다. 이 책은 자바와 OSGi 그리고 SpringDM이라는 멋진 세 가지 기술을 융합하여 만들 수 있는 다양한 기능들을 접해볼 수 있도록 최대한 쉽게 설명했습니다. 처음에 제가 OSGi를 익힐 때 관련 설명들이 너무 부실해서, 나라면 이렇게 설명하겠다 라고 생각했던 부분을 담으려고 노력했습니다. OSGi를 접하고 익숙해지는 데 최대한 도움이 되었으면 좋겠습니다. OSGi를 익혀 두는 것은 여러분의 미래를 대비한 투자가 될 것이라 확신합니다.

권정혁

저자 운영 구글 게시판

『실전 OSGi & SpringDM』을 공부하는 독자들과의 소통을 위해 구글 게시판을 운영합니다. 궁금한 점이나 책의 오류 등은 아래 구글 그룹스 게시판에 올려주시기 바랍니다.

http://groups.google.com/group/osgi-springdm

00

들어가기 전에

이 책은 자바에 대해서 초급 이상의 지식이 있는 개발자를 대상으로 작성한 책이다. 하지만 OSGi가 아주 복잡하고 어려운 프레임워크가 아니기 때문에, 자바 언어 관련 책을 곁눈으로라도 한 번 본 개발자라면 쉽게 이해하고 따라 해 볼 수 있을 것이다. 또한 주 개발환경으로 이클립스를 사용하긴 하지만 2장에서 기초 사용법에 대해 간단히 설명하였고, 뒤에서 나오는 부분에도 가능한 쉽게 설명하였으니, 이클립스에 대한 지식이 많이 필요하지도 않다.

이 책을 쓰면서 우리 팀에 새로 배치된 개발자에게 OSGi를 가르친다는 마음으로 설명을 했다. 대학을 갓 졸업했거나, OSGi 관련 프로젝트 경력이 없는 자바 개발자가 처음으로 OSGi를 접했을 때 어떤 어려움이 있을까 예상해보고 그것에 대해 가능한 자세히 설명하려고 노력하였다. OSGi를 배우는 도중에 발생하는 문제들에 대해서 가능한 많이 설명하려고 했지만, 여러분이 실전에서 애플리케이션을 만들기 시작한다면 여기에서 설명한 것들보다 훨씬 더 다양한 문제를 접하게 될 것이다. 일반 자바 개발과는 다른 부분이 많고, 또 OSGi가 아주 널리 알려진 기술은 아니어서 문제가 생겼을 때 대처하는 방법을 찾기가 그리 쉽지 않을 것이다. 따라서 여러분도 어느 부분에서는 막혀서 난처해 할 부분이 분명히 있을 거라 생각한다. 이럴 때 다양한 경로로 시도를 해보라고 말하고 싶다. OSGi 소스코드도 한번 분석해보고, 다양한 OSGi 관련 오픈소스들도 참고해 보면 여러분이 원하는 해답을 의외로 쉽게 찾을 수 있을 것이다. 혹시 해결하기 어려운 문제가 있다면 아래 웹사이트에 도움을 요청하기 바란다.

http://groups.google.com/group/osgi-springdm

이 책의 후반부에서는 SpringDM(Spring Dynamic Modules)을 활용하여 OSGi를 더욱 쉽고 강력하게 쓰는 방법을 설명하고 있다. OSGi와 Spring 프레임워크 그리고 SpringDM 이렇게 3가지 기술은, 각각만으로도 책을 몇 권씩 쓸 수 있을 만큼 복잡하고 방대한 기술이기 때문에 이 책에서 각 기술을 모두 자세히 다룰 수는 없다. 따라서 이 책에서는 Spring과 SpringDM 이 두 가지의 기술을 OSGi 프레임워크를 보다 쉽고 강력하게 사용하기 위한 도구 정도로 소개할 예정이다. 스프링 프레임워크에 대해서는 『프로 스프링 2.5』(위키북스, 2009)를 참고하기 바란다.

1 읽는 순서

개발서적을 읽는 방법은 개인마다 다르다. 어떤 개발자들은 목차만 보고 주요한 부분만을 가려내어 읽기도 한다. 아니면 개발서적은 다 사전형식의 레퍼런스처럼 생각하고, 자신이 필요한 부분만 원하는 때에 찾아서 보기도 한다. 하지만 여러분이 OSGi를 처음 접하는 개발자라면 가능하면 순서대로 읽어주길 바라며, 특히 1장부터 5장까지는 OSGi 프레임워크의 기본에 대해 설명하고 있으므로 꼭 정독하길 바란다. OSGi 개발 중 생기는 많은 문제들은 OSGi 프레임워크에 대해 잘못 이해하고 있어서 생기는 문제이다. 그리고 6장부터 9장까지는 OSGi에서 가장 필수로 사용되는 서비스를 설명하고 있다. 단순히 API 설명이라고 생각할 수도 있겠지만, 각각의 API들은 OSGi 환경에 맞게 독특하게 구성된 것이므로 각각의 구조를 이해하면서 다시 한 번 OSGi의 독특한 구성방식을 익힐 수 있다. 3장과 6장, 그리고 7장의 예제는 여러분이 실전에서 개발할 때 필요한 내용을 담고 있으므로, 꼭 한번 따라서 코딩해보고 파일로 저장해 두었다가 나중에 실무에서 사용하기 바란다.

11장부터 13장까지는 SpringDM에 대한 소개를 담았다. OSGi 기반 위에 만들어진 SpringDM은 스프링 프레임워크에 대한 기본지식이 있다면 훨씬 빠르게 이해할 수 있다. 여러분이 SpringDM을 프로젝트에서 쓸 예정이라면 11장을 보기 전에 스프링 프레임워크에 대한 소개자료를 더 참고하는 것이 좋을 것이다. 11장에서는 여러분이 사용하는 애플리케이션을 배포하고자 할 때 메이븐(Maven)을 이용해서 편하게 관리하는 방법을 소개하고 있다. SpringDM을 쓰지 않더라도 이 메이븐 자동화 부분은 꼭 읽어두기 바란다.

2 이 책의 표기법

2.1 용어 표기

OSGi 관련 용어들 중에는 한글로 표현하기 힘든 것들이 많다. 이 책에서는 가능하면 원래의 용어표기 그대로 사용하였으며, 한글로 표현이 가능하거나 한글표기로 써도 부담이 없는 것은 처음에 번들(Bundle)과 같이 표시하고, 이후부터는 되도록 한글만 사용할 것이다.

말로 설명하는 것보다 그림으로 표현하면 쉽게 설명이 가능한 것이 많기 때문에, 실선과 점선, 박스 등을 이용해 꽤 많은 그림으로 개념을 설명하였다.

- 박스 : 클래스 혹은 번들
- 실선 : 직접적 관계, 메서드 호출
- 점선 : 다소 연관이 있음, 객체의 전달

2.2 웹 주소 표시

부연설명을 위해서 다양한 웹 주소의 링크를 포함하고 있으며, 입력할 때 편의를 위해서 각 주소에는 웹 주소 간소화 서비스인 http://durl.kr과 http://tinyurl.com을 활용하고 있다. 웹 주소 간소화 서비스는 긴 웹 주소를 간략한 주소로 바꿔서 표현하여 주는 서비스이다 (DURL은 한글 키보드에서 "여기"를 의미한다). 예제를 보도록 하자.

```
http://underlap.blogspot.com/2007/06/comparison-of-jsr-277-and-jsr-291.html
[ http://durl.kr/gs6 ]
```

앞의 http://underlap.blogspot.com/2007/06/comparison-of-jsr-277-and-jsr-291.html 주소와 다음 줄에 있는 http://durl.kr/gs6 주소는 같은 것이다. 여러분이 웹 브라우저에서 입력할 때는 뒤의 http://durl.kr/gs6 만 입력하면 쉽게 찾아볼 수 있다. 입력할 것이 많은 긴 주소 또는 조금 짧더라도 입력오류가 많은 웹 주소에는 이 DURL 서비스 주소를 붙여 놓았으니 쉽게 찾아보기 바란다. 그리고 예제를 위해 다운로드해야 할 파일의 주소는 DURL과 비슷한 서비스인 TinyURL을 이용하였다.

01

OSGi 소개

1   OSGi란 무엇인가?

OSGi는 네트워크상에 연결된 디바이스들이 다양한 서비스를 공유할 수 있도록 하는 자바 언어 기반의 동적인 플랫폼을 만들기 위해 'Open Services Gateway initiative'라는 이름으로 시작되었다. 지금의 SOAP(Simple Object Access Protocol)이 그러한 것처럼, 원래의 Open Services Gateway initiative라는 제목은 안 쓰이게 되고 그냥 OSGi라고 불리고 있다. 하지만, 이 약어 이름 자체로는 OSGi라는 단어가 어떤 기술을 의미하는지 알 수가 없어서 종종 'Dynamic Module System for Java'라고 하는 부제가 따라 붙는다. 다시 말해, OSGi는 기존의 자바 플랫폼이 제공하지 못하는, 동적인 컴포넌트 모델을 지원하는 프레임워크라고 볼 수 있다.

기존의 자바 플랫폼에서 사용하는, JAR 파일을 이용한 모델은 다음과 같은 제약사항을 가지고 있다.

- JAR 파일은 ClassPath 환경변수 또는 JVM의 실행옵션을 이용하므로, 서로 의존성(dependency)을 명확히 표시할 수 있는 방법이 없다.
- JAR 파일은 버전정보가 없다. 즉, 여러 개의 버전이 한 JVM 내에서 같이 존재할 수가 없다. 만약 여러분이 사용하는 2개의 라이브러리가 각기 다른 버전의 또 다른 라이브러리를 참고한다면 버전 호환성 문제가 발생한다.
- 애플리케이션을 실행 중에 내부에서 사용 중인 JAR 파일을 동적으로 변경하거나 추가할 수 없다. 즉, 애플리케이션을 끄지 않고 새로운 기능을 추가하거나 변경하는 것이 어렵다.

OSGi는 번들(Bundle)이라는 모듈 단위를 기반으로 동작한다. 이 번들은 실제로는 JAR 파일과 같은 형식이지만 몇 개의 추가적인 정보를 가진다.

- 번들은 추가적인 정보(Metadata)를 가지는 JAR 파일이다.
    - 기존 JAR에 들어있던 META-INF/MANIFEST.MF 파일에 추가 헤더를 정의하여 다양한 정보를 표시한다.
    - OSGI-OPT라는 폴더에 추가적인 문서정보 또는 소스를 저장한다.
- 번들은 버전정보를 가지고 있다. 즉, 버전이 다른 JAR 파일이 OSGi상에 같이 등록될 수 있다. 이것은 OSGi가 각 번들에 대해 별개의 ClassLoader를 만들어 사용하기 때문이다.
- 번들 내의 클래스들은 무조건 Public인 일반 JAR 파일과 달리 자신이 익스포트(export)하는 패키지/클래스만 외부에서 참조할 수 있다. MANIFEST.MF에 익스포트에 대한 내용이 기록되어 있다.
- 번들은 MANIFEST.MF에 자신이 참조하는 다른 번들/클래스/패키지에 대한 정보를 기록하고 있다. 이때 참조하는 다른 번들의 버전정보도 기록할 수 있으므로, 자기가 필요로 하는 버전의 번들과의 의존성을 정확히 표시할 수 있다.
- 번들은 OSGi의 기본 기능에 의해 동적으로 설치, 실행, 업데이트, 중단, 제거가 가능하다. 즉, 새로운 기능이 추가될 수 있고, 애플리케이션 재시작 없이 기존의 번들을 새로운 버전으로 업데이트할 수 있다.

요약하면, OSGi는 한 개의 번들 또는 여러 개의 번들로 이루어진 애플리케이션 자체를 언제든지 동적으로 프레임워크상에 설치, 실행, 업데이트, 중단, 제거하는 것을 가능하게 하는 매우 유연한 라이프 사이클(Life Cycle, 생명주기) 모델을 지원하는 프레임워크이다.

사실 이런 기능은 자바 플랫폼이 가지고 있었어야 하지만 아직까지는 자바에 포함되지는 않았고, 'JSR-291 : Dynamic Component Support for Java'와 비슷한 규격을 제공하는 'JSR-277 : Java Module System'에 의해서 언젠가는 자바 플랫폼 자체에 포함될 것으로 예상되고 있다(http://underlap.blogspot.com/2007/06/comparison-of-jsr-277-and-jsr-291.html   [http://durl.kr/gs6])

2 OSGi의 탄생과 발전

OSGi는 올해로 탄생 10년째를 맞이한다. 1999년 3월에 IBM, 썬, 노키아, 삼성전자 등의 업체들이 모여 OSGi Alliance(http://www.osgi.org)라는 비영리 단체를 만들고, 이 단체를 통해 OSGi 공개 표준 명세(Specification)를 만들기 시작하였다. 처음에 OSGi는 홈 네트워크를 지원하기 위한 플랫폼으로 만들어졌다. 1990년대 후반에 홈 네트워크가 확산되면서 이를 위한 각종 장비들이 출시됨에 따라 집 내부와 같은 로컬 네트워크(Local Network) 환경에서 각각의 장비들이 인터넷에 연결되게 되었다. 장비들이 많아지면서 각각의 장비를 연동할 필요가 생기면서 이런 장비들 간에 통신을 할 때의 호환성 문제가 대두됐다. 그런 장비들 간의 상호 호환성을 보장하고, 나아가 공개적인 명세가 필요하다는 의견이 모여 탄생된 기술이 바로 OSGi이다.

그림 1-1 | OSGi

그림 1-1에서 보다시피 OSGi는 다양한 로컬 네트워크 장치 간의 표준화된 명세를 제공함으로써 상호 호환성을 보장하고, 이를 통해 외부와의 연결이나 다양한 클라이언트, 관리자를 지원할 수 있다.

그림 1-2 | OSGi 버전별 변동사항

OSGi Alliance에 의해 2000년 5월에 OSGi Release 1.0(R1) 스펙이 만들어졌고, 이후 계속적인 확장으로 R2와 R3를 거쳐서 현재는 R4.2 Early Draft 버전 스펙까지 나와있는 상태이다. R1에서는 기본적인 프레임워크 정의 및 동적으로 디바이스에 대한 지원을 확장할 수 있는 발판이 마련되었고, R2에서는 애플리케이션의 설정을 저장하기 위한 Configuration, Preference 같은 서비스와 Permission Admin 같은 기초적인 보안 서비스가 추가되었다. R3에 오면서 OSGi는 큰 확장을 하게 되어 UPnP와 Jini 표준이 서비스로 추가되었고, Start Level과 Execution Environment의 지원, XML Parser와 URL Handler 같은 서비스가 추가되면서 다양한 환경을 지원하는 미들웨어 프레임워크로서의 모습을 갖추게 된다. R4에 와서는 프레임워크가 레이어(Layered) 구조로 바뀌어 좀 더 이해하기 쉽고, 잘 분리된 구조로 바뀌었으며 프레임워크 전체에서 사용 가능한 이벤트(Event) 시스템이 포함되어 컴포넌트 간의 통신을 더욱 편리하면서도 강력하게 지원해주게 된다. R4 초기에는 모바일 쪽 서비스들이 따로 분리되어 있었으나, R4.1에서는 기본 플랫폼 서비스로 포함되었다. 현재 제정 중인 R4.2에서는 Blueprint라는 서비스에 의해 Component Model이라는 개념이 소개되어 이 책의 후반부에서 다루게 될 SpringDM에서 지원해주고 있는 개념을 OSGi의 기본 기능으로 추가할 예정이다. 또한 Distributed OSGi를 지원하게 되어, 원격에 있는 OSGi 프레임워크 간의 Service 공유 및 통신이 가능해질 것이다.

또, OSGi R4부터는 모바일 및 임베디드(Embedded) 영역부터 엔터프라이즈(Enterprise) 영역까지 지원 가능한 Universal Framework로 확장이 되었고, 현재는 서버 쪽에서도 많이 활용되고 있다.

3 OSGi의 특징

앞서 말했듯이 OSGi는 'Dynamic Module System for Java'이다. 다시 말해서 바이트코드(ByteCode)와 가상 머신(Virtual Machine) 기술을 이용하여 코드 호환성을 보장하는 자바 플랫폼 위에서, 각 애플리케이션들이 번들이라 불리는 작고 재사용 가능한 컴포넌트로부터 조립될 수 있도록 도와준다. 번들은 OSGi에서 얘기하는 각각의 컴포넌트 또는 애플리케이션을 가리키는 단위를 의미하며 자세한 내용은 3장에서 다룰 것이다.

이렇게 여러 개의 컴포넌트(번들)로부터 조합된 애플리케이션들은 OSGi 프레임워크가 설치된 곳은 어디든지 배포될 수 있다. 또, Dynamic이라는 단어가 의미하듯, 이렇게 조합된 애플리케이션들은 시스템의 재시작 없이 컴포넌트의 연결구조를 동적으로 변경할 수 있다. 동적으로 연결구조가 변경될 수 있도록, OSGi는 서비스 지향 아키텍처(Service Oriented Architecture, SOA)를 사용한다. 즉, 각각의 컴포넌트/애플리케이션들은 OSGi에서 제공하는 Service Registry에 자신의 서비스를 등록하여 OSGi를 통해 서비스를 익스포트할 수 있고, 이 서비스를 사용하고자 하는 컴포넌트들은 서비스 레지스트리로부터 손쉽게 임포트(import)하여 서로 다른 컴포넌트 간에 강한 결합(Strong Coupling, http://en.wikipedia.org/wiki/Coupling_(computer_science), [http://durl.kr/2g9u]) 없이 연결 및 사용이 가능하다.

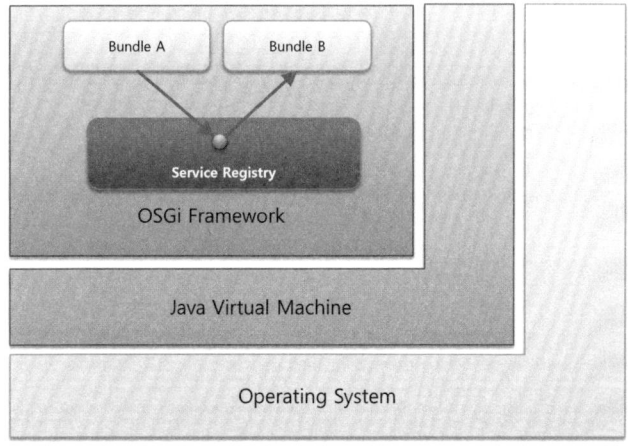

그림 1-3 | OSGi 프레임워크 구동환경

그림 1-3에서 볼 수 있듯이, OSGi는 JVM 위에서 돌아가는 하나의 프레임워크이며, 사용자가 개발한 프로그램들은 번들 형태로 선언되어 OSGi 내부에서 실행된다.

동적으로 번들이 추가/삭제되고 서로 간에 호출이 일어날 수 있기 때문에, OSGi는 동적으로 애플리케이션 추가/변경이 필요한 오픈 플랫폼에서 많이 사용되고 있다.

- 이클립스(Eclipse) : 통합개발환경인 이클립스 3.0부터는 OSGi를 기본 플랫폼으로 사용하여 다양한 플러그인을 통한 확장이 가능하도록 지원하고 있다.
- 프린터 및 복합기 : 다양한 애플리케이션들이 설치되고 기능이 확장 가능하도록 자바와 OSGi를 적용하고 있다.
    - Canon MEAP
    - Ricoh OSA
- 엔터프라이즈 환경 : 다양한 웹 애플리케이션 서버들이 OSGi를 사용하여 동적인 환경을 제공하고 있다.
    - IBM WebSphere
    - Oracle WebLogic
    - RedHat JBoss
    - SpringSource Application Platform
    - Sun GlassFish Enterprise Server

4 OSGi 아키텍처

OSGi는 크게 프레임워크와 서비스로 구성된다. 각각에 대해 알아보자.

4.1 OSGi 프레임워크

OSGi R1부터 정의되고 다듬어져 온 OSGi 프레임워크는 OSGi의 가장 중요한 부분으로 번들이라 불리는 애플리케이션 단위들을 지원해 준다. OSGi 프레임워크를 사용하게 되면, 이 번들을 동적으로 추가하거나 삭제할 수 있게 되고 번들과 서비스 간의 의존성을 관리해 준다. 프레임워크는 아래와 같은 레이어(Layer, 계층)들로 구성된다.

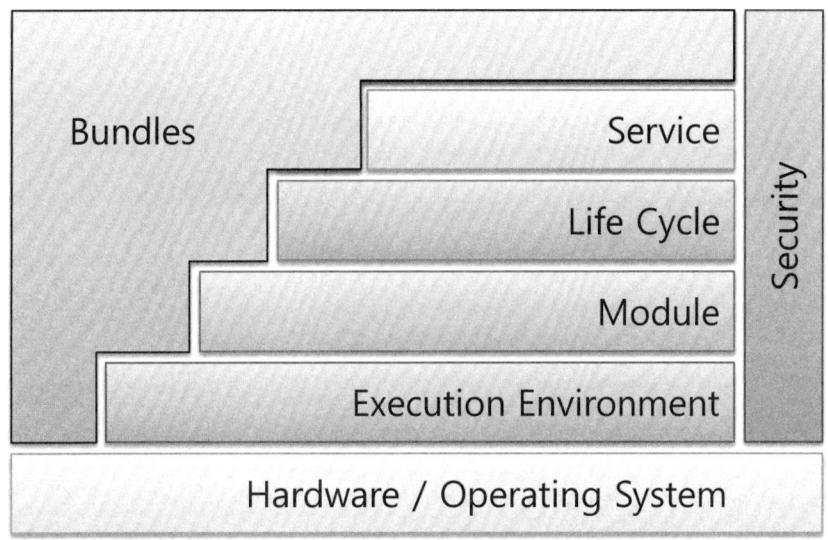

그림 1-4 | OSGi 프레임워크의 레이어구조

- **Module Layer** : OSGi의 근간이 되는 번들을 정의하는 레이어로, 3장에서 자세히 알아본다.
- **Life Cycle Layer** : 번들이 어떻게 동적으로 설치되고 관리될 수 있는지를 정의하는 레이어이다. 번들 내에서 어떻게 외부의 OSGi Context에 접근할 수 있는지를 정의하며, 3장에서 Module Layer와 함께 설명한다.
- **Service Layer** : 서비스 레지스트리(Service Registry)를 통해 서비스를 등록하고 찾을 수 있도록 지원하는 레이어이다. 4장에서 자세히 알아본다.
- **Security Layer** : 자바의 보안(Security) 구조에 기반하고 있으며, 패키지나 서비스에 대한 권한(Permission)을 관리하거나, Digitally Signed JAR 파일에 대한 지원을 해주는 레이어이다. 위 그림 1-4에서 보듯이 기존 레이어와 달리 전체 레이어에 영향을 주지만, 꼭 사용하지 않아도 되는 선택가능(Optional)한 레이어이다.
- **Execution Environment** : 번들이 실행될 수 있는 환경을 말하는 것으로, J2ME (CDC), J2SE 1.4, J2SE 1.5와 같은 환경들을 의미한다.
- **Bundles** : 왼쪽 위에 있는 Bundles는 레이어 개념이 아닌, OSGi의 레이어를 통하여 작성되고 프레임워크에 올려진 실제 번들을 의미하는 것으로, 개발자가 개발해서 프레임워크에 올리는 번들이 이 범주에 들어간다.

4.2 OSGi Services

OSGi Service는 프레임워크에서 공통/반복적으로 사용될 수 있는 서비스들을 정의해서, 각 번들이 서비스를 쉽게 사용할 수 있도록 해준다. 이 서비스들은 마치 자바 언어가 버전이 올라갈 때마다 기능이 추가되는 것처럼, OSGi 버전이 올라갈 때마다 새로운 서비스가 추가되고 있다.

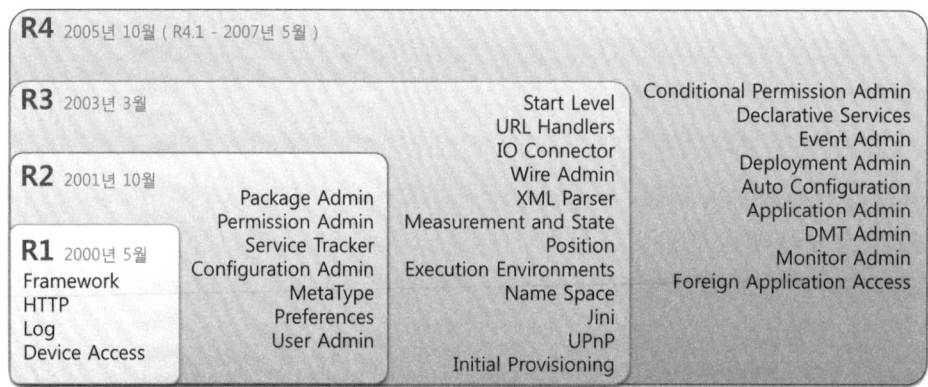

그림 1-5 | OSGi 릴리즈별 추가 서비스들

OSGi의 각 릴리즈들 간에 추가된 서비스는 아래와 같다. 이 가운데 몇 개의 서비스는 OSGi 프레임워크 내부에서 사용자가 코드상으로 직접 호출해서 쓸 수 있는 것도 있고, 몇 가지는 프레임워크 자체를 구성하는 기초 서비스로 동작하기도 한다.

서비스	릴리즈	설명	참고
Framework	R1	OSGi의 기초 프레임워크	3장
HTTP	R1	외부로부터의 접속을 위해 자바 서블릿(Java Servlet)과 리소스 파일들 (html, 이미지 등)에 기반한 HTTP 서비스	9장
Log	R1	로그 메시지를 기록하고 읽어올 수 있도록 하는 표준 서비스	6장
Device Access	R1	동적으로 추가될 수 있는 USB, IEEE 1394와 같은 기기들에 대한 자동 감지 및 연결을 지원하기 위한 서비스	
Package Admin	R2	번들 간에 패키지를 익스포트할 수 있도록 해주는 서비스(Manifest상에 Import-Package, Required-Bundle 항목으로 지원).	3장

서비스	릴리즈	설명	참고
Permission Admin	R2	번들의 퍼미션을 관리하여 번들이 특정코드를 실행할 수 있는지에 대한 권한을 체크할 수 있도록 해주는 서비스	
Service Tracker	R2	Framework의 Service Registry에 등록/수정/삭제되는 서비스들을 손쉽게 트래킹(Tracking)할 수 있도록 해주는 서비스	4장
Configuration Admin	R2	각 번들의 설정(Configuration) 정보를 저장하고 변경 정보를 전달받을 수 있도록 해주는 서비스	7장
MetaType	R2	번들 내부에 저장된 파일로부터 실행에 필요한 XML 메타데이터를 읽을 수 있도록 해주는 서비스	
Preferences	R2	번들에서 사용자별로 저장이 필요한 데이터를 저장하고 읽어올 수 있도록 해주는 서비스	8장
User Admin	R2	User와 Group에 기초한 인증/권한(Authentication/Authorization) 기능을 제공해주는 서비스	
Start Level	R3	각 번들의 실행순서를 조정할 수 있도록 해주는 서비스	10장
URL Handlers	R3	새로운 URL 스키마에 대한 처리기를 동적으로 추가해서 확장할 수 있도록 해주는 서비스	
IO Connector	R3	URI에 의해 설정되는 J2ME의 Connector Framework(javax.microedition.io)를 OSGi상에 구현한 서비스	
Wire Admin	R3	여러 개의 서비스를 Consumer/Producer 형태로 연결(Wiring)하는 방법을 지원하는 서비스	
XML Parser	R3	번들 내부에서 XML 사용을 쉽게 할 수 있도록 JAXP(Java API for XML Processing) 클래스들을 OSGi상에서 사용할 수 있도록 하는 서비스	
Measurement and State	R3	국가와 문화에 따라 다른 도량형/측정/상태 단위 데이터를 처리하는 일관적인 방법을 지원해주는 서비스. 예) 미터(m), 킬로그램(kg), 암페어(A), 칸델라(cd) 등	
Position	R3	GPS 데이터와 연동되도록 설계된 위치 데이터(Geographic Positions) 처리를 지원하는 서비스. WGS84(World Geodetic System 84) 지원	

〈다음 쪽에 표 계속〉

서비스	릴리즈	설명	참고
Execution Environments	R3	OSGi 실행 환경을 기술하여, OSGi 서비스 플랫폼 간의 호환성을 제공. 번들 Manifest에 JRE(Java Runtime Environment)의 Symbolic Name을 기재하여 최소한의 의존성만 가질 수 있도록 지원해주는 서비스	
Name Space	R3	OSGi 내부에서 실행되는 모든 번들을 지칭할 수 있도록 하는 Namespace 방식을 정의	
Jini	R3	Jini 장치들을 발견 및 제어하고 OSGi 서비스를 Jini 서비스로 익스포트할 수 있도록 지원하는 서비스	
UPnP	R3	UPnP 장치들과 상호 동작할 수 있도록 하는 서비스	
Initial Provisioning	R3	OSGi 서비스 플랫폼을 원격에서 제어하는 관리자 에이전트를 구현할 수 있도록 하는 서비스	
Conditional Permission Admin	R4	특정 컨디션에 따라 퍼미션을 부여할 수 있도록 해주는 서비스로, 기존에 R2에서 소개된 Permission Admin을 대체 가능	
Declarative Services	R4	서비스를 등록하고 조회하는 작업을 XML을 통해 선언적으로 지원하여 코드 양을 줄이고 필요할 때만 서비스를 찾도록 지원하는 서비스	
Event Admin	R4	OSGi 번들 간에 Publish/Subscribe 모델 방식의 이벤트 전달 메커니즘을 지원하는 서비스	5장
Deployment Admin	R4	프레임워크에서 제공하는 기본 번들 단위 설치방식보다 큰 여러 개의 번들과 다양한 리소스를 포함하는 패키지 단위의 설치방식을 지원하는 서비스	
Auto Configuration	R4	Deployment Admin을 통해 번들을 설치할 때 각 번들의 설정을 자동으로 도와주는 서비스	
Application Admin	R4	종류에 상관없이 다른 애플리케이션 들을 관리할 수 있도록 도와주는 서비스	
DMT Admin	R4	OMA(Open Mobile Alliance)에 의해 제정된 Device Management Protocol을 지원하는 서비스	
Monitor Admin	R4	번들의 상태를 확인할 수 있도록 하는 상태 변수(Status Variable)를 Publish/Discover할 수 있도록 지원하는 서비스	
Foreign Application Access	R4	OSGi의 서비스 모델이 아닌 MIDP, Xlets, Applets와 같은 다른 애플리케이션 모델들이 OSGi 서비스 아키텍처와 같이 연동될 수 있도록 지원하는 서비스	

5 OSGi와 Equinox

OSGi Alliance에서 발표한 OSGi R1~R4는 앞에서 이야기한 프레임워크와 서비스들의 표준 명세를 정의한 것뿐이므로, 실행을 위해서는 이 OSGi 표준을 구현한 프레임워크가 필요하다. OSGi 프레임워크는 아래처럼 여러 종류가 공개되어 있다.

	구현 Spec	라이선스	URL	Core Size
		특징		
Eclipse Equinox	R4	오픈소스(EPL)	http://www.eclipse.org/equinox/	950KB
	- 이클립스 개발환경 자체를 구성하는 프레임워크로 사용 중 - 거의 모든 R4 서비스들 구현 (Mobile 제외) http://www.eclipse.org/equinox/bundles/, [http://durl.kr/gs7]			
Apache Felix	R4	오픈소스 (Apache)	http://felix.apache.org/	365KB
	- 여러 아파치 프로젝트 및 다른 프로젝트에서 사용 중 ServiceMix, Apache Sling, GlassFish			
Knopflerfish	R4 & R3	오픈소스 (BSD)	http://www.knopflerfish.org/	330KB
	- Bundle Repository에 다양한 실사용 예제들을 보유 http://www.knopflerfish.org/releases/current/repository.xml [http://durl.kr/gs8]			
Concierge	R3	오픈소스 (BSD)	http://concierge.sourceforge.net/	80KB
	- 모바일/임베디드 기기를 위해 최적화 - Eclipse Integration 가능			
ProSyst mBedded Server	R4	- Professional Edition : 상용 - Equinox Edition : 오픈소스(EPL)	http://www.prosyst.com/	?
	- 상용 및 오픈소스 버전으로 구분 - 상용 버전의 경우 모든 OSGi R4.1 서비스를 지원			

이 책에서는 이클립스(http://www.eclipse.org/)에서 만들고 사용 중인 이쿼녹스(Equinox)를 사용하기로 한다. 특별한 이유는 없으며, 단지 이클립스 내에 포함되어 있어서 따로 설치할 필요가 없고, 이클립스 개발환경과 잘 결합되어 있기 때문이다. 하지만 이 책에서 사용할 코드는 이쿼녹스 프레임워크에 종속되지 않기 때문에 위의 모든 OSGi 프레임워크에서 사용이 가능하다. 단, Concierge는 R3 기반이므로 R4 기반의 코드를 사용하는 몇몇 장에서의 코드와는 호환이 불가능한 부분이 있을 것이다.

이쿼녹스는 자바 개발환경인 이클립스의 하위 프로젝트 가운데 하나이다. 이클립스의 모든 실행환경에 기본으로 사용되고 있으며, 다양한 환경을 지원할 수 있도록 세세한 설정옵션을 지원한다. 이쿼녹스 다운로드 페이지(http://download.eclipse.org/eclipse/equinox/, [http://durl.kr/gs9])에서 Equinox 자체만을 내려 받아서 콘솔로 실행이 가능하지만, 콘솔에서의 실행은 10장에서 자세히 살펴보기로 하고, 처음에는 그냥 이클립스 내부에서 사용하도록 한다.

02

HelloOSGi

1 OSGi 개발 환경 준비

OSGi 개발을 위해서는 Java Development Kit(JDK)이 반드시 필요하다. OSGi는 자바 ME / SE / EE 중 어떤 환경이라도 상관없지만 개발의 편의를 위해서 자바 SE를 사용할 것이다.

또한, 일반 에디터와 JDK만으로도 개발이 가능하지만, 실전에서 그렇게 개발하는 경우는 많지 않을 것이므로 이 책에서는 가장 일반적인 자바 개발환경인 이클립스를 이용할 것이다.

1.1 자바 개발 환경

OSGi는 JVM 위에서 실행되는 프레임워크이므로, 자바 개발을 위해 JDK 및 JRE 설치가 필요하다.

```
http://java.sun.com/javase/downloads/index.jsp, [ http://durl.kr/gsa ]
```

에서 Java SE Development Kit (JDK) 6 또는 Java SE Development Kit (JDK) 5 버전을 받아서 설치한다.

책에서는 JDK 1.5.0_17 버전을 이용한다.

1.2 이클립스

OSGi 개발환경으로는 이클립스의 여러 버전 중에서 'Eclipse for RCP/Plugin Developers'라고 불리는 플러그인 개발자용 환경이 필요하다. 이 설치본은 이클립스의 기본기능에 OSGi 번들 및 이클립스 플러그인을 개발하기 위한 PDE(Plug-in Development Environment, 플러그인 개발환경)와 몇 개의 추가패키지 및 개발자를 위한 각 플러그인의 소스코드들이 포함된 버전이며, 이클립스에서의 플러그인은 기본적으로 몇몇 차이점(이클립스 플랫폼과 의존관계 및 Extension Point의 사용 등)을 **빼면** OSGi 번들과 거의 동일하므로, 이클립스에서 말하는 플러그인이란 용어는 OSGi 번들과 같다고 생각해도 된다.

	Java	JEE	C/C++	RCP/Plugin	Modeling	Reporting	Classic
RCP/Platform	✓	✓	✓	✓	✓	✓	✓
CVS	✓	✓	✓	✓	✓	✓	✓
EMF	✓P	✓		✓P	✓	✓	
GEF	✓	✓		✓	✓	✓	
JDT	✓	✓		✓	✓	✓	✓
Mylyn	✓	✓	✓	✓	✓	✓	
UDC	✓	✓	✓	✓	✓	✓	
Web Tools		✓				✓	
JEE Tools		✓				✓	
XML Tools	✓	✓		✓			
RSE		✓					
PDE		✓		✓	✓	✓	✓
Datatools		✓				✓	
CDT			✓				
BIRT						✓	
ECF				✓			
GMF					✓		
MDT					✓		

범위

✓ 포함됨(코드와 함께)   ✓ 포함됨   ✓P 부분적으로 포함됨

그림 2-1 | 이클립스 버전별 차이

이클립스 홈페이지에서 PDE가 포함된 이클립스 엔터프라이즈 에디션 또는 이클립스 리치 클라이언트 플랫폼 버전을 다운로드해서 설치한다. http://www.eclipse.org/downloads/

2　Hello OSGi

OSGi 내부를 자세히 알아보기 전에, OSGi가 어떻게 동작하는지 익히기 위해 간단한 번들을 한번 만들어 보기로 하자.

이클립스의 위자드를 사용하는 쉬운 내용이지만 각각의 옵션에 대해 조금 자세히 들여다 볼 것이므로, 이클립스 환경 및 플러그인 개발환경에 익숙지 않다면 한번 봐두는 게 좋다.

2.1　프로젝트 위자드로 번들 프로젝트 생성하기

설치된 이클립스를 실행해서 책의 예제를 만들어보기 위한 Workspace를 하나 지정한다.

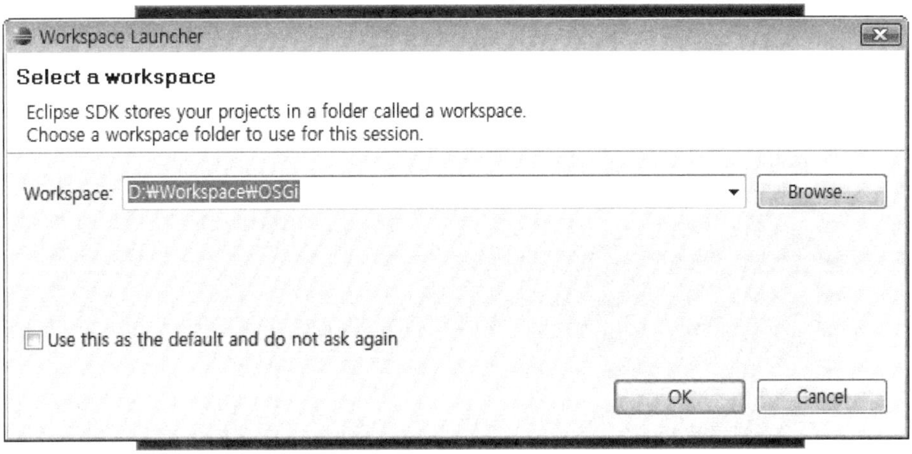

그림 2-2

HelloOSGi 프로젝트를 만들기 위해 상단메뉴에서 File ▷ New ▷ Project.. 를 선택해서 프로젝트 위자드를 실행한다.

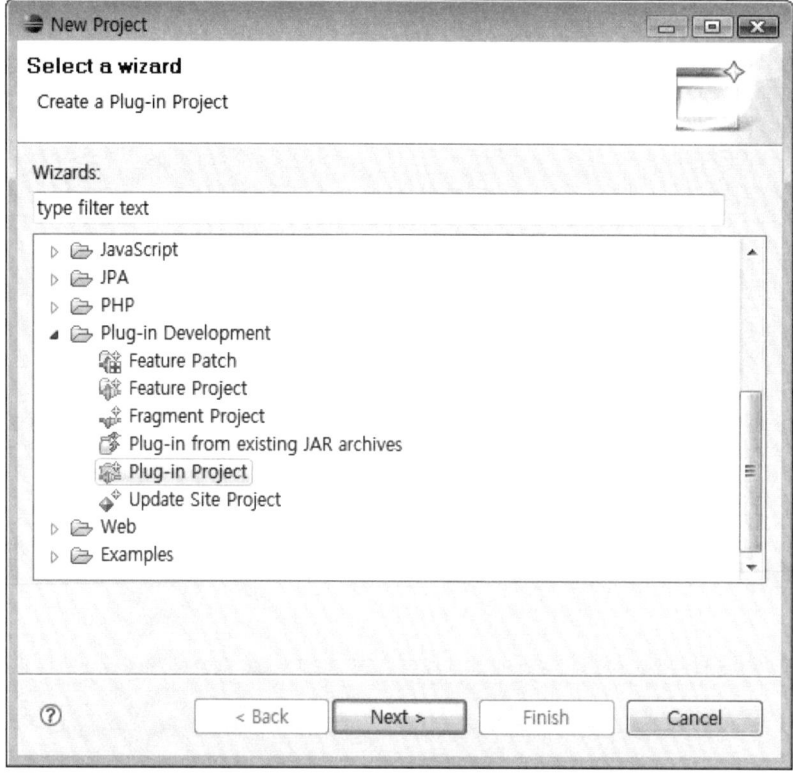

그림 2-3

Plugin Development 항목 밑에는 다음과 같은 프로젝트 종류들이 있다.

- Feature Project: 이클립스 통합개발환경을 위한 플러그인 피쳐를 개발하기 위한 프로젝트

- Feature Patch: 기존에 만들어진 피쳐의 패치를 만들어 업데이트 사이트를 통해 배포하고자 할 때 사용하는 프로젝트

- Fragment Project : 다른 번들에 붙어서 기능을 추가할 수 있도록 해주는 OSGi 조각(Fragment) 번들을 만드는 프로젝트

- Plug-in from existing JAR archives : OSGi 번들이 아닌 기존의 JAR 파일들을 OSGi 번들화하는 프로젝트

- Plug-in Project : OSGi 번들 및 이클립스 플러그인을 생성하기 위한 프로젝트

- Update Site Project : 이클립스 업데이트 매니저에서 사용하기 위한 업데이트 사이트를 만드는 프로젝트

피쳐 및 업데이트 사이트는 이클립스 개발환경의 확장을 위한 부분이므로, 이 책에서는 다루지 않는다. 조각 번들은 OSGi R4에 추가된 강력한 기능으로, 기존의 번들을 수정하지 않고 새로운 리소스 및 클래스를 기존의 번들에 추가할 수 있도록 해주는 기능이다. 3장에서 조금 더 자세히 살펴볼 것이다. 여기선 Plug-in Project를 선택하여 진행한다.

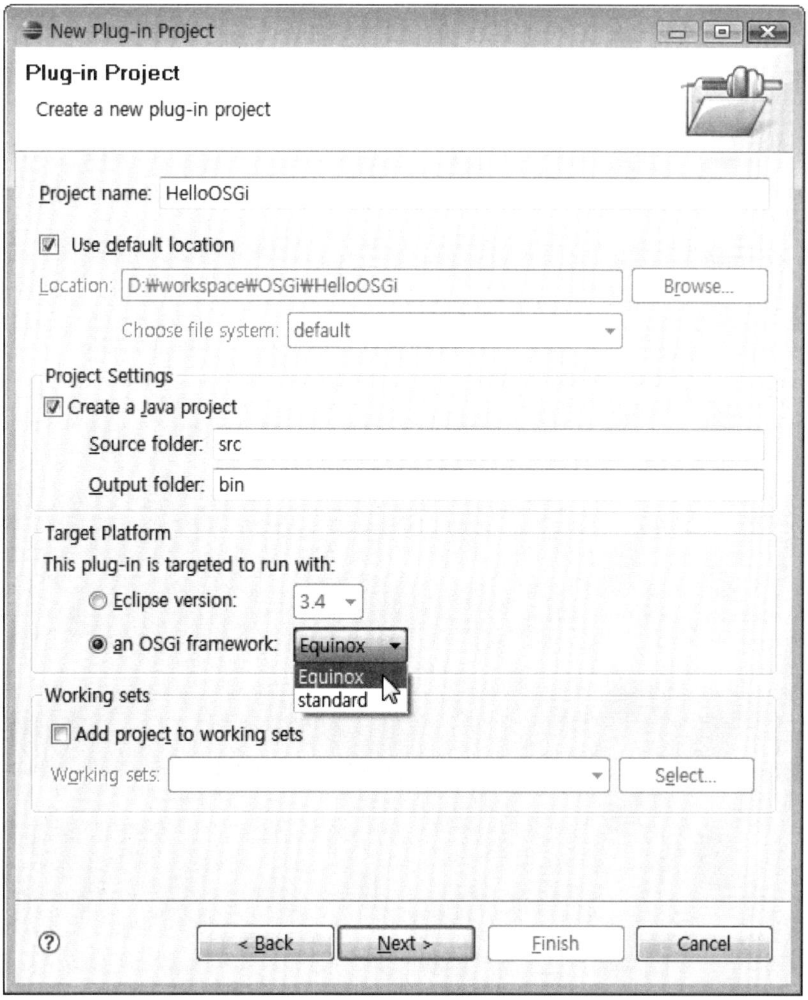

그림 2-4

HelloOSGi라고 프로젝트 명을 입력한다. 이 프로젝트 명은 번들의 ID로 사용된다.

Target Platform에서 이클립스용 플러그인을 만들지, OSGi용 번들을 만들지를 결정할 수 있다.

여기선 화면처럼 Equinox를 선택하고 다음으로 진행한다.

그림 2-5

다음 화면에선 생성할 번들의 ID, 버전, 이름을 지정한다. 만들어진 번들이 일반 컴퓨터를 대상으로 한다면 Execution Environment에서 알맞은 Java SE 버전을 지정하면 된다.

기본적으로 자신이 사용하는 JDK 버전이 선택되며, 1.5 정도로 하는 것이 호환성이 가장 높으므로 여기선 1.5를 지정한다.

만약, 자신이 개발하는 번들이 모바일 장비 같은 임베디드 플랫폼을 타겟으로 한다면 OSGi/Minimum이나 CDC-1.0 같은 것을 선택하고 진행한다.

Plug-in Options 항목에 액티베이터(Activator)를 생성한다는 옵션이 기본으로 선택이 된다. 화면에 있는 설명대로 이 액티베이터는 번들의 라이프 사이클(Life Cycle)을 제어하는 클래스를 말하며, 위자드가 이 클래스를 자동으로 생성하고, 만들어지는 MANIFEST에 액티베이터로 등록하는 등의 동작을 해 준다. 다음을 눌러 템플릿(Template) 선택화면으로 진행한다.

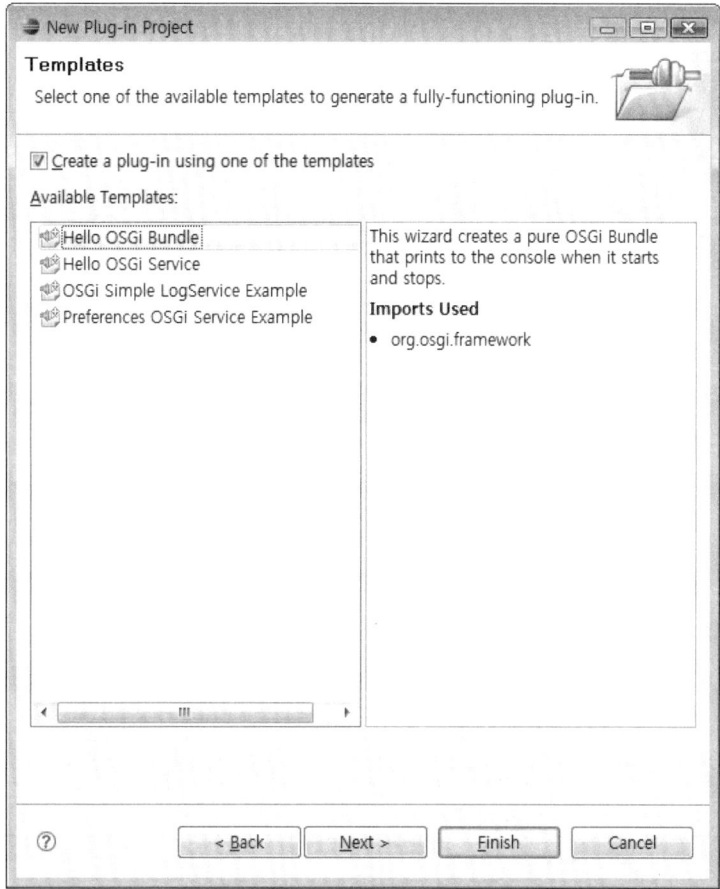

그림 2-6

빠른 작업을 위해 이클립스 플러그인 개발환경에서 번들 생성을 위한 템플릿을 몇 개 지원한다. 여기서는 첫 번째인 Hello OSGi 번들을 이용할 것이며, 나머지 3개는 관련 내용을 설명할 장에서 살펴볼 것이다.

다음을 누르면 간단한 메시지 입력화면이 나오는데, 그대로 사용하거나 자신이 쓰고 싶은 메시지로 입력한다. 여기선 프로젝트 이름에 어울리도록 Hello OSGi와 Goodbye OSGi로 메시지로 변경했다.

그림 2-7

Finish를 누르면 다음과 같은 대화상자가 나온다.

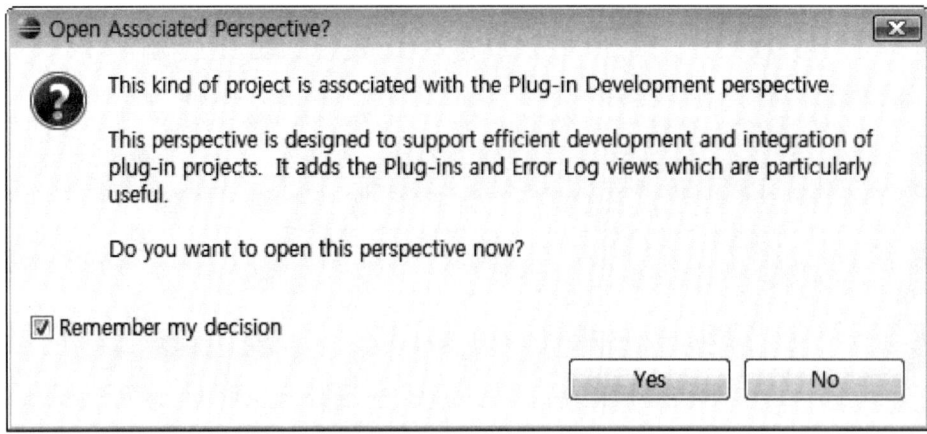

그림 2-8

번들 개발은 일반 자바 개발과 약간 다른 퍼스펙티브(Perspective)가 필요하므로 플러그인 개발용 퍼스펙티브(Plug-in Development Perspective)로 변경하도록 하자.

퍼스펙티브(Perspective)는 이클립스상에서 진행하는 개발 작업에 따라서 각 뷰 및 에디터의 배치가 효율적으로 지정된 설정 값이다. 일반적으로 자바 퍼스펙티브를 활용하며, 디버깅을 할 때는 디버깅 퍼스펙티브, 플러그인을 개발할 때는 플러그인 개발 퍼스펙티브로 변경하게 된다.

이제 아래와 같이 HelloOSGi 프로젝트가 생성되었다.

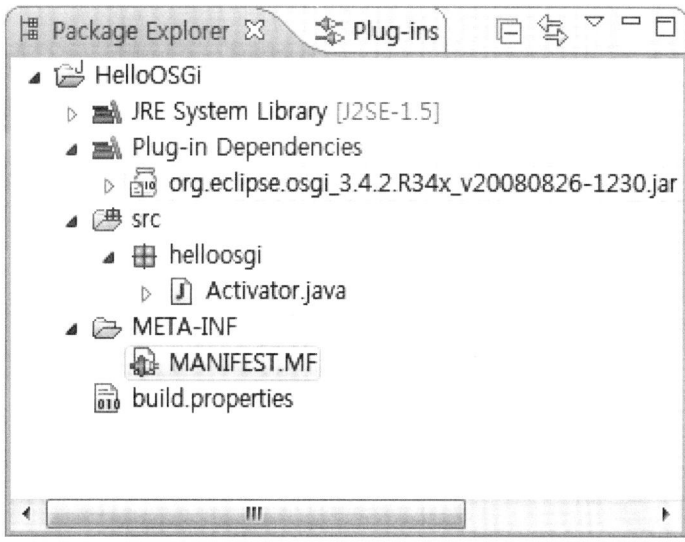

그림 2-9

만들어진 파일 중 중요한 파일은 2개이다.

- Activator.java : 번들의 라이프 사이클을 관리하는 클래스로 기본적으로 start, stop 두 개의 메서드를 구현한다.
- MANIFEST.MF : 번들의 정보를 기록하는 파일로, 일반 MANIFEST에 비해 몇 개의 확장 속성을 포함하고 있다.

상세한 내용은 뒤에서 보기로 하고, 일단 만들어진 코드를 실행해보자.

2.2 OSGi 실행환경 이해하기

만들어진 프로젝트를 실행하기 위해 이클립스 메뉴에서 Run ▷ Run 또는 Ctrl + F11을 선택하면 아래와 같은 창이 뜬다.

그림 2-10

OSGi 번들은 일반 자바 프로그램과는 실행방법이 다르므로 OSGi 프레임워크을 선택하여 실행하여야 한다.

여기서 위의 OSGi 프레임워크를 선택하고 OK를 누를 경우 실행은 되지만, 아래와 같은 수많은 에러가 뜨는 콘솔 창을 보게 될 것이다.

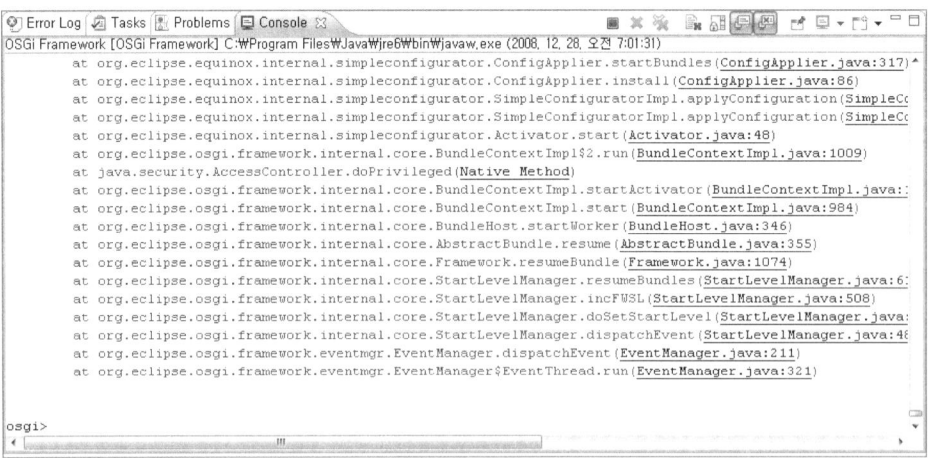

그림 2-11

이클립스 개발환경이 너무 똑똑(?)하게도 수많은 번들을 기본으로 등록하기 때문에 발생하는 에러이다. 이것은 타겟 플랫폼(Target Platform)을 간단히 지정해주면 되지만, 타겟 플랫폼 지정방법에 대해서는 11장에서 알아보도록 하고 여기서는 간단히 하기 위해 다음과 같이 하도록 하자. 우측상단의 빨간 사각형 Terminate 버튼을 눌러 종료하고,
실행 설정(Launch Configuration)을 수정하기 위해 이클립스의 메뉴에서
Run ▷ Run Configurations.. 를 선택한다.

> **TIP:**

> **Target Platform**
>
> 타겟 플랫폼은 여러분이 번들을 개발하고 실행하는 환경을 의미한다. 이것은 사용 중인 이클립스 내의 환경과는 달리, 실제로 여러분의 번들이 배포되었을 때 사용할 환경과 똑같이 만들어 줌으로써 실제 배포할 때처럼 테스트 및 개발을 진행할 수 있도록 해준다.
>
> 11장에서 타겟 플랫폼을 만들고 손쉽게 관리하는 방법을 알아볼 것이다.

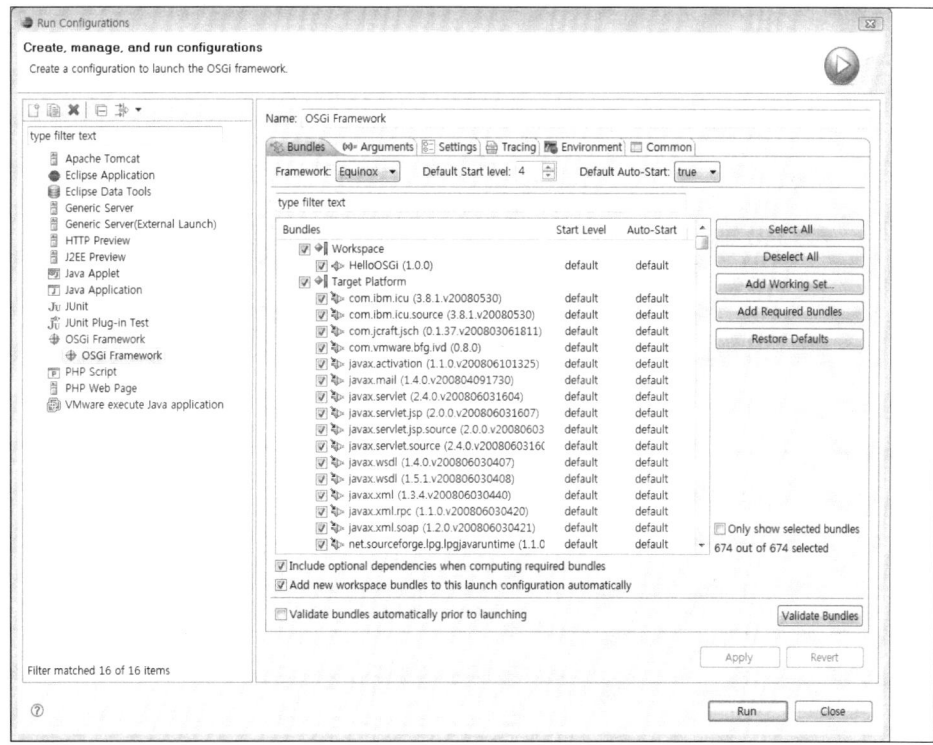

그림 2-12

그림에서 보다시피 새로 만들어진 OSGi Framework라는 이름의 실행 설정(Launch Configuration)에 현재 이클립스에 설치된 674개의 모든 번들이 선택된 것을 볼 수 있다 (번들의 개수는 이클립스 환경에 따라 다르다. 위 스크린샷은 이클립스 EE 버전이므로 총 674개의 번들이 등록되어 있다). 이 책의 중반 이후까지 이 번들을 필요로 하지 않으므로, Deselect All 버튼을 선택해서 모든 번들의 선택을 해제하고, 방금 생성한 HelloOSGi 번들만 선택한다.

그리고 Add Required Bundles를 누르면, 아래와 같이 현재의 HelloOSGi 번들을 실행하는 데 필요한 OSGi 시스템 번들이 자동으로 선택된다. 이 파일은 1장에서 소개했던 OSGi R4 명세를 구현한 이쿼녹스의 실제 프레임워크 파일이다. 이제부터는 OSGi 시스템 번들 또는 그냥 시스템 번들이라고 부르도록 하겠다.

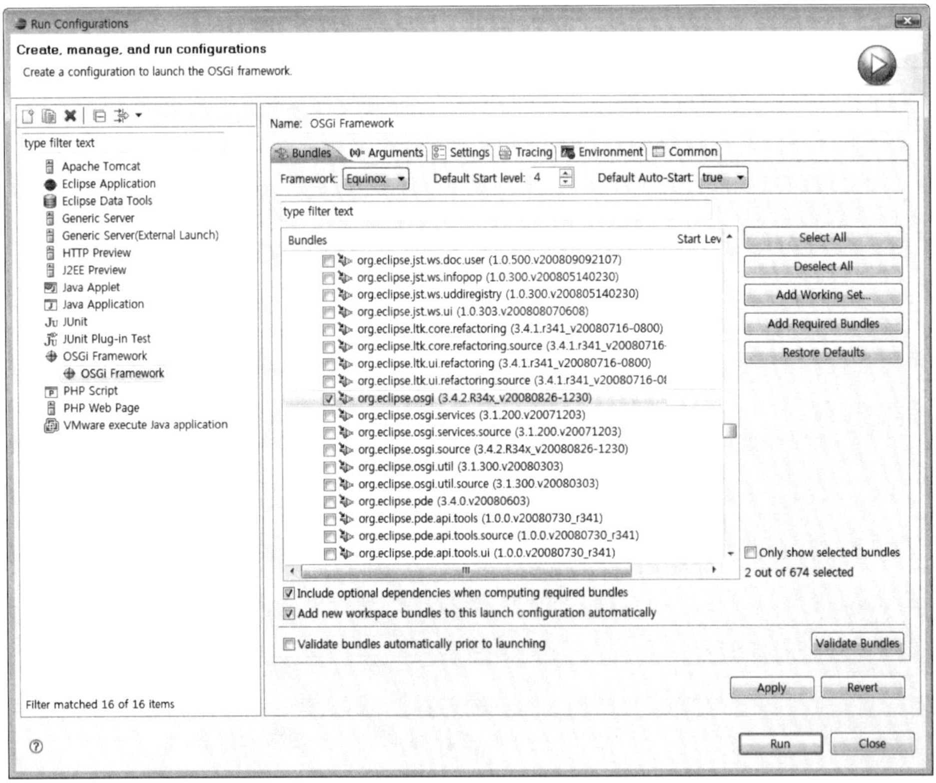

그림 2-13

실행에 필요한 모든 번들이 선택되었는지 확인하기 위해 하단에 Validate Bundles 버튼을 선택해서 확인을 해본다.

아래와 같은 창이 떠서 문제가 없음을 알려준다. 지금은 별로 필요가 없는 동작이지만, 차후에 프로젝트가 복잡해지고 다양한 번들과 의존관계가 생겼을 때 유용한 기능이므로 꼭 기억해두록 하자.

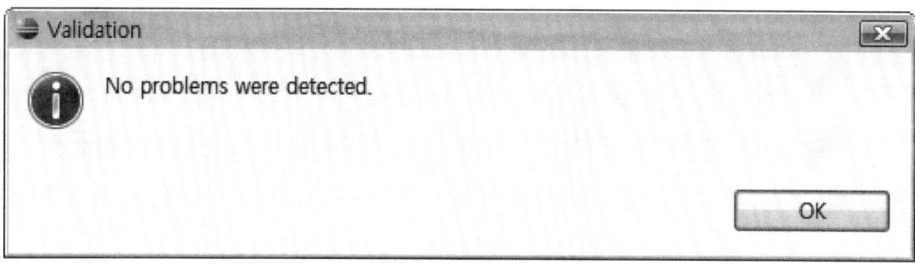

그림 2-14

자, 그리고 다시 Run을 선택해서 실행해본다. 아래와 같이 콘솔 창이 뜨면서 Hello OSGi !! 메시지가 나오는 게 정상이다.

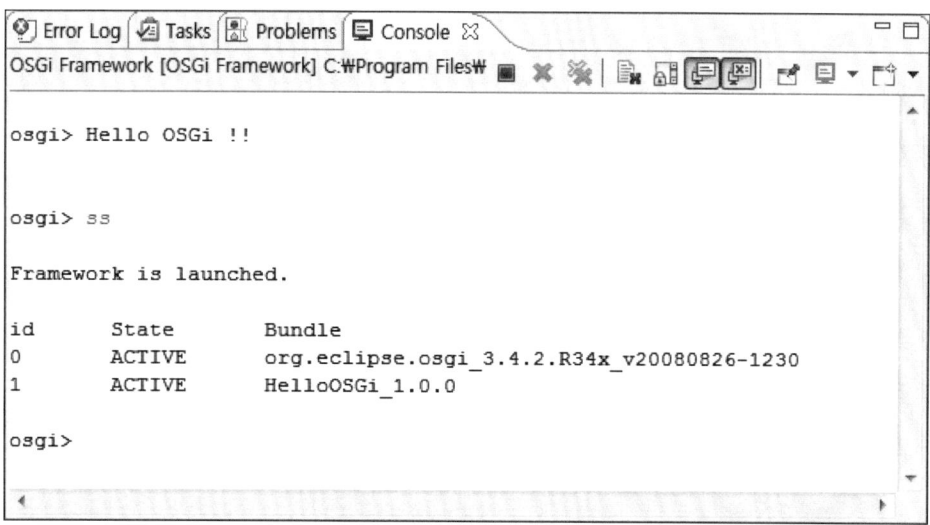

그림 2-15

ss라고 입력한 명령어를 볼 수 있는데, 이것은 "Short Status"라고 하는 이퀴녹스의 커맨드 라인 명령으로 현재 설치된 번들의 상태를 보여준다.

하지만, 이상하게도 위와 같이 깔끔한 메시지가 보이지 않고, 맨 처음에 실행했을 때와 비슷한 에러가 보이는 경우가 있을 것이다. 이것은 OSGi가 기존에 실행했던 환경을 저장하는 기능이 있어서, 이클립스 개발환경 내에서 방금 전에 실행했던 그 수많은 번들을 기억하고 있기 때문이다. 이럴 경우에는 다시 Terminate를 선택해서 종료하고, 다시 Run ▷ Run Configurations.. 를 선택해서 Launch Configuration 수정창을 연다. 3번째의 Settings 탭으로 가서 아래와 같이 Clear the configuration area before launching 옵션을 활성화하고 다시 실행하면 문제가 없어진다.

단, 이 옵션을 계속 켜두면, 매번 실행할 때마다 설정 영역(Configuration Area)을 다 지우게 되어서 책의 중반부에 설명할 Configuration Admin 및 Preferences 서비스가 동작하는데 문제가 되므로 한 번만 실행하고 다시 이 창을 열어서 옵션을 꼭 꺼두도록 한다.

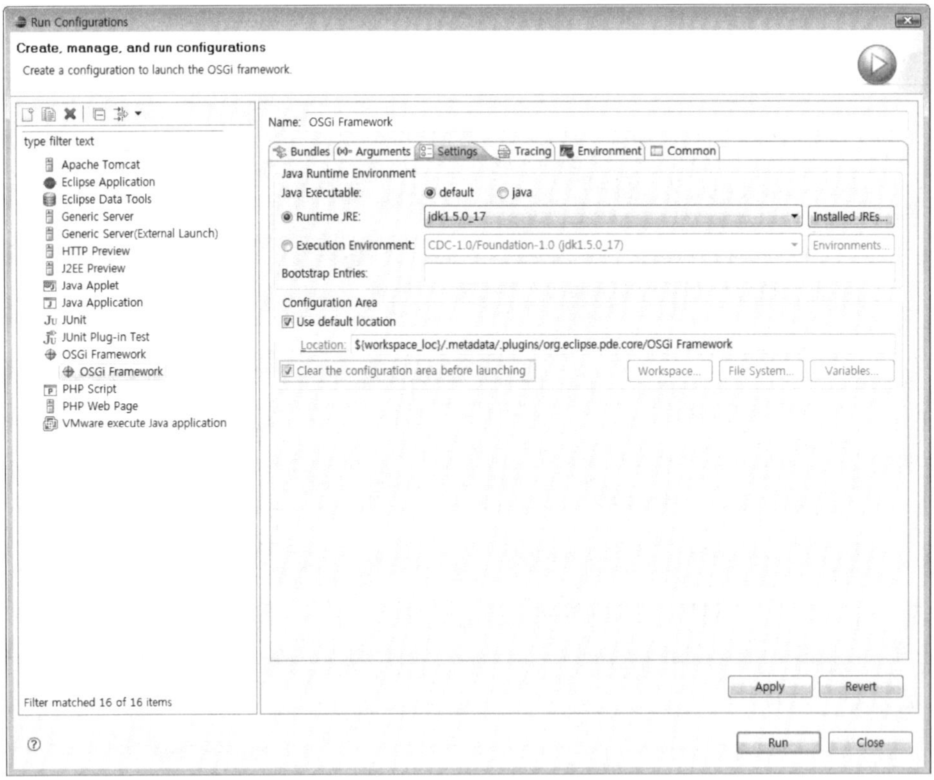

그림 2-16

2.3 OSGi 커맨드라인 명령어

앞에서 봤듯이 OSGi 프레임워크를 실행하면 아래와 같은 콘솔 창이 뜨고, 그 콘솔을 통해 프레임워크의 동작을 제어할 수 있다(아래의 콘솔 창이 뜨는 것은 플러그인 프로젝트를 생성할 때 이클립스 플러그인 개발환경이 자동으로 프레임워크 실행옵션에 -console 옵션을 추가해 주었기 때문이며, 이 옵션은 10장에서 자세히 설명한다).

먼저 OSGi에 익숙해지기 위해서는 이 콘솔과 친해져야 한다. 개발에 필요한 중요 명령어 몇 개만 알아보기로 하자.

앞에서 생성한 OSGi Framework 실행설정을 실행하여 콘솔 창을 띄우고 아래와 같은 명령어들을 입력해보자.

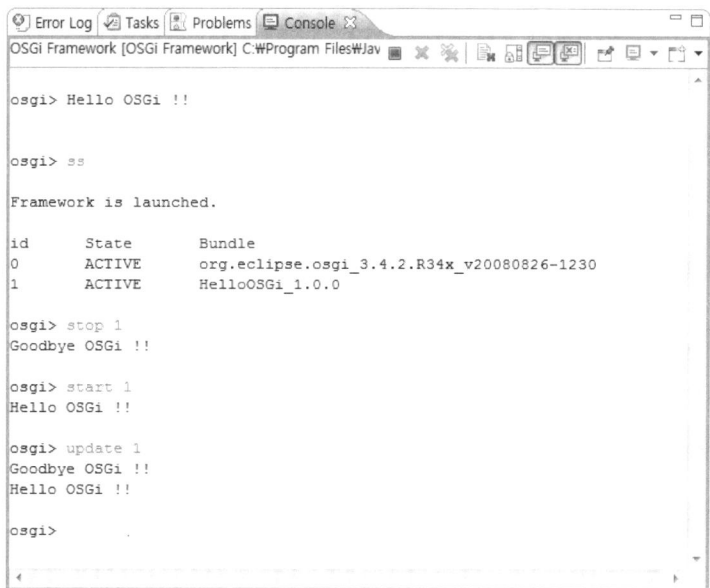

그림 2-17

위 화면에서 보는 4개의 명령어가 가장 중요하다.

- ss : Short Status의 약어로 설치된 모든 번들의 ID,상태,이름을 보여준다.
- start [id] : 해당 ID의 번들을 시작한다.
- stop [id] : 해당 ID의 번들을 종료한다.
- update [id] : 해당 ID의 번들을 업데이트 한다.

help를 누르면 사용 가능한 명령어의 목록이 나오므로, 여러분이 직접 어떤 명령어들이 있는지 한번 확인해보자. 상세 명령어들은 10장에서 살펴볼 것이다.

start와 stop 명령어의 경우는 직관적으로 알 수 있으므로 설명이 필요 없겠지만, update의 경우는 약간 더 설명이 필요하다.

일반적으로 자바 개발을 하게 되면, 프로그램 코드가 수정되었을 경우 프로그램을 종료 후 재시작하는 것 외에는 수정된 결과를 볼 수 있는 방법이 없다. 하지만 OSGi의 경우는 동적인 환경을 제공하므로, 코드가 변경되었을 때 프레임워크 전체를 재기동할 필요 없이 해당 번들만 update 함으로써 새로운 코드가 적용되도록 할 수 있다. 한번 테스트 해보도록 하자.

2.4 Activator.java

프로젝트 위자드에 의해 만들어진 코드 중에서 Activator.java라는 파일이 있다. 이 파일을 열어보자.

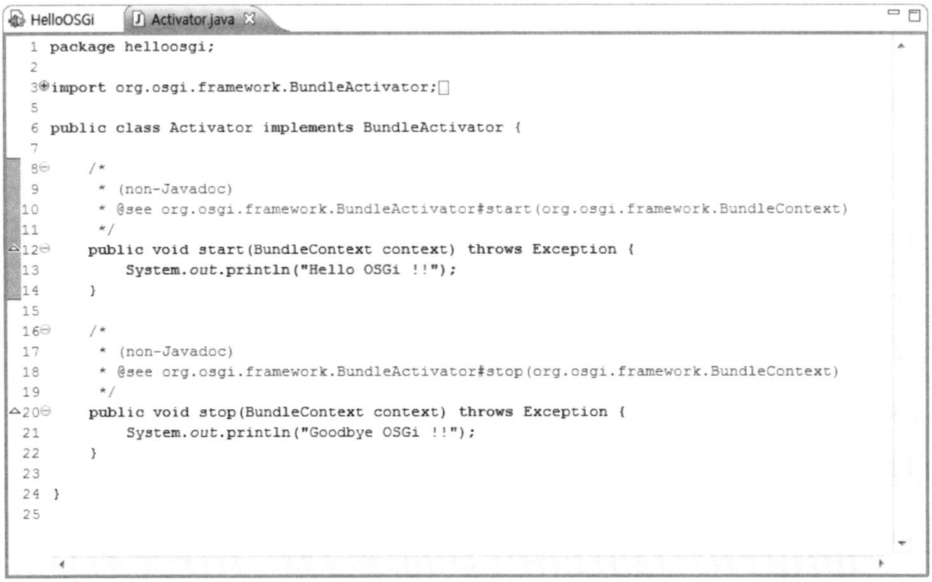

그림 2-18

기본적으로 Activator라는 이름의 클래스가 만들어지고, 이것은 BundleActivator라고 하는 OSGi의 표준 인터페이스를 구현하고 있다.

BundleActivator 인터페이스는 start, stop 두 개의 메서드를 가지고 있는데, 이름에서 쉽게 알 수 있듯이 번들이 시작/종료될 때 OSGi 프레임워크에 의해 호출되는 메서드다.

일단은 update 메서드가 어떻게 동작하는지 보기 위해, Hello OSGi와 Goodbye OSGi 뒤에 2라는 글자를 붙여보자.

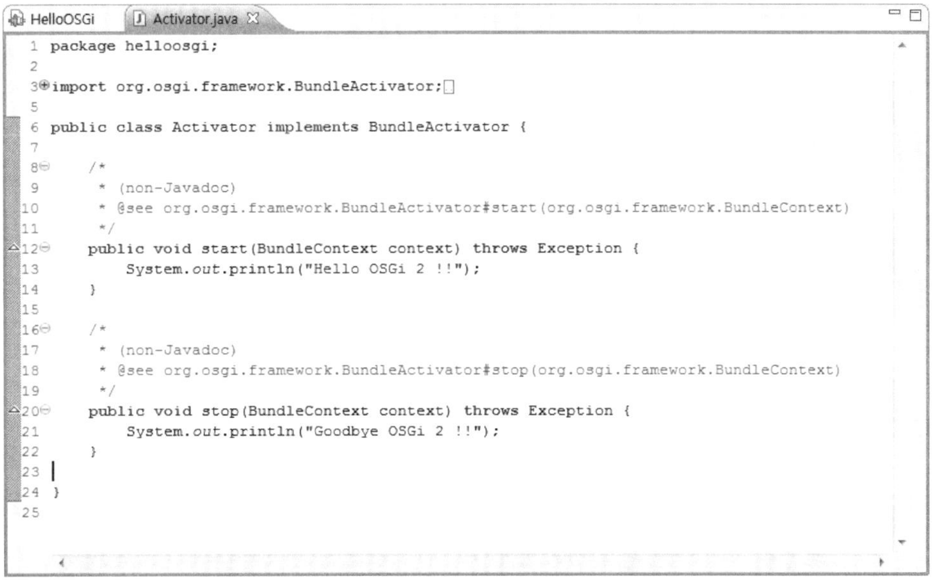

그림 2-19

파일을 저장한 후, 재시작하지 말고 조금 전 그 콘솔 창에서 update 1을 다시 입력해 보자.

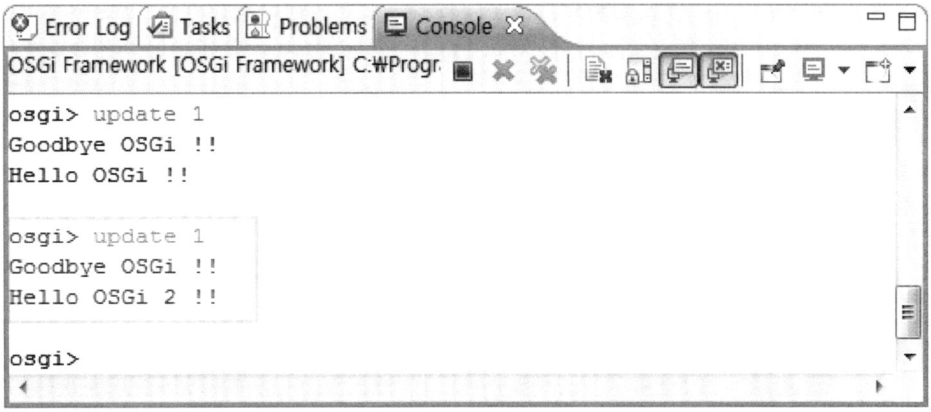

그림 2-20

update 명령은 'stop->update->start'의 순서로 기동이 되므로 기존 번들에 있던 stop 메서드에 있던 "Goodbye OSGi !!" 명령이 출력된 후, 실제 번들의 코드가 udpate 되고 다시 start 할 때는 새로운 start에 있는 "Hello OSGi 2 !!" 문자열이 출력되었다. 물론 다시 한 번 그냥 update를 호출하거나 stop 명령을 내리게 되면 새로 변경된 번들에 있는 "Goodbye OSGi 2 !!" 메시지가 출력될 것이다.

비록 간단한 예제이지만, OSGi의 강력한 동적 업데이트 기능을 맛볼 수 있을 것이다. 이 동적인 번들 업데이트 기능은 실제 개발할 때도 계속 사용되며, 프로젝트가 커질수록, 초기화가 오래 걸리는 복잡한 시스템일수록 더욱 더 큰 장점이 된다.

2.5 MANIFEST.MF

프로젝트 위자드에 의해 만들어진 파일 중에서 또 다른 중요한 파일로 MANIFEST.MF라는 파일이 있다. Manifest 파일은 OSGi 이전에도 JAR 파일 내부에서 계속 사용된 파일 형식이지만, OSGi에서는 번들자체가 JAR 파일로 관리되면서 각종 확장 정보들이 들어가게 되므로 OSGi 개발자에겐 숙지해두어야 하는 매우 중요한 파일이 되었다. OSGi 개발 중에 겪는 많은 문제들이 이 Manifest 파일에서 비롯되는 경우가 많으므로, 눈여겨봐 두도록 하자. 그럼, Project에서 이 파일을 더블클릭하여 열어보자. 이 파일은 .MF라는 확장자를 가지는 텍스트 파일이지만, 플러그인 개발환경에서 제공하는 Manifest Editor가 연결되어 있어 오른쪽 그림 2-21과 같은 탭 형태의 전용 에디터가 보여진다.

Manifest Editor는 6개의 탭으로 이루어져 있다. Manifest Editor라고 되어 있지만, 실제로는 MANIFEST.MF와 build.properties 2개의 파일을 동시에 편집할 수 있는 복합 에디터이다.

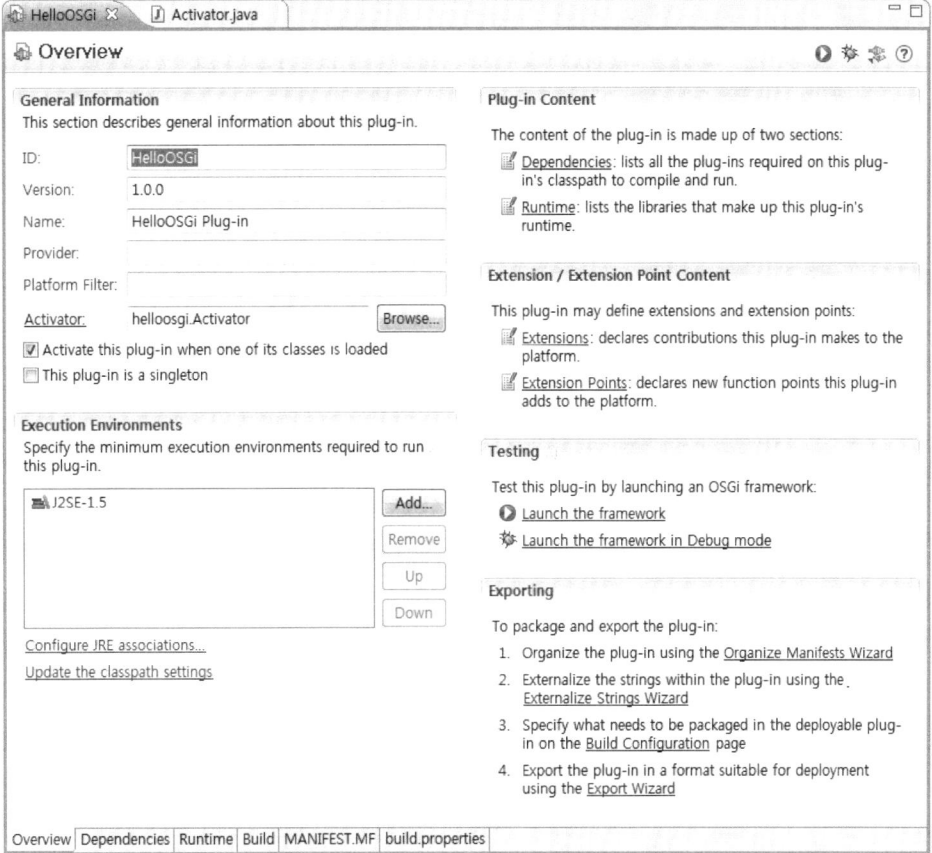

그림 2-21

- MANIFEST.MF 파일 : 번들의 정보를 저장하는 파일
    - Overview : 번들의 ID, 버전, 이름 등의 기본정보를 편집하는 탭
    - Dependencies : 번들이 실행하는 데 필요한 다른 번들과 Import하는 패키지를 관리하는 탭
    - Runtime: 이 번들에서 Export하는 패키지들과 플러그인의 Classpath를 관리하는 탭
    - MANIFEST.MF : 위 3개의 탭의 정보를 직접 에디터 창으로 보고 편집할 수 있는 탭

- build.properties 파일: 빌드 프로세스에 대한 옵션을 지정하는 파일
  - Build : Binary / Source용 빌드에 포함할 파일과 폴더를 선택하는 탭
  - build.properties : 빌드 정보를 직접 편집할 수 있는 에디터

MANIFEST.MF의 자세한 내용은은 3장과 4장에서, Build.properties에 관해서는 10장에서 알아볼 것이다.

03
번들

1 번들 : OSGi의 기본 모듈

번들(Bundle)은 OSGi 프레임워크 내에서 사용하는 모듈의 단위이다. 설치하고, 업데이트하고, 다른 사람에게 배포할 수 있는 단위라고 보면 된다. OSGi에서 가장 중요한 개념이며, 번들의 구조를 완벽히 이해하고, 동작방식을 숙지하는 것이 OSGi 프레임워크를 빠르게 익힐 수 있는 가장 좋은 방법이다.

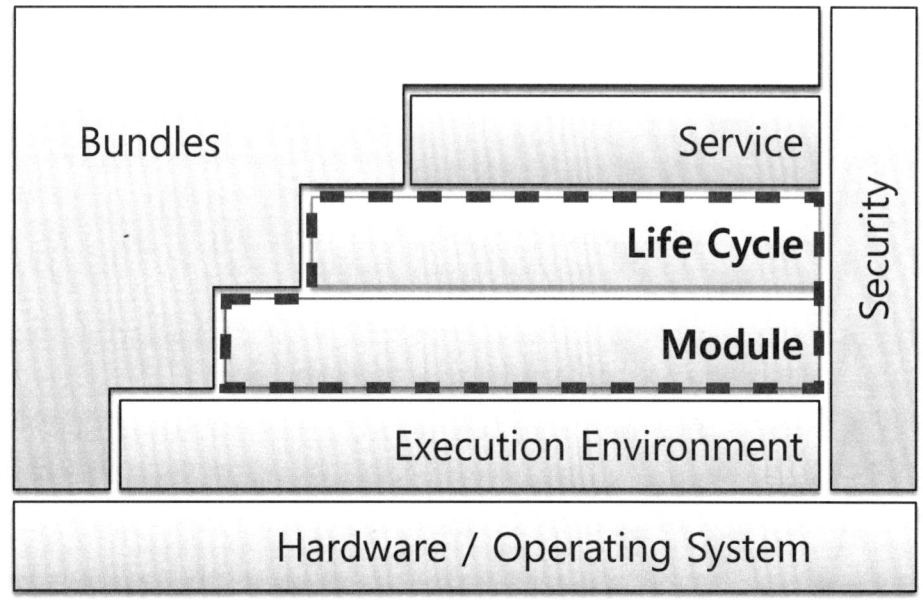

그림 3-1 | OSGi 프레임워크의 레이어들

OSGi 프레임워크의 모듈 레이어(Module Layer)와 라이프 사이클 레이어(Life Cycle Layer)에 의해 번들의 내용 및 동작 방식 등이 정의된다.

2 모듈 레이어에서의 번들

모듈 레이어에서는 번들 안에 들어가는 내용이 무엇인지를 정의한다. 번들은 실제로는 아래와 같은 자바 클래스 파일 및 리소스 파일들을 한데 묶은 ZIP 압축포맷의 JAR(Java ARchive) 파일이다.

- 실행에 필요한 자바 클래스파일(*.class)
- HTML, GIF, JPG, TXT 등 코드에서 사용하는 각종 리소스파일
- 내부적으로 사용하는 라이브러리의 JAR 파일
- MANIFEST 파일(META-INF/MANIFEST.MF, 번들을 위한 메타정보)

위 리스트만 봐서는 표준 자바 플랫폼에서 사용하는 JAR 파일과 동일하지만, 2장에서 얘기했듯이 MANIFEST 안에 OSGi를 위한 몇 개의 추가정보를 넣음으로써 표준 JAR 파일과 차별화된다.

모듈 레이어는 번들 내부의 자바클래스/패키지들을 외부와 공유할 수 있도록 익스포트하는 방법을 정의하고 있으며, 또한 외부의 코드를 손쉽게 임포트할 수 있게 하여 완벽한 모듈 구조의 개발을 지원하고 있다. 이를 위해 번들은 한 개의 번들당 하나의 클래스 로더를 가지고 있다. OSGi 환경하에서는 여러 개의 번들이 동시에 수행될 수 있으므로, 번들별로 각각의 클래스 로더가 동시에 존재한다는 것을 명심하자. 각각의 번들이 자신만의 클래스 로더를 가짐으로써 각 번들은 서로 간에 패키지를 공유하거나 특정코드를 자신만 사용할 수 있도록 숨기는 것이 가능해진다.

> **TIP:**

> **Class Loader**
>
> 자바로 작성된 프로그램은 C나 C++로 작성된 프로그램과 다르게, 기본적으로 한 개의 실행 파일로 이루어지지 않는다. 자바소스 파일(*.java)이 컴파일된 클래스 파일(*.class) 여러 개로 구성되어 있다. 이 각각의 클래스 파일들은 메모리에 동시에 로드되지 않고, 필요에 따라 동적으로 로드된다. 이것을 담당하는 것이 바로 클래스 로더(Class Loader)이다. 클래스 로더는 JVM의 중요한 부분으로 컴파일 타임이 아닌 런타임에 클래스를 동적으로 로딩하는 역할을 한다. 물론 이 때문에 자바개발자들은 ClassNotFound Exception이라는 에러를 아주 흔하게 보게 되었다.
>
> 클래스 로더의 동작을 자세히 설명하는 것은 이 책의 범주를 벗어나므로, 아래 자료를 참고하자.
>
> - The Java Virtual Machine Spefication : Chapter 5 - http://java.sun.com/docs/books/jvms/, [http://durl.kr/gsb]
> - Internals of Java Class Loading : http://www.onjava.com/pub/a/onjava/2005/01/26/classloading.html, [http://durl.kr/gsc]

2.1 번들 Manifest

Manifest 파일은 아래와 같은 "Name : Value" 형식의 텍스트파일이다. 이 앞의 Name들을 Manifest 헤더라고 부른다.

아래는 일반적인 OSGi 번들의 Manifest 파일 형식으로, 실제로 사용할 것은 아니지만 주로 사용하는 헤더들을 포함한 것이다.

예제 3-1 OSGi용 MANIFEST 파일

```
Manifest-Version: 1.0
Bundle-ManifestVersion: 2
Bundle-Name: Bundle Sample 01
Bundle-SymbolicName: ch03.sample1
Bundle-Version: 1.0.0
Bundle-Activator: chapter03.sample1.Activator
```

〈다음 쪽에 예제 코드 계속〉

```
Bundle-ActivationPolicy: lazy
Bundle-RequiredExecutionEnvironment: J2SE-1.5
Bundle-Classpath: .,/jar/http.jar
Import-Package: org.osgi.framework;version="1.3.0"
Export-Package: chapter03.mypkg
Require-Bundle: chapter03.common;resolution:=optional
```

위 예제에서 표준 JAR 파일에서도 사용하는 헤더는 첫 줄에 있는 Manifest-Version밖에 없으며, 나머지는 OSGi에서 추가로 정의한 것들이다. 그럼, 각 헤더에 대해 알아보자. [필수]라고 표시한 헤더 외에는 모두 생략할 수 있다.

- Bundle-ManifestVersion: 2

    Bundle-ManifestVersion 헤더는 이 번들이 어떤 버전의 OSGi 스펙을 따르는지를 지정한다. 기본값은 '1'로 OSGi R3 (프레임워크 버전 1.2) 스펙을 따르는 것을 의미한다. 예제 3-1에서 지정한 값인 '2'는 OSGi R4 (프레임워크 버전 1.3)를 지원한다는 것이므로, 일반적으로 이클립스에서 개발한다면 2로 자동생성되며 특별히 바꿀 필요는 없다. 다만, 자신이 개발하는 번들이 R3만을 지원하는 Concierge 같은 프레임워크에서도 실행되어야 한다면 1로 지정하면 된다. 이 값은 차후에 OSGi R5가 나오면 좀 더 높은 값으로 바뀔 수 있다. 즉, 기본값인 1에다가 그냥 +1하는 형식은 아니고 각 스펙에서 값을 지정한다.

- Bundle-Name: Bundle Sample 01

    OSGi 프레임워크 자체에서는 중요하게 읽는 값은 아니고, 사람이 쉽게 이해할 수 있는 형식의 이름을 적는 헤더이다. 공백이 포함될 수 있다. [필수]

- Bundle-SymbolicName: chapter03.sample1.Activator

    위의 Bundle-Name과 혼동하지 말자. 이 Bundle-SymbolicName은 매우 중요한 헤더이다. 이 이름은 Bundle-Version의 버전정보와 더해져서 OSGi 프레임워크가 각 번들을 구별하는 유일한(Unique) 이름이 된다. 즉, SymbolicName과 Version 정보가 일치하는 번들은 OSGi상에 2개 이상 설치될 수 없다. 중복을 피하기 위해서 자바 패키지와 같이 도메인명을 역순으로 사용하는 것을 권장한다. [필수]

- Bundle-Version: 1.0.0

  번들의 버전정보를 나타내는 헤더이다. 필수헤더가 아니므로, 생략하면 기본값으로 0.0.0이 사용된다. 이 정보는 Bundle-SymbolicName 헤더와 합쳐져서 각 번들을 구분하는 데 사용하므로 가능하면 항상 추가해 놓는 것이 좋다.

- Bundle-Activator: chapter03.sample1.Activator

  이 헤더는 번들의 시작과 종료 시에 호출될 BundleActivator 상속 클래스를 지정하는 헤더이다. 2장에서 살펴본 바와 같이 위자드를 통해 번들 프로젝트를 생성할 때 특별하게 손대지 않으면 자동으로 Activator.java 파일이 생성되며 해당 클래스가 이 Bundle-Activator 헤더에 기록된다. 이 BundleActivator에 대해서는 Life Cycle Layer에서 좀 더 자세히 알아볼 것이다.

- Bundle-ActivationPolicy: lazy

  이 헤더는 OSGi에 의해 번들이 시작되는 것을 첫 번째 클래스 로드가 일어나는 시점까지 늦출 때 사용하는 헤더이다. 현재는 오직 lazy라는 한 개의 값만을 가질 수 있으며, 이 헤더가 없으면 번들은 바로 실행하게 된다.

- Bundle-RequiredExecutionEnvironment: J2SE-1.5

  번들이 실행될 수 있는 환경들을 적는 헤더이다. 'CDC-1.0/Foundation-1.0, OSGi/Minimum-1.1'처럼 콤마로 분리해서 여러 개의 환경을 적을 수 있다.

- Bundle-ClassPath: ., /jar/http.jar

  번들 내에서 클래스나 리소스가 있는 경로 또는 JAR 파일을 적는 ClassPath 헤더이다. OSGi는 각 번들 당 클래스 로더가 따로 존재하므로, 번들마다 ClassPath를 따로 지정해 줄 수 있다. 기본값은 '.'이다.

> **TIP:**
>
> 실제로 위의 3-1에서와 같이 번들 내부에서 사용하기 위해 다른 라이브러리 JAR 파일들을 첨부해서 사용하는 경우, 이클립스 개발환경에서는 문제없이 수행이 되지만, 배포를 위해 JAR 파일로 만들었을 경우 ClassNotFoundException이 종종 발생하는 경우가 있다. 이는 Bundle-ClassPath에 해당 JAR 파일을 기술 안 해준 경우이므로 외부 라이브러리를 쓰는 경우 꼭 조심해야 한다. 6장의 마지막 Log4j 사용 예제에서 좀 더 자세히 알아볼 것이다.

- Import-Package: org.osgi.framework;version="1.3.0"

    번들 내에서 사용하는 패키지이지만, 해당 번들 내에 없고 다른 번들에서 가져와서 쓰려고 할 때 사용하는 헤더이다. version 지시자를 사용하여 원하는 번들의 버전을 지정할 수 있다. 생략하면 0.0.0 값이 적용되면서 해당 패키지의 이름을 가진 패키지 중에서 아무 버전이나 Import 해온다(이 경우의 구현은 프레임워크에 따라 다를 수 있다).

- Export-Package: chapter03.mypkg

    번들 내의 패키지 중에서 외부에 공개하는 패키지를 선언하는 헤더이다.
    이 Export-Package 헤더가 일반 JAR 파일과 OSGi JAR 파일을 구분 짓는 가장 큰 요소라고도 볼 수 있다. 일반 JAR 파일은 내부의 모든 패키지를 외부에 익스포트해서 마음대로 가져다 쓸 수 있지만, OSGi에서는 Export-Package를 통해 번들에서 명시적으로 익스포트한 패키지만을 가져다 쓸 수 있다.

- Require-Bundle: chapter03.common;resolution:=optional

    Require-Bundle 헤더는 다른 번들의 SymbolicName들을 콤마로 구분하여 추가하는 것으로, 이것은 해당 번들이 익스포트하는 모든 패키지를 임포트하는 효과를 가진다. Require라는 단어가 의미하듯 이곳에 명시한 모든 번들이 있어야만 현재 번들이 동작이 가능하다. 이것은 resolution:=mandatory가 기본값이기 때문이며, resolution:=optional로 지정하면 해당 번들이 없어도 에러가 나지는 않는다.

> **TIP:**
>
> Package Import의 순서는 Import-Package, Require-Bundle, Bundle-ClassPath에 선언한 순서대로이다.

3 라이프 사이클 레이어에서의 번들

번들은 마치 하나의 독립적인 프로그램과 같이, 자신만의 생명주기(Life Cycle)를 가지고 있다. 모듈 레이어 바로 상단에 위치하는 라이프 사이클 레이어에서는 번들이 어떻게 설치되고, 실행되고, 업데이트 되고, 삭제되는가 하는 생명주기 동작들을 정의한다. 어떻게 번들이 설치되고, OSGi 내에서 번들이 어떤 상태들을 가질 수 있는지를 알아보자.

3.1 번들 설치하기

번들이 가질 수 있는 각 상태에 대해 살펴보기 전에, 번들이 어떻게 설치되는지를 알아야 한다. 번들은 그림 3-1에서 볼 수 있듯이, OSGi 프레임워크 위에서 따로 실행되는 것이므로 누군가는 설치를 해주어야 한다. 일반적으로 이쿼녹스상에서 번들을 설치하는 방법은 총 3가지이다.

1. 자동실행 : 윈도우 실행 시 '시작프로그램' 그룹에 프로그램을 넣어두면 자동으로 실행하는 것처럼, OSGi에서도 같은 일을 할 수 있다. config.ini라고 불리는 환경설정 파일을 지원하며, 여기에 번들 파일의 경로를 적어둠으로써 OSGi가 실행될 때 자동으로 번들을 설치하고 실행할 수 있다. 10장에서 이 내용에 대해 다룰 것이다.

    ```
    [config.ini 파일의 내용]

    osgi.bundles=chapter03.sample1.jar, chapter03.sample2.jar@start
    ```

2. 커맨드라인 설치 : osgi> 프롬프트에서 install 명령을 사용하여 직접 설치할 수 있다. 아래와 같이 사용한다.

    ```
    osgi> install file:c:\workspace\osgitest\chapter03.sample02.jar
    ```

3. 번들에 의한 설치 : 번들을 실행하면, MANIFEST에서 살펴보았듯이 Bundle-Activator에 지정된 BundleActivator가 자동으로 실행된다. 이때 BundleActivator의 start 메서드에 인자로 전달되는 것이 번들컨텍스트(BundleContext)라는 개체인데, 이 번들컨텍스트에는 installBundle 이라는 메서드가 제공된다. 각 번들은 이

메서드를 이용하여 다른 번들을 설치할 수 있게 된다. 이 장의 마지막에서 이 함수를 이용한 예제를 만들어 볼 것이다.

```
installBundle (String bundleURL) - bundleURL 위치에 있는 번들을 설치한다.
installBundle (String bundleURL, InputStream bundleStream) - 지정한
inputStream 개체로부터 번들을 설치한다.
```

> **TIP:**
> 번들컨텍스트는 OSGi 프레임워크와 번들을 연결해주는 중요한 객체로, OSGi상에서 각 번들의 컨텍스트 정보를 제어하는 수단이면서, 프레임워크와 연결되는 통로이기도 하다. 이를 통해 할 수 있는 일은 다음과 같다.
> - OSGi에 새로운 번들 설치
> - OSGi에 설치된 다른 번들 리스트 및 정보 읽어오기
> - OSGi에 등록된 서비스 리스트 및 서비스 객체 가져오기
>
> 이 번들컨텍스트는 번들을 생성할 때 OSGi 프레임워크에서 자동으로 생성하여 번들에게 전달해주며, 번들의 실행이 종료될 때까지 OSGi에 관련된 각종 함수를 호출할 때마다 사용하게 되므로, 값을 저장해놓고 사용한다.

3.2 번들 객체

이렇게 설치된 번들은 Bundle이라는 똑같은 이름을 가지는 OSGi에서 정의한 객체와 연결되어 관리된다. 프레임워크만이 번들 객체를 생성할 수 있으며, 번들을 시작할 때 자동으로 생성된다. 이 번들 객체는 다음과 같이 OSGi 프레임워크에 Interface로 선언되어 있다. 실제로 번들의 메서드를 직접 호출할 일은 그리 많지 않으므로, 중요 메서드만 몇 개 알아보자(아래 내용은 몇몇 메서드를 지운 간략화된 버전이다).

```
package org.osgi.framework;

public interface Bundle {

    public int getState();
    public Dictionary getHeaders();
    public ServiceReference[] getRegisteredServices();
```

```
    public URL getResource(String name);

    public BundleContext getBundleContext();

    public long getBundleId();
    public String getLocation();
    public String getSymbolicName();
}
```

- getState() : 번들의 현재 상태를 리턴한다.
- getHeaders() : Manifest의 전체 내용을 리턴한다.
- getRegisteredServices() : 이 번들이 등록한 모든 서비스를 리턴한다. 서비스에 대해서는 4장에서 알아본다.
- getResource() : 번들이 가지고 있는 리소스의 URL을 리턴한다.
- getBundleContext : 이 번들과 연결된 BundleContext 정보를 리턴한다. BundleContext는 이 장의 뒷부분에서 알아본다.
- getBundleID(), getLocation(), getSymbolicName() : 번들의 ID, Location, SymbolicName을 리턴한다.

설치된 모든 번들은 위와 같이 하나의 번들 객체와 연결되며, 이것은 OSGi 프레임워크 내에서 유일한(Unique) 객체이다. 이 객체는 번들이 업데이트될 때도 변경되지 않는다. 단, Uninstall 후 Install 하게 되면 새로 만들어진다. 번들 객체를 구분할 수 있는 유일한 값은 3가지가 있다.

- Bundle ID: 설치할 때 프레임워크가 부여하는 Long 형의 숫자 값이다. 새로운 번들 설치할 때마다 1씩 증가되어 부여된다. 이 ID는 프레임워크를 재시작해도 변하지 않는다. 번들을 삭제 후 재설치하면 OSGi 콘솔에서 번들 ID가 변하는 것을 바로 확인할 수 있다. Update 할 때는 번들 ID가 변하지 않는다.
- Bundle Location : 번들의 위치를 나타내는 값으로 보통은 URL로 된 경로 값이다.
- Bundle Symbolic Name : 번들 Manifest에 적혀있는 값으로, 번들의 유일한 이름이다. 보통은 org.eclipse.osgi_3.4.2와 같이 입력한다.

앞의 3가지 값은 지정하는 주체가 모두 다르다. Bundle ID는 프레임워크가 설치할 때 지정하고, Bundle Location은 번들의 설치자 또는 설치 애플리케이션에 의해 변경될 수 있고, Bundle Symbolic Name은 개발자가 지정한다. Bundle ID와 Bundle Location은 거의 자동으로 입력되는 값이므로, 여러분은 Symbolic Name만 신경 쓰면 된다.

프레임워크는 설치된 번들을 자신의 영구 저장소(Persistence Storage)에 저장한다. 이 영구 저장소는 항상 같은 상태로 프레임워크를 유지하는 저장장치라고 보면 된다. 즉, 한번 인스톨된 번들은 명시적으로 언인스톨하지 않는 이상 프레임워크를 종료 후 재시작하더라도 지워지지 않는다. 또한 이 저장소에는 번들이 시작된 상태인지 중지된 상태인지도 저장된다. 번들이 시작되어 있는 상태에서 프레임워크를 종료 후 재시작하면 이전과 같은 상태인 시작 상태로 돌아간다는 것이다. 이퀴녹스의 경우 특별히 지정하지 않을 경우 이 저장소는 실행 폴더 아래의 'configuration\org.eclipse.osgi\'에 위치한다. 이 폴더에 대해서는 10장에서 자세히 알아본다.

3.3 Bundle State

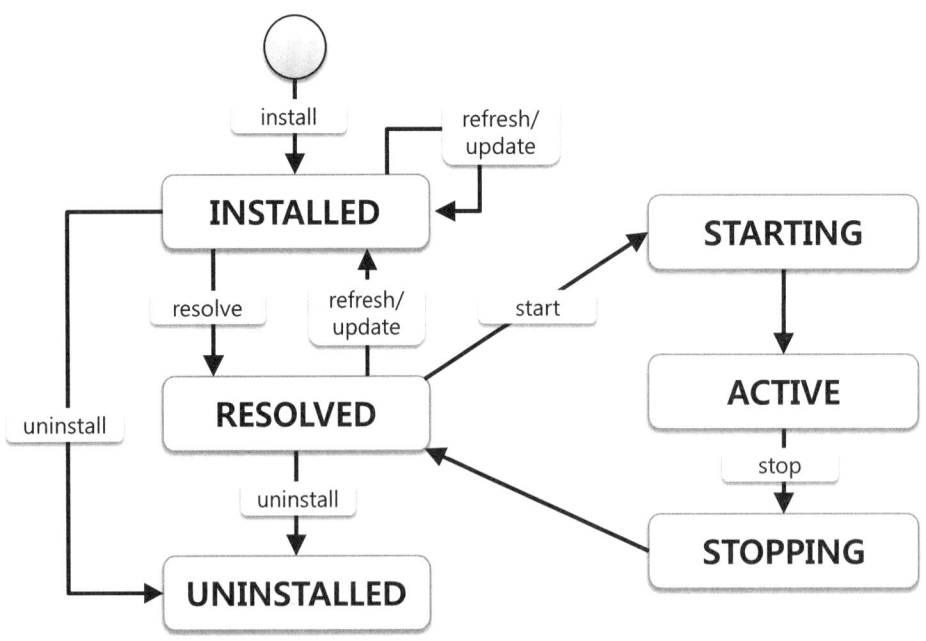

그림 3-2 | 번들의 전체 라이프 사이클

03 번들

OSGi 프레임워크상에서 번들은 그림 3-2와 같이 Installed, Resolved, Uninstalled, Starting, Active, Stopping과 같은 총 6종류의 상태에 있을 수 있다. 실제로 각 상태는 아래와 같이 번들 객체에 상수로 정의되어 있으며 **Bundle.getState()** 함수를 호출하면 현재 상태를 읽어 올 수 있다.

```
public static final int UNINSTALLED    = 0x00000001;
public static final int INSTALLED      = 0x00000002;
public static final int RESOLVED       = 0x00000004;
public static final int STARTING       = 0x00000008;
public static final int STOPPING       = 0x00000010;
public static final int ACTIVE         = 0x00000020;
```

들어가기 전에 잠깐 2장에서 봤던 OSGi Console 화면을 다시 한 번 보도록 하자.

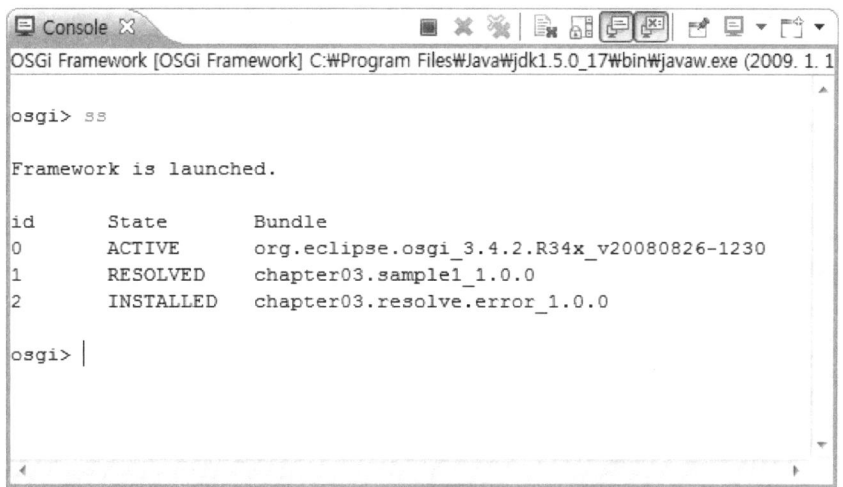

그림 3-3 | OSGi Console 화면에 보이는 상태정보

이제는 ss 명령어가 출력하는 값이 무엇인지 모두 알게 되었다. ss 명령어 입력 시 나오는 결과 값은 번들의 id, State, SymbolicName 순으로 각 번들의 상태를 보여주고 있다. 번들 0번은 ACTIVE 상태이고, 1번은 RESOLVED, 2번은 INSTALLED라고 나와 있다. 각각의 상태에 대해 알아보면서 OSGi 프레임워크 위에 올려진 번들의 삶에 대해 자세히 알아보자.

INSTALLED

BundleContext.installBundle 메서드를 이용하여 번들 설치를 요청하면, 프레임워크는 번들을 읽어들여서 MANIFEST 정보를 가지고 아래와 같은 오류가 있는지 확인한 후, 에러가 없을 경우 설치를 완료한다. 여러분이 작성한 번들이 설치할 때 오류를 낸다면 아래 정보를 확인해보라.

- Bundle-Name, Bundle-SymbolicName과 같은 필수 헤더를 포함하는가?
- Bundle-RequiredExecutionEnvironment, Bundle-ManifestVersion이 현재의 환경과 맞는가?
- 같은 SymbolicName과 Version 정보를 가진 번들이 이미 설치되어 있지는 않은가?
- 익스포트와 임포트에 오류가 있지는 않은가?(패키지를 중복으로 임포트하거나 익스포트하고 있지만 실제 클래스가 없는 경우 등)
- 똑같은 Manifest Header가 중복으로 선언되었지는 않은가?
- 그 외 Manifest 파일 문법상 오류가 있는가?

> **TIP:**
>
> Manifest 파일에서 모든 Manifest Header는 [Carriage Return]과 같은 Line Break로 종료되어야 한다. 즉, 에디터로 봤을 때 Manifest 파일의 맨 마지막 라인에는 공백없는 빈 줄이 하나 있어야 한다. 이클립스 환경에서는 이 빈 줄이 없으면 Manifest 에디터가 "Header must be terminated by a line break"라고 에러를 내어주지만, 텍스트에디터로 번들을 만드는 경우에는 종종 이 빈 줄을 빼먹는 경우가 생기는데, 이럴 경우 Manifest 파일을 제대로 인식하지 못해 번들의 액티베이터를 못 찾거나 하는 경우가 발생하므로 주의하도록 하자.

RESOLVED

제대로 설치가 되었다면, 이제 OSGi에서 매우 중요한 Resolve 프로세스를 진행한다. OSGi로 프로그램 작성 및 실행할 때 가장 어려움을 겪는 부분이 이 부분이다. 이유 없이 내가 개발한 번들이 실행되지 않거나, 개발환경에서는 아무 문제가 없었지만 실제 콘솔에서 작동을 해보게 되면 몇몇 번들이 실행이 안 되거나 하는 일 등이 다 이 단계에서 일어난다.

03 번들

> **TIP:**
>
> Resolving은 번들 간의 익스포트/임포트를 연결해주는 것을 말한다. 앞서 얘기했듯이 OSGi상의 번들은 Manifest상에 Import-Package, Export-Package 항목을 적어서 자신이 만든 패키지를 익스포트하거나 남이 만든 패키지를 임포트할 수 있다. 또한 Require-Bundle 항목을 사용하여 해당 번들이 익스포트하는 모든 패키지를 임포트해올 수도 있다.

Resolving 프로세스에 의해 번들이 임포트하는 모든 패키지와 Required 번들이 OSGi 프레임워크상에 존재하는지를 검사한다. 모든 패키지를 찾았다면 번들이 RESOLVED 상태가 된다. 번들이 INSTALLED 상태에서 RESOLVED로 넘어가는 것은 순간적으로 일어난다. 즉, 번들이 설치되는 순간 Resolving 작업을 거쳐서 자동으로 RESOLVED 상태로 넘어가서 START를 기다리게 된다. 여러분이 만든 번들을 설치했을 때 INSTALLED 상태에 머물러 있다면 뭔가 문제가 생긴 것이다. 그림 3-3에서 1번 번들은 적절하게 Resolve 작업이 완료되었지만, 2번은 Resolve 작업이 실패한 것이다. 어떤 문제가 알아보기 위해 주로 사용하는 명령어는 'diag'이다. 문제가 있는 2번 id를 붙여서 입력해 보자.

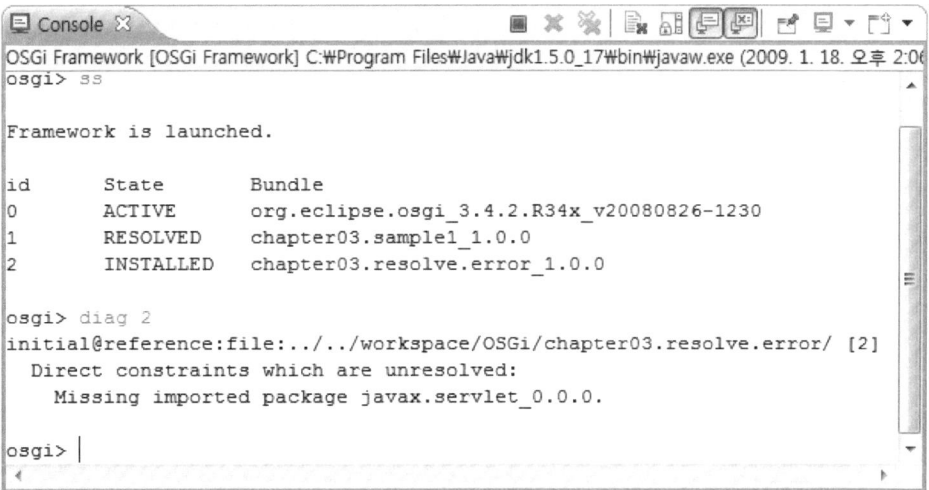

그림 3-4 | Console Diag 명령어

결과를 보면, 테스트용으로 만든 2번 번들에서는 javax.servlet 패키지를 임포트하고 있는데, 해당 패키지를 익스포트하고 있는 번들이 없기 때문에 resolve 작업이 실패하면서 INSTALLED 상태에 머물러 있게 된 것이다. 실제로 개발할 때 종종 발생하는 문제이므로

diag 명령어는 꼭 기억하고 있도록 하자. 이때 아래와 같이 install 명령을 사용하여 javax.
servlet 번들을 설치 후 ACTIVE 상태가 되면 자동으로 기존 번들에 대한 Resolving 프로세
스가 진행되어 2번 번들은 RESOLVED 상태로 변경된다.

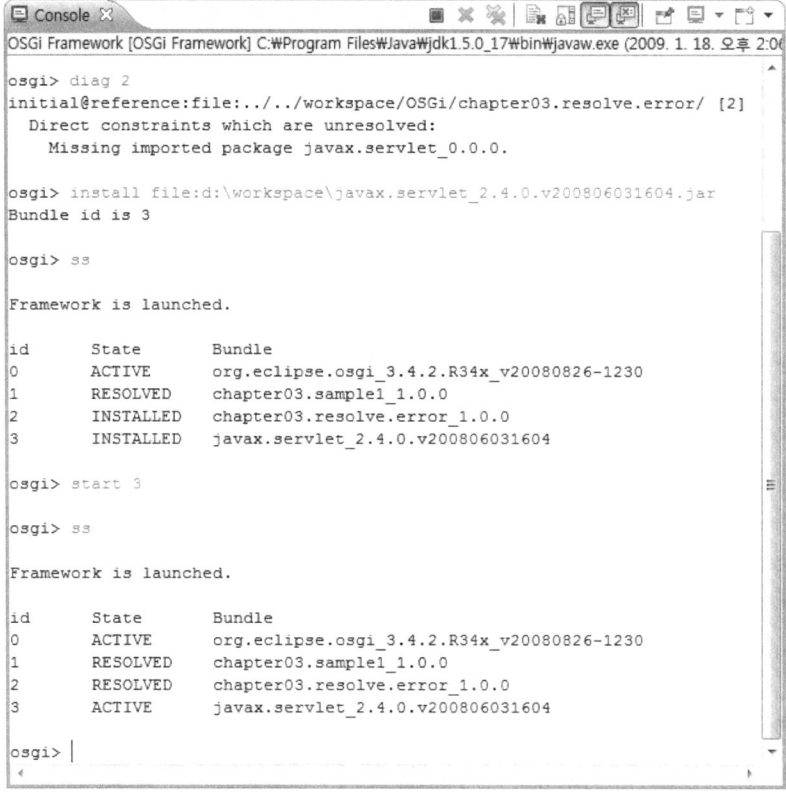

그림 3-5 | 번들 Resolve 하기

STARTING

필요한 모든 번들을 찾아서 RESOLVED 상태가 되었다면, 번들은 start 명령에 의해 시작될 수 있다. 또한 43쪽 3.1절에서 얘기했던 OSGi 자동실행 설정파일인 config.ini에 각 번들 파일 뒤에 @start와 같은 옵션을 주어서 OSGi를 시작할 때 자동으로 시작되도록 지정이 가능하다. 이렇게 start 명령을 받은 번들은, 번들 Manifest에 지정된 BundleActivator가 있다면, 이 액티베이터 개체의 start 메서드를 호출함으로써 Activation 단계를 시작한다. 이 액티베이터 개체를 번들에 넣고 Manifest에 지정하는 것은 필수항목이 아니다. 그림 3-5에서 설치했던 javax.servlet 번들과 같은 경우는 액티베이터가 필요 없는 라이브러리 번들이므로 바로 active 상태로 넘어간다.

> **TIP:**
>
> > BundleActivator.start(BundleContext)
> >
> > 이 함수는 OSGi에 의해 호출되는 번들 초기화 함수이다. 만약 이 함수 안에서 초기화 중 예외(Exception)가 발생하게 되면 번들은 다시 RESOLVED 상태로 돌아간다. 이 함수는 OSGi에 의해 호출되므로, 안에서 많은 시간이 소요되는 작업수행을 해서는 안 된다. 만약 OSGi 콘솔의 ss 명령어 결과창에서 STARTING이라는 단계에 머물러 있는 번들이 있다면, 뭔가 잘못 작성된 것이다. 아마도 start 메서드 안에서 DB 연결과 같이 시간이 오래 걸리는 초기화 작업을 수행하는 오류를 범했을 것이다. 시간이 오래 걸리는 작업은 작업용 스레드를 만들어 따로 진행하도록 해야 한다. 4장에서 살펴볼 OSGi 서비스 등록작업들도 보통 start 메서드에서 수행된다.

ACTIVE

Resolving 및 초기화가 성공적으로 완료되면 번들은 ACTIVE 상태가 된다. ACTIVE 상태는 번들이 뭔가 코드를 수행하고 있다거나 하는 것을 나타내지는 않는다. 단, Activation 할 때 스레드를 시작해두었다면 스레드가 동작 중일 수는 있다.

STOPPING

콘솔에서 stop 명령을 입력하면 번들은 STOPPING 상태로 들어가며, OSGi 프레임워크가 액티베이터에 있는 stop() 메서드를 호출한다. 보통 번들은 이때 start() 메서드에서 만들었던 스레드를 종료하거나 서비스 등록을 해지하는 등의 정리작업을 수행한다. STOPPING 상태에서 stop() 메서드 호출이 끝나면 RESOLVED 상태로 돌아간다. 보통 start() 메서드에서 할당받은 리소스들을 stop() 메서드에서 제대로 지워주지 않으면 RESOLVED 상태로 갔다가 다시 start 할 때 제대로 시작하지 못하게 된다. 번들은 다른 사람에게 배포하는 라이브러리와도 같으므로 깔끔하게 작성하는 습관을 들이자.

UNINSTALLED

uninstall 명령을 통해 설치한 번들을 삭제할 수 있다. UNINSTALLED 상태로 변경된 후 번들 정보가 바로 지워지기 때문에 이 상태의 번들을 보는 것은 불가능하다. 앞서 말했듯이 같은 번들을 언인스톨한 후 다시 인스톨하더라도 번들 id가 변경된다.

3.4 BundleActivator와 BundleContext

번들의 생명주기를 알아보면서 BundleActivator와 BundleContext인터페이스에 대해 조금 살펴보았는데, 이 부분에 대해 좀 더 자세히 알아보도록 하자.

```
package org.osgi.framework;

public interface BundleActivator {
    public void start(BundleContext context) throws Exception;
    public void stop(BundleContext context) throws Exception;
}
```

BundleActivator는 OSGi 프레임워크에서 정의한 인터페이스로, 번들 시작/종료 시에 특정한 초기화 작업을 하고 싶은 번들은 꼭 추가해야 하는 객체이다. start와 stop 두 개의 메서드를 가지고 있으며, 이 인터페이스를 구현한 객체의 클래스 명을 Manifest의 Bundle-Activator 항목에 지정하면 OSGi가 시작/종료할 때 자동으로 start/stop 메서드를 호출해 준다.

start() 메서드가 아무런 예외(Exception) 없이 수행이 되어 종료가 된다면, 프레임워크는 이 번들이 종료될 때 stop() 메서드가 호출되는 것을 보장해준다. 즉 start() 메서드 수행 도중 예외가 발생한다면 stop() 메서드를 거치지 않고 STOPPING 상태를 거쳐서 RESOLVED 상태로 돌아가게 되는 것이다.

이클립스의 위자드가 생성해준 Hello World 번들의 액티베이터 코드는 아래와 같다.

```
package chapter03.sample1;

import org.osgi.framework.BundleActivator;
import org.osgi.framework.BundleContext;

public class Activator implements BundleActivator {

    public void start(BundleContext context) throws Exception {
        System.out.println("Hello World!!");
    }
```

```
    public void stop(BundleContext context) throws Exception {
        System.out.println("Goodbye World!!");
    }
}
```

OSGi 콘솔에서 start와 stop 명령을 실행하면 각각 액티베이터의 start/stop 메서드를 호출하게 되므로 "Hello World!!"나 "Goodbye World!!" 문자열을 볼 수 있는 것이다. 이렇게 BundleActivator 인터페이스를 구현한 Activator 클래스는 MANIFEST에 아래와 같이 적어줌으로써 프레임워크가 인식하여 객체를 생성하고 호출할 수 있게 된다.

Bundle-Activator: chapter03.sample1.Activator

번들컨텍스트인 BundleContext는 OSGi 프레임워크와 번들을 연결해주는 객체로 OSGi 상에서 현재 번들의 컨텍스트 정보를 제어하는 수단이면서, 프레임워크와 연결되는 통로이기도 하다. 그림 3-2의 상태도에서 보면 STARTING 단계에서 프레임워크가 생성되고 액티베이터의 start() 메서드를 호출할 때 전달되어 ACTIVE 단계에서는 계속 사용이 가능하다. 그리고 STOPPING 단계에서 액티베이터의 stop() 메서드에서 리턴된 후 지워진다. 번들컨텍스트는 다음과 같은 용도로 사용될 수 있다.

새로운 번들 설치

```
public Bundle installBundle(String location) throws BundleException;
public Bundle installBundle(String location, InputStream input) throws BundleException;
```

파일 또는 스트림으로부터 새로운 번들을 설치한다. 첫 번째 함수의 경우는 location 값이 번들파일의 위치(JAR 또는 폴더)를 가리킨다. 두 번째 함수의 경우는 location은 단지 번들의 Identity를 표시하는 데만 사용되며, 실제 번들파일의 내용은 인자로 전달받은 InputStream으로부터 읽어들인다. 둘 다 리턴하는 객체는 이 장 앞부분에서 잠시 살펴봤던 번들 객체이며, 설치된 번들의 정보를 나타낸다.

번들정보 얻어오기

```
public Bundle getBundle();
public Bundle getBundle(long id);
public Bundle[] getBundles();
```

전달받은 번들컨텍스트는 자신의 번들 객체와 연결되어 있으므로, **getBundle()**은 이 번들 컨텍스트와 연결된 번들 객체를 리턴한다. 또한 번들 ID를 인자로 주어 해당 ID의 번들 객체를 얻어오거나 **getBundles**를 호출하여 현재 프레임워크에 설치된 모든 번들 객체를 읽어올 수도 있다.

서비스 등록하기 및 서비스 가져오기

```
public ServiceRegistration registerService(String[] clazzes, Object service, Dictionary properties);
public ServiceRegistration registerService(String clazz, Object service, Dictionary properties);

public ServiceReference[] getServiceReferences(String clazz, String filter) throws InvalidSyntaxException;
public ServiceReference[] getAllServiceReferences(String clazz, String filter) throws InvalidSyntaxException;

public ServiceReference getServiceReference(String clazz);
public Object getService(ServiceReference reference);
public boolean ungetService(ServiceReference reference);
```

서비스를 등록하고, 프레임워크에 등록된 모든 서비스정보를 읽어올 수 있다. 이 함수들은 4장에서 자세히 살펴볼 것이다.

프레임워크 이벤트에 Subscribe 또는 Unsubscribe 하기

```
public void addServiceListener(ServiceListener listener,String filter) throws InvalidSyntaxException;
public void addServiceListener(ServiceListener listener);
public void removeServiceListener(ServiceListener listener);

public void addBundleListener(BundleListener listener);
```

```
public void removeBundleListener(BundleListener listener);

public void addFrameworkListener(FrameworkListener listener);
public void removeFrameworkListener(FrameworkListener listener);
```

OSGi 프레임워크에서는 번들, 서비스 및 프레임워크에 변경이 있을 때 이벤트(Event)를 발생시킨다. 사용자는 이 이벤트에 리스너를 연결함으로써 변경이 있을 때 특정 작업을 수행하도록 할 수 있다. 이벤트에 대해서는 5장에서 사용자가 직접 이벤트를 만드는 Event Admin 서비스와 같이 살펴볼 것이다.

영구저장소에 파일 생성하기

```
public File getDataFile(String filename);
```

앞에서 프레임워크는 설치된 번들을 자신이 관리하는 영구 저장소(Persistence Storage)에 저장한다고 얘기했다. 이 영구 저장소에 저장하고자 하는 파일을 만들 수도 있다. 일반적으로 번들 안에서 생성해서 관리해야 할 데이터 파일을 저장하거나 임시파일을 만드는 데 사용한다. 파일이름을 지정해서 호출하면 영구저장소 폴더에서 파일이름에 해당하는 File 객체를 생성하여 리턴한다.

시스템 프로퍼티 읽어오기

```
public String getProperty(String key);
```

자바에서 사용하는 프로퍼티를 가져오는 함수이다. OSGi에서는 org.osgi.framework.Constants에 아래와 같은 기본 프로퍼티 키를 지정하고 있다. 아래에 있는 값들이 아니라면 시스템 프로퍼티를 검색해서 리턴한다.

- FRAMEWORK_VERSION : OSGi 프레임워크의 버전
- FRAMEWORK_VENDOR : 프레임워크의 구현 벤더
- FRAMEWORK_LANGUAGE : 사용 중인 언어
- FRAMEWORK_OS_NAME : 사용 중인 OS
- FRAMEWORK_OS_VERSION : 사용 중인 OS의 버전
- FRAMEWORK_PROCESSOR : 사용 중인 프로세서의 이름

4 번들 자동 설치 프로그램 만들기

이제 앞에서 배운 Bundle과 BundleContext의 메서드를 이용한 예제를 하나 만들어보자.

번들 자동설치 프로그램(Bundle Auto Installer)는 자동으로 번들을 설치해주는 작은 유틸리티 번들이다. 요구사항은 다음과 같다.

1. 실행폴더 아래의 bundles 폴더에 번들 JAR 파일을 복사하면 자동으로 설치를 시도한다.
2. 번들파일을 삭제하면 자동으로 제거를 시도한다.

이 예제는 Peter Kriens의 fileinstall 유틸리티를 참고하여 좀 더 간단하게 만들어본 것이다. http://www.aqute.biz/Code/FileInstall, [http://durl.kr/gsd]

이 유틸리티는 실전에서도 종종 사용하는 것으로, 직접 작성한 번들이나 남이 작성한 번들을 OSGi 프레임워크에서 설치하여 동작시킬 경우 번들의 의존관계 때문에 에러가 날 때, 손쉽게 번들을 올릴 수 있게 해주어서 의존관계가 있는 번들을 쉽게 알아낼 수 있도록 도와준다.

먼저, 2장에서 한 것처럼 New Plug-in 프로젝트 위자드를 이용하여 AutoInstaller 프로젝트를 만들자.

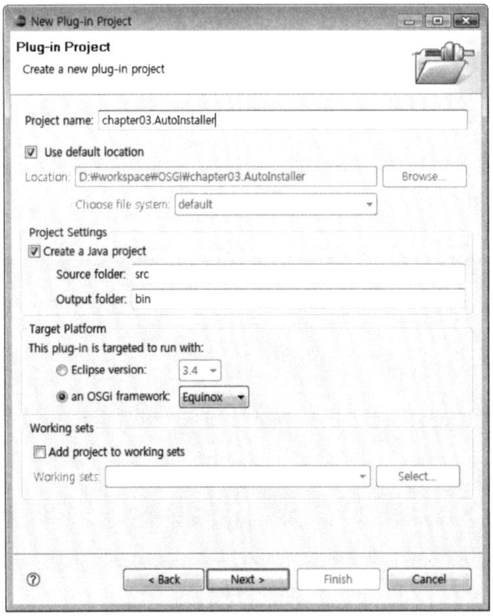

그림 3-6

위자드가 기본으로 생성해준 액티베이터를 아래와 같이 수정한다. 액티베이터에서는 앞서 얘기했듯이, 지속적으로 수행할 코드를 위해서 작업 스레드를 생성해야 한다.

```java
public class Activator implements BundleActivator {

    AutoInstaller installer;

    public void start(BundleContext context) throws Exception {
        System.out.println("Bundle Autoinstaller Starting");

        installer = new AutoInstaller(context);
        new Thread(installer).start();
    }

    public void stop(BundleContext context) throws Exception {
        installer.close();
        System.out.println("Bundle Autoinstaller Exiting");
    }

}
```

이제 프로젝트에 실제 작업을 할 **AutoInstaller** 클래스를 생성해서 추가한다. 이 클래스에서 할 일은 다음과 같다.

1. bundles 폴더에 있는 JAR 파일들의 목록을 얻어온다.
2. 읽어온 JAR 파일들의 목록과 이미 설치된 번들을 비교하여

    2-1. 새로 추가된 파일은 설치한다.

    2-2. 이미 설치된 파일의 최종수정시각이 변경되었으면 **update** 한다.

3. 파일이 지워졌으면 삭제한다.
4. 다음 작업까지 Sleep

Thread를 상속받은 **AutoInstaller** 클래스를 만든다.

```java
package chapter03.autoinstaller;

import java.io.File;
import org.osgi.framework.BundleContext;

public class AutoInstaller extends Thread {
BundleContext context;
boolean working = true;

int delay = 2000;
File jardir;

public AutoInstaller(BundleContext context) {
  super();
  this.context = context;

  jardir = new File("./bundles");
  jardir.mkdirs();
}

public void run() {
  System.out.println("Starting AutoInstaller Worker");
  while (working)
     try {
        // 파일탐색
        Map<String,File> bundlesInDir = getBundlesInDir(jardir);

        // 파일설치
        installBundles(bundlesInDir, jardir);

        Thread.sleep(delay);
     } catch (InterruptedException e) {

     }
  System.out.println("Quitting AutoInstaller Worker");
}
```

```
public void close()
{
    working = false;
    interrupt();
    try {
        join(10000);
    } catch (InterruptedException ie) {

    }
  }
}
```

액티베이터에서 번들컨텍스트를 넘겨받아 멤버변수에 저장하고, 파일 탐색 딜레이는 2초, 번들이 있는 폴더는 "./bundles"로 지정하였다.

스레드의 메인루프에서는 getBundlesInDir(), installBundles() 두 개의 함수를 호출한다.

```
private Map<String,File> getBundlesInDir(File dir) {
    Map<String,File> bundles = new HashMap<String,File>();
    String filelist[] = dir.list();

    for (String jarfile : filelist) {
        if (jarfile.toUpperCase().endsWith(".JAR")) {
            File file = new File(dir, jarfile);
            bundles.put(file.getAbsolutePath(), file);
        }
    }
    return bundles;
}
```

getBundlesInDir() 메서드는 해당폴더에서 대소문자 구분없이 JAR 또는 jar 확장자를 가지는 모든 파일을 찾은 다음 <String,File> 형태의 HashMap을 만들어서 리턴한다.

이제 이 예제에서 가장 중요한 부분인 installBundles() 메서드를 보자.

```java
private void installBundles(Map<String, File> bundlesInDir, File dir) {
    Bundle bundles[] = context.getBundles();

    for (Bundle bundle : bundles)
    {
        String location = bundle.getLocation();
        File file = (File) bundlesInDir.get(location);
        if (file != null) { //설치된 적이 있는 파일이면
            if (file.lastModified() > bundle.getLastModified()) // 최종 설치 후에
                                                                //  변경되었다면
            {
                try {
                    InputStream in;
                    in = new FileInputStream(file);
                    bundle.update(in);
                    bundle.start();
                    in.close();
                    System.out.println("번들 업데이트 : " + location);
                } catch (Exception e) {
                    System.out.println("번들 설치 실패 : " + e);
                }
            } else if (bundle.getState() != Bundle.ACTIVE)   // 변경되지는 않았으나,
                                                             // 아직도 시작이 안된 상태라면
                try {
                    bundle.start();
                } catch (BundleException e) {
                    System.out.println("번들 시작실패 : " + e);
                }
            bundlesInDir.remove(location);  // 이 번들은 처리가 되었으므로 리스트에서
                                            //  지운다.
        } else {
            if (bundle.getLocation().startsWith(dir.getAbsolutePath())) {
                try {
                    bundle.uninstall();
                    System.out.println("번들 삭제완료 : " + location);
```

```
            } catch (Exception e) {
                System.out.println("번들 설치실패 : " + e);
            }
        }
    }
}

for(File file : bundlesInDir.values())
{
    try {
        InputStream in = new FileInputStream(file);
        Bundle bundle = context.installBundle(file.getAbsolutePath(),in);
        in.close();
        bundle.start();
        System.out.println("번들 설치완료 : " + file.getAbsolutePath());
    } catch (Exception e) {
        System.out.println("번들 설치실패 : " + e);
    }
}
}
```

먼저 번들컨텍스트로부터 getBundles()를 호출하여 현재 프레임워크에 설치된 모든 번들 리스트를 가져온다. 이 리스트에는 id 0번인 OSGi System 번들은 리스트에 포함되어 있지 않다. 그리고 리스트 내의 모든 번들에 대해 다음과 같은 동작을 수행한다.

1. Bundle.getLocation()을 호출하여 번들의 실제경로를 구해온다.

2. 이 경로를 가지고 bundlesInDir Map 안에 해당 경로의 파일이 있는지를 확인한다.

    2-1. 번들 파일이 있다면 최종수정시각을 비교하여 변경되었다면 bundle.update() 메서드로 번들을 업데이트한다.

        a. 시각이 같다면 설치된 후 변경이 없는 것이므로, Map에서만 지워서 아래에서 재설치를 시도하는 것을 막는다.

        b. 또한 기존에 설치한 번들이지만, 아직 시작이 안된 상태라면 다시 재시작을 시도한다. Dependency 문제로 실행이 안 될 때 다른 번들을 추가했다면 이때 번들이 제대로 시작될 수 있다.

2-2. 번들 파일이 없다면 해당 번들이 "./bundles" 폴더에서 설치된 것인지를 확인하여, 맞는다면 삭제된 것이므로 번들을 remove 한다.

3. 이제는 bundlesInDir 안에 남은 모든 파일에 대해 설치를 시도한다.

자, 이제 완성되었으므로 코드를 시험해봐야 하는데, 아직 여러분은 테스트해볼 만한 번들 JAR 파일이 없다. 먼저 JAR 파일을 만들어보자. 예제는 2장에서 만들었던 HelloOSGi를 이용한다.

이클립스의 Package Explorer에서 HelloOSGi에 마우스 오른쪽 버튼을 눌러 'Export..'를 선택해서 Export Wizard를 시작하자.

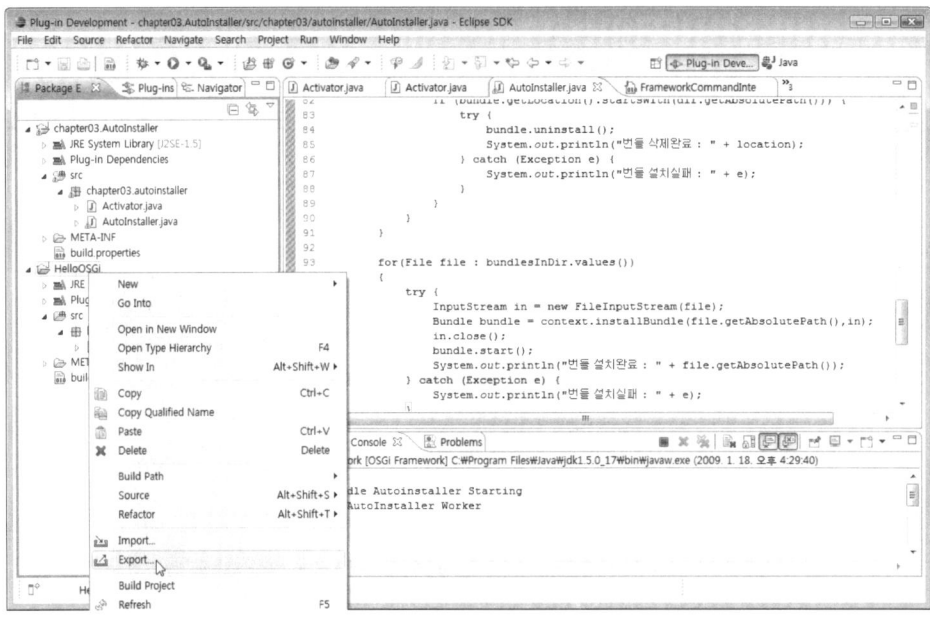

그림 3-7

그림 3-7에서처럼 Plug-in Development 아래에 있는 plug-ins and fragments를 선택하고 Next를 클릭한다.

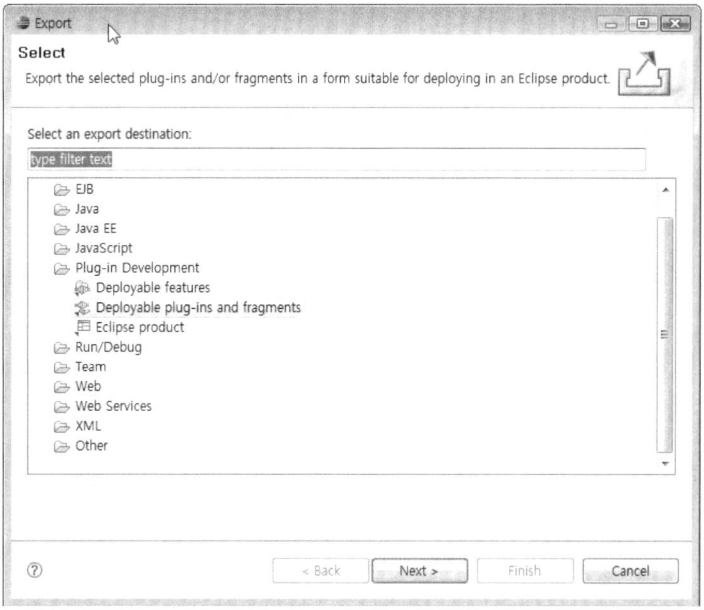

그림 3-8

HelloOSGi 프로젝트가 선택되었는지 확인하고, 번들파일을 생성할 폴더를 지정하자.

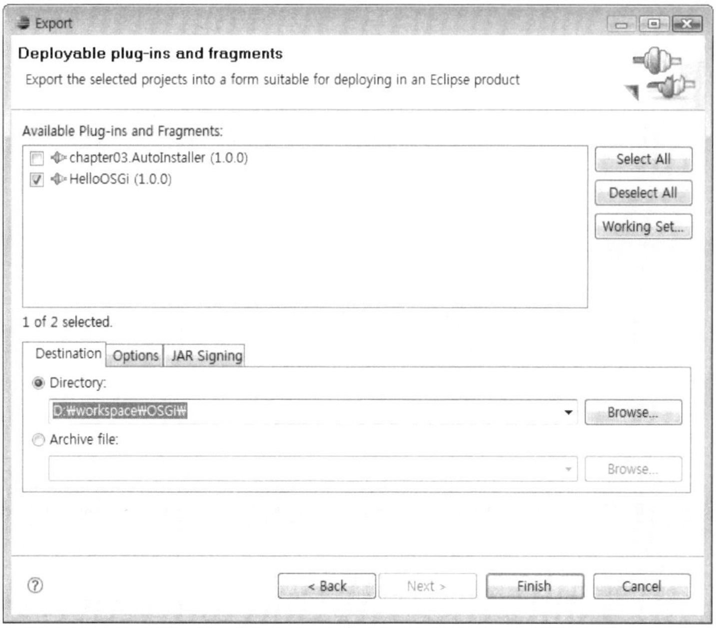

그림 3-9

Finish를 누르면 지정한 폴더 아래에 /plugins 폴더가 생기고 그 아래에 HelloOSGi_1.0.0.jar와 같은 파일이 생겼을 것이다.

Export Wizard는 Manifest에 있는 Bundle-SymbolicName과 Bundle-Version 정보를 이용하여 파일이름을 자동 생성한다.

이제 AutoInstaller를 실행해 보자. Run Configuration 창을 열어 테스트로 사용할 HelloOSGi는 제외시키자.

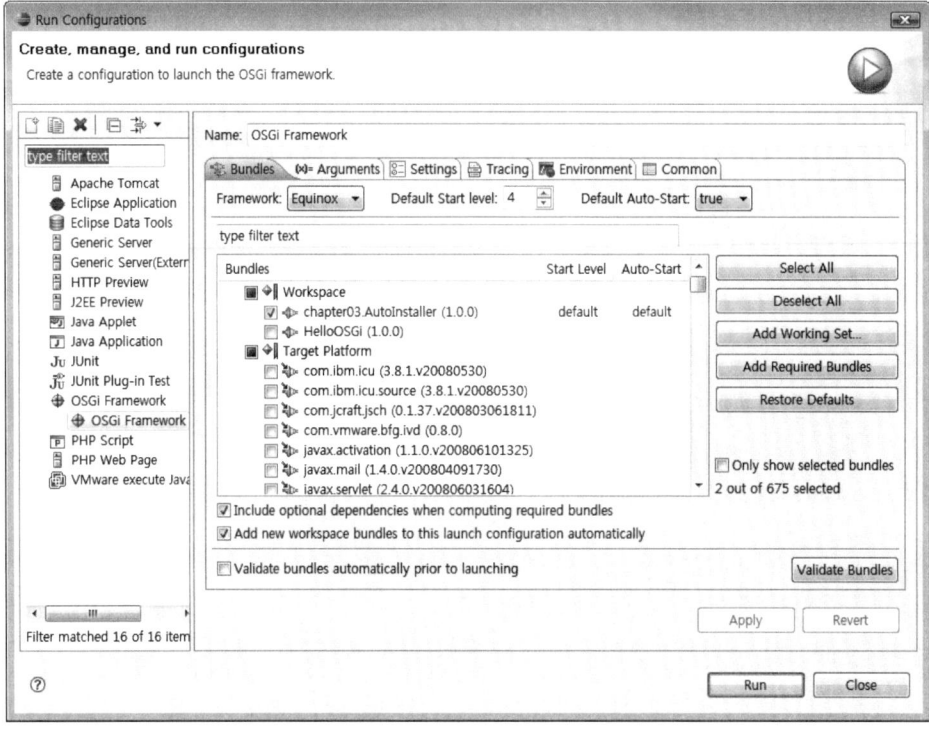

그림 3-10

그리고 두 번째 탭으로가서, **Working Directory**를 아래와 같이 Workspace 위치로 지정하자. 기본값은 이클립스 설치폴더로 설정되어있다.

$(workspace_loc) 값은 이클립스에서 지원하는 변수 중 하나로 하단의 'Variables...' 버튼을 선택해서 쉽게 입력할 수 있다.

03 번들

> ⚠️ **CAUTION:**
>
> 이클립스 내부에서 실행할 때는 Working Directory가 어디인지 확인을 꼭 해두자. 기본 설정이 이클립스 설치폴더이기 때문에 파일을 읽어오거나 할 때 실수하기 쉽다. 뒤의 예제에서는 주로 아래처럼 ${workspace_loc}을 설정하고 사용할 것이다.

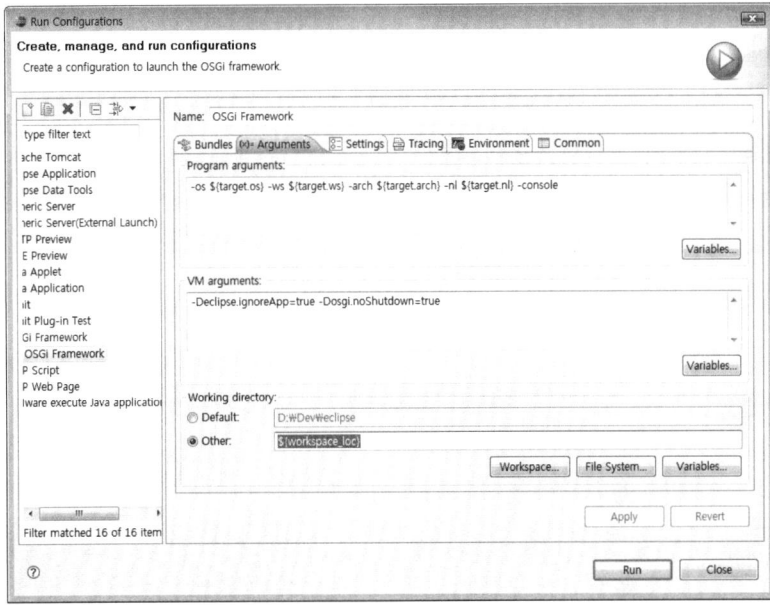

그림 3-11

시작하면 AutoInstaller 번들이 시작되고, 바로 AutoInstaller Worker 스레드가 시작된다.

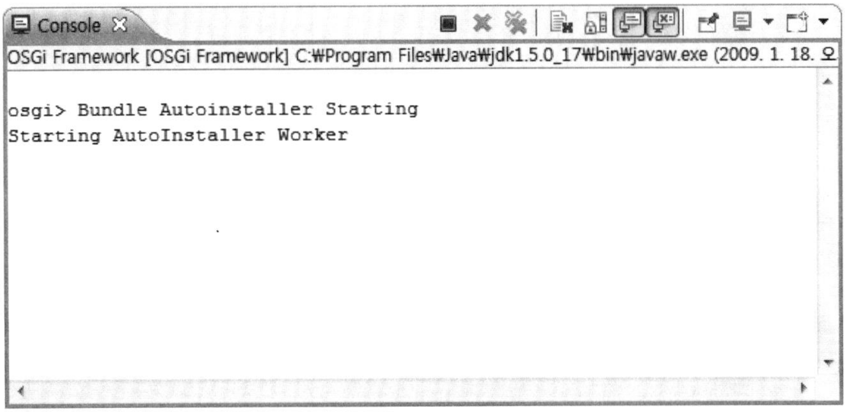

```
osgi> Bundle Autoinstaller Starting
Starting AutoInstaller Worker
```

그림 3-12

AutoInstaller 스레드 생성자에서 폴더를 자동으로 생성하게 해두었으니 이제 워크스페이스 아래에 bundles 폴더가 만들어졌을 것이다.

여기다 방금 만든 HelloOSGi_1.0.0.jar를 복사해보자.

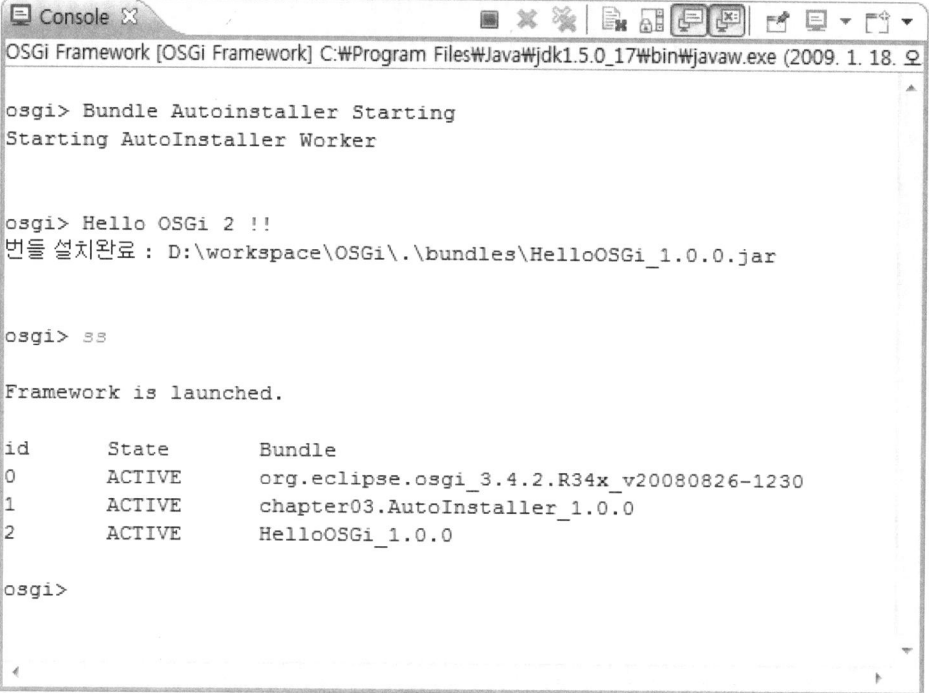

그림 3-13

AutoInstaller에 의해 새로 복사된 HelloOSGi 번들이 설치되고 자동으로 시작된 것을 확인할 수 있다. 코드상에서 설치완료 로그메시지를 bundle.start() 아래에 두었기 때문에 HelloOSGi의 Activator.start()에 있는 "Hello OSGi 2 !!" 메시지가 먼저 수행되었다. 이제 자동으로 업데이트가 되는지 테스트하기 위해, 이 콘솔 창은 그대로 놔둔 채로 HelloOSGi의 Activator에 있는 "Hello OSGi 2 !!" 문자열을 교체해보자. "Hello OSGi 3 !!" 정도로 교체한 후, 다시 Export Wizard를 수행하여 업데이트된 번들을 만들어준다. 그리고 새로 만들어진 HelloOSGi_1.0.0.jar 파일을 bundles 폴더에 복사해보자.

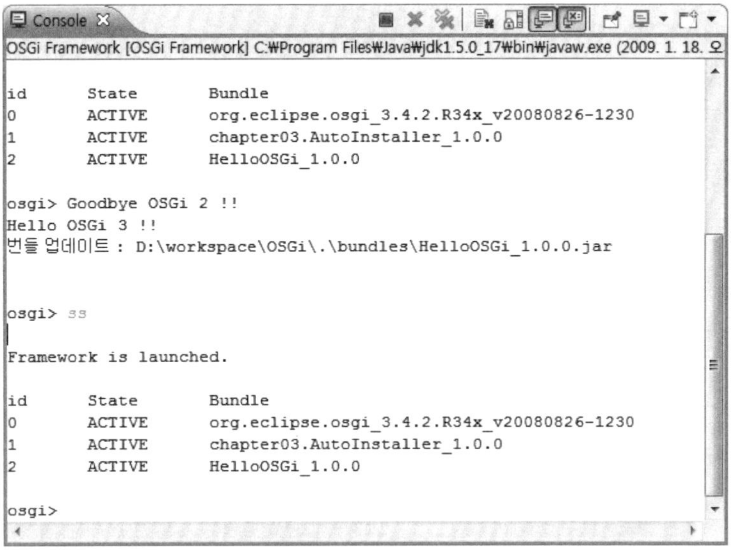

그림 3-14

번들이 자동으로 업데이트되었다. update()를 호출하더라도, 번들 자체는 종료 후 재시작되어야 하기 때문에, 기존 문자열인 "Goodbye OSGi 2 !!"가 출력되고 다시 새로운 번들의 "Hello OSGi 3 !!"이 호출된 것을 볼 수 있다.

그리고 마지막으로 HelloOSGi_1.0.0.jar 파일을 지워보자.

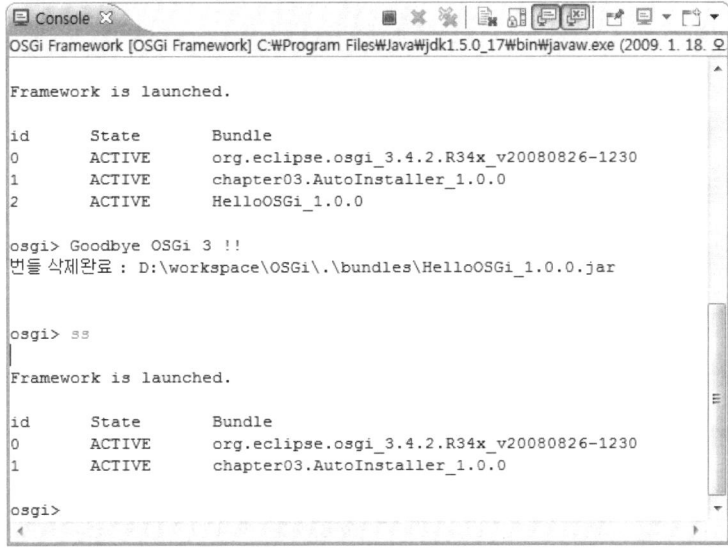

그림 3-15

역시 stop() 메서드가 호출되면서 번들이 삭제되었다.

이 예제는 간단하면서도 계속 사용할 수 있는 유틸리티이다. 10장에서 OSGi 콘솔에 대해 설명할 때도 사용할 예정이니 지우지 말고 남겨두도록 하자.

5 조각 번들

조각 번들(Fragment Bundle)은 OSGi R4에서 새로 추가된 개념으로 특별한 형태의 OSGi 번들이다. 혼자서는 아무런 일도 하지 못하며, 심지어는 액티베이터가 없어서 Start 할 수도 없다. 조각 번들은 호스트(Host) 또는 마스터(Master) 번들이라고 부르는 다른 번들에 붙어야만 동작되는 번들이다. 이 붙는 동작은 Attaching이라고 하며, 번들을 Resolving 하는 도중에 일어나는 작업 중의 하나이다. 조각번들을 만들기 위해서는 아래와 같은 특별한 헤더를 Manifest에 추가하면 된다.

Fragment-Host: <호스트 번들의 Symbolic Name>

설치되면 다음과 같이 보인다.

```
5    RESOLVED    org.springframework.osgi.jetty.web.extender.fragment.osgi_1.0.1
                 Master=6
6    ACTIVE      org.springframework.osgi.web.extender_1.2.0
                 Fragments=5
```

조각 번들은 호스트 번들에 추가적으로 리소스나 클래스, 또한 Manifest에 항목을 추가하는 기능을 제공한다. 이것은 마치 기존 호스트 번들의 JAR 압축파일을 풀어서 그 안에 조각 번들의 내용을 복사하고 다시 압축한 듯한 효과를 보여준다. 즉, Attach되는 순간 두 개의 번들이 아예 한 개의 번들처럼 동작한다는 것이다. 한 개의 호스트 번들에 여러 개의 조각 번들을 붙일 수 있지만, 한 개의 조각 번들이 여러 개의 호스트에 붙지는 못한다. 또한, 한번 호스트에 Attach 하고 나면 조각 번들을 Stop하고 Uninstall 하더라도 호스트에는 남아있는 것처럼 보인다. 완벽히 조각 번들을 제거하려면 해당 호스트 번들을 refresh 해주어야만 한다.

이 조각 번들은 일반적으로는 다국어 지원 애플리케이션을 작성할 때 각 언어별 파일을 따로 작성해서 호스트 애플리케이션에 붙여서 사용하는 용도로 사용되지만, 오픈소스 라이브러리에 기능을 추가하거나 하는 용도로도 쓰이고 있으며, 이 책의 뒷부분에서 나올 SpringDM에서는 기능을 확장하는 용도로도 사용되고 있다.

04
서비스

3장에서 OSGi 프레임워크를 구성하는 모듈 레이어와 라이프 사이클 레이어에 대해서 알아봤다. 이제 OSGi의 꽃이라고도 부를 수 있는 서비스 레이어(Service Layer)에 대해 알아보자. 모듈 레이어를 통해 작은 컴포넌트 단위인 번들을 만들어 재사용할 수 있게 되었고, 라이프 사이클 레이어를 통해 번들에게 생명을 부여했다. 서비스 레이어는 이런 번들이 서로 동적으로 협동하여 작업할 수 있도록 하는 방법을 제공한다.

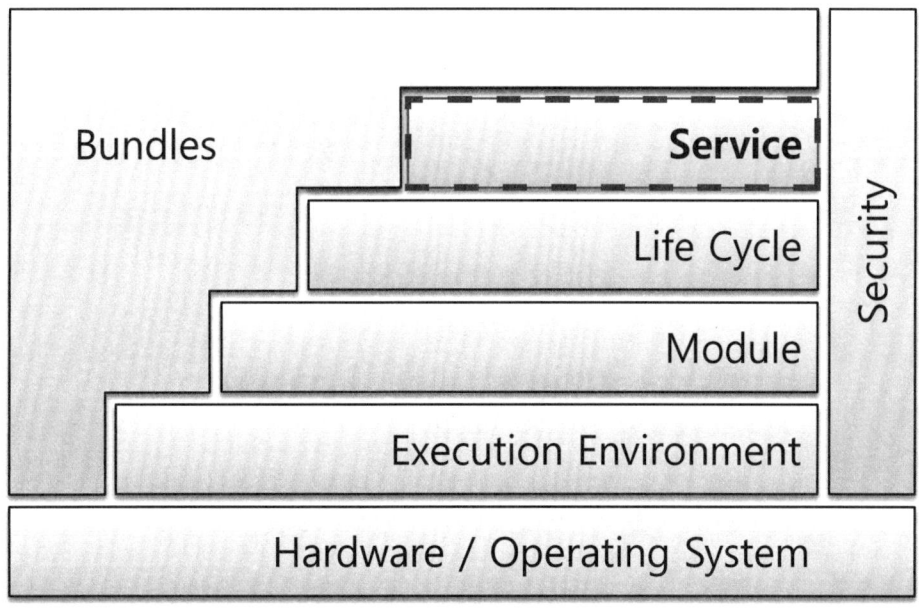

그림 4-1

1 SOA

SOA(Service Oriented Architecture, 서비스 지향 아키텍처)는 소프트웨어를 구축할 때, 각각의 컴포넌트에 의해 처리되는 작업들을 잘 정의된 인터페이스를 가지는 서비스들로 도출한 후, 이를 연동/조합하여 시스템을 구축하는 형식을 말한다.

즉, SOA는 '서비스'와 '이를 조합하여 하나의 애플리케이션을 구축하는 것'이 중심이라고 보면 된다.

이는 '재사용 가능한 소프트웨어'나 '컴포넌트 모델 방법론'과 같이 소프트웨어를 각각의 개별단위로 만들어 조합하거나 재사용하는 것과 다를 바 없지만, 네트워크를 통한 원격협업이 가능해지고, 인터넷의 발달로 HTTP와 XML이 표준적으로 사용되면서 웹을 이용한 쉬운 연동방법들이 많이 등장하게 되어 웹 서비스 기반의 SOA가 폭넓게 사용되고 있다. 주로 SOA에 관해 이야기를 하다 보면, 이와 같이 최근의 대세라고 볼 수 있는 웹 서비스를 기반으로 하는 분산환경에서 사용 가능한 Web Service based SOA를 이야기 하게 되는데, OSGi는 현재로서는 한 대의 컴퓨터(하나의 JVM 인스턴스) 안에서 구성하는 Java Object based SOA라고 볼 수 있다. (인용: http://ko.wikipedia.org/wiki/OSGi)

SOA의 구성을 간략히 보면 아래와 같다.

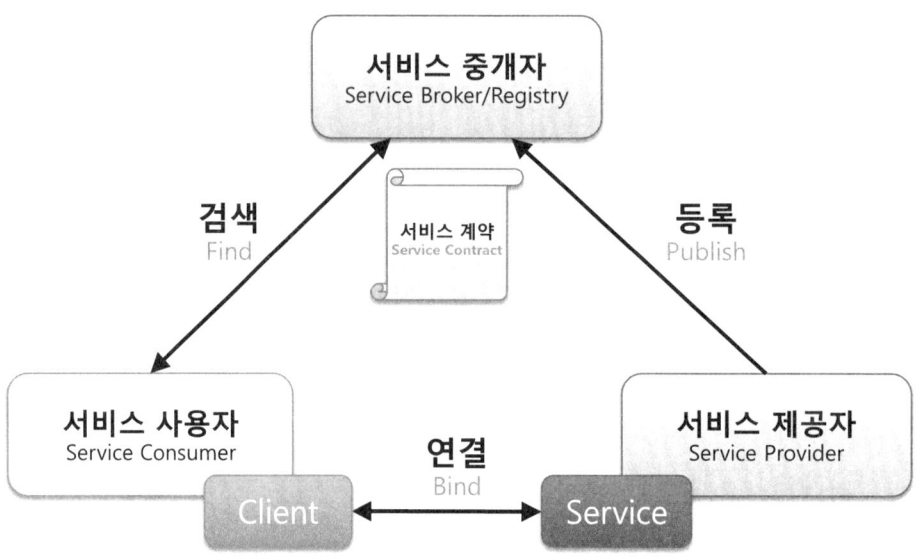

그림 4-2 | SOA 아키텍처

서비스 제공자가 서비스 중개자에 자신의 서비스를 등록하고, 서비스 사용자가 이를 찾아서 서비스 계약(인터페이스)을 통해 서비스를 사용하는 형태이다. 이 구조를 Publish, Find & Bind 모델이라고 하며, OSGi도 이 형태의 모델을 따르고 있다.

SOA에 대한 자세한 정보는 아래를 참고하도록 하고, 여기서는 서비스가 무엇인지에 대해서만 간단히 알아보자.

http://ko.wikipedia.org/wiki/서비스_지향_아키텍처, [http://durl.kr/gse]

http://www.ibm.com/developerworks/kr/webservices/newto/, [http://durl.kr/gsf]

http://www.ibm.com/developerworks/kr/series/soa/index.html, [http://durl.kr/gsg]

1.1 서비스란?

서비스(Service)의 사전적 뜻은 다음과 같다.

1. 생산된 재화를 운반·배급하거나 생산·소비에 필요한 노무를 제공함.
2. 개인적으로 남을 위하여 돕거나 시중을 듦. '봉사', '접대'로 순화

– 국립국어원 표준국어대사전

영어단어를 국어대사전에서 찾는 게 좀 우습지만, 우리가 느끼는 서비스의 어감에는 한국어 표현이 훨씬 좋다. 어쨌거나 서비스는 '뭔가 남에게 해주는 것'을 의미한다. 소프트웨어 개발에서의 서비스도 이와 같다. '어떤 기능을 남에게 제공해주는 것'이 서비스이다. 쉽게 사용하는 '검색 기능'도 서비스이고, '데이터 저장 기능'도 서비스이다. 기능을 호출하면 그 기능은 알맞은 작업을 수행하고 결과를 넘겨준다. 이런 기능을 표준적인 인터페이스를 통해 정의한 것이 SOA에서의 서비스이다.

보통 비즈니스 로직(Business Logic)이라고 부르는 것들이, 정의된 인터페이스를 가지는 독립적인 서비스로 만들어지고, 이 인터페이스를 통해 다른 부분들과 느슨한 결합(Loose Coupling)을 유지하게 되어, 각 레이어나 컴포넌트들의 구현이 변하더라도 빠르게 대처할 수 있게 된다.

2 OSGi에서의 서비스

서비스는 인터페이스를 정의함으로써 느슨한 결합을 지원한다고 했는데, 이에 대해 좀 더 자세히 알아보자.

자바 언어로 개발할 때, 클래스가 외부와의 상호작용을 하기 위해서 정의하고 구현하는 것이 인터페이스(Interface)이다. 언어형태로는 단지 몇 개의 메서드들을 나열하는 것으로 나타내지만, 이 메서드들을 구현하고 호출함으로써 마치 하나의 프로토콜처럼 사용하게 된다.

```
public interface SearchEngine {
   List<String> search(String query);
   List<String> searchImage(String query);
}
```

위와 같은 검색엔진 인터페이스가 있다면, 우린 이 인터페이스를 구현하는 다양한 검색엔진 객체를 하나의 인터페이스를 통해 조작할 수 있다. 각 검색엔진 내부의 구현에는 상관하지 않고 search / searchImage 메서드를 호출함으로써 원하는 결과를 얻도록 해주는 검색 서비스로 사용할 수 있다. 이것을 각각의 구현(Implementation)이라고 한다.

```
class Google implements SearchEngine {
   List<String> search(String query);
   List<String> searchImage(String query);
   ...
}

class Naver implements SearchEngine {
   List<String> search(String query);
   List<String> searchImage(String query);
   ...
}
```

위와 같이 성격이 매우 다른 두 개의 검색엔진이 똑같은 인터페이스를 구현한다면, 사용하는 입장에서는 아무런 수정 없이 사용이 가능하다. 또한 차후에 이 인터페이스를 구현한 또 다른 검색엔진이 생기더라도, SearchEngine 인터페이스를 호출하는 코드를 수정할 필요는 없다.

OSGi에서는 이렇게 만들어진 서비스를 서비스 레지스트리(Service Registry)라고 하는 곳에 등록함으로써 서로 다른 번들 간에 서비스를 이용할 수 있다. 위의 검색엔진 인터페이스를 사용하는 모습을 OSGi 구조에 맞게 표현하면 아래와 같다.

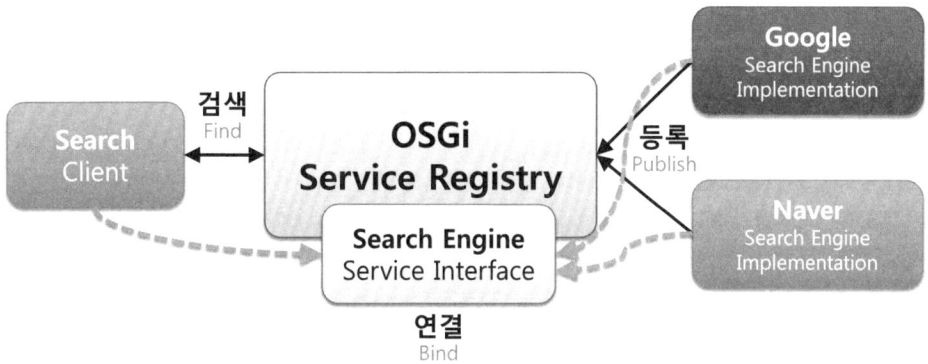

그림 4-3

Search Engine 인터페이스는 공개된 인터페이스로 이를 사용하는 Search Client와 직접적인 의존관계를 가진다. 또한 이 Search Engine 인터페이스를 구현한 구글, 네이버 역시 이 인터페이스와 직접 의존관계를 가지고 있다. 클라이언트와 실제 검색엔진과는 의존관계가 전혀 없으며, 이를 통해 클라이언트가 다양한 검색엔진 구현체와 연결될 수 있다. 클라이언트와 검색엔진의 실제 연결은 OSGi 서비스 레지스트리를 통해 이루어진다.

그림 4-2의 SOA 구조에서 본 것처럼,

1. 각 검색엔진은 OSGi 서비스 레지스트리에 SearchEngine 인터페이스를 구현하여 서비스로서 등록한다.
2. 클라이언트가 OSGi 서비스 레지스트리에서 SearchEngine 인터페이스를 구현하는 서비스를 검색해서 찾는다.
3. 받아온 검색엔진 서비스 객체와 연결하여 실제 검색기능을 호출한다.

Publish, Find 그리고 Bind의 단계를 거치게 된다. 그럼 이제 실제로 OSGi에서 어떻게 서비스를 등록하고 사용하는지 알아보자.

먼저 위에서 본 SearchEngine 예제를 사용하기 위해 아래 표를 보고 프로젝트 위자드를 이용하여 3개의 번들들을 만들어 두자. 뒤에서 계속 사용할 것이다.

프로젝트 명	설명
chapter04.SearchEngine	SearchEngine.java : File ▷ New ▷ Interface
	package chapter04.searchengine;
	import java.util.List;

	public interface SearchEngine {
	  List<String> search(String query);
	  List<String> searchImage(String query);
	}

	MANIFEST.MF : Export-Package에 chapter04.searchengine 패키지 명 추가
	Manifest-Version: 1.0 Bundle-ManifestVersion: 2 Bundle-Name: SearchEngine Plug-in Bundle-SymbolicName: chapter04.SearchEngine Bundle-Version: 1.0.0 Bundle-RequiredExecutionEnvironment: J2SE-1.5 Import-Package: org.osgi.framework;version="1.3.0" **Export-Package: chapter04.searchengine**
chapter04.Google	MANIFEST.MF : Import-Package에 chapter04.searchengine 패키지명 추가
	Manifest-Version: 1.0 Bundle-ManifestVersion: 2 Bundle-Name: Google Plug-in Bundle-SymbolicName: chapter04.Google Bundle-Version: 1.0.0 Bundle-Activator: chapter04.google.Activator Bundle-RequiredExecutionEnvironment: J2SE-1.5 **Import-Package: org.osgi.framework;version="1.3.0" chapter04.searchengine**
chapter04.Client	MANIFEST.MF : Import-Package에 chapter04.searchengine 패키지명 추가
	Manifest-Version: 1.0 Bundle-ManifestVersion: 2 Bundle-Name: Client Plug-in Bundle-SymbolicName: chapter04.Client Bundle-Version: 1.0.0 Bundle-Activator: chapter04.client.Activator Bundle-RequiredExecutionEnvironment: J2SE-1.5 **Import-Package: org.osgi.framework;version="1.3.0", chapter04.searchengine**

04 서비스

첫 번째 프로젝트인 chapter04.SearchEngine은 액티베이터가 없는 순수 인터페이스 번들로 SearchEngine 인터페이스를 구현하는 각 검색엔진 번들과 이 서비스를 사용할 클라이언트 번들 모두가 임포트하는 번들이다. chapter04.Google은 구글 검색엔진을 구현한 구현체 클래스이며, chapter04.Client가 이 서비스를 검색하고 사용할 검색 클라이언트 번들이다.

chapter04.SearchEngine 번들의 Manifest에서 Export-Package를 등록할 때 Manifest.MF 파일에 직접 수동으로 입력해도 되지만, Manifest Editor의 Runtime 탭에서 Exported Packages의 Add 버튼을 이용하면 쉽고 빠르게 입력할 수 있다.

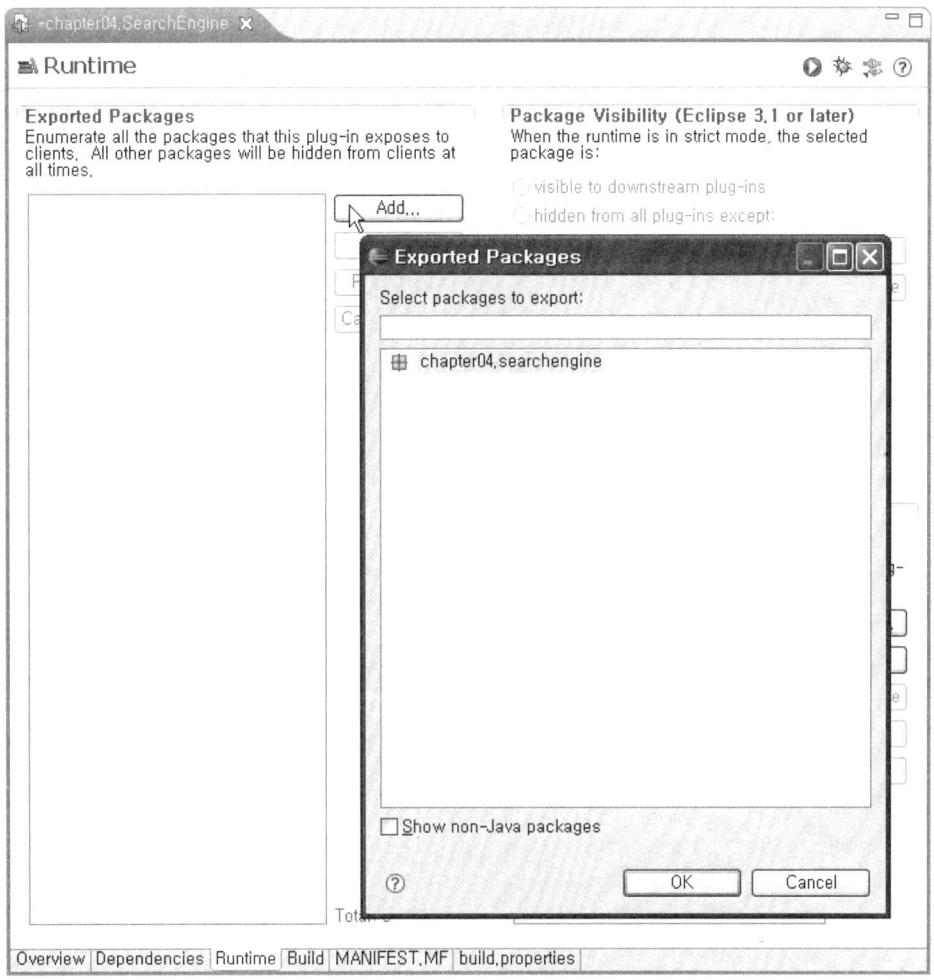

그림 4-4

2.1 OSGi 서비스 등록과 해지

OSGi에서 서비스 등록은 매우 간단하다. 번들 액티베이터가 Start 할 때 받은 번들컨텍스트 개체가 다음과 같은 메서드를 가지고 있다.

```
public ServiceRegistration registerService(String clazz, Object service,
Dictionary properties);
    // 한 개의 서비스 등록
public ServiceRegistration registerService(String[] clazzes, Object service,
Dictionary properties);
    // 인터페이스 스트링 배열을 통해 여러 개의 서비스를 동시에 등록
```

이 메서드를 통해 번들의 STARTING, ACTIVE 단계 중 아무 때나 서비스를 등록할 수 있다. 사실 STOPPING 단계에서도 서비스 등록은 가능하지만, 번들이 중단되면 자동으로 서비스가 해지(unregister)되기 때문에 쓸모가 없다. 작성하는 번들이 실행 중에 어떤 설정이나 환경에 의해서 동적으로 서비스를 등록 및 해지해야 한다면 번들컨텍스트 개체를 저장해두고 사용하면 된다.

서비스를 등록할 때는 3개의 인자가 필요하다.

- 해당 서비스 객체의 인터페이스
- 인터페이스 구현 객체
- 서비스 속성 Dictionary

예를 들어, 앞에서 설명한 구글 검색엔진을 서비스로 등록하는 코드는 다음과 같다.

```
Dictionary props = new Properties();

props.put(org.osgi.framework.Constants.SERVICE_VENDOR, "Google");
props.put("searchable", "Text,Image");
props.put(org.osgi.framework.Constants.SERVICE_RANKING, 5);

bundleContext.registerService(
  SearchEngine.class.getName(),   // SearchEngine 인터페이스
  new Google(),          // 구글 엔진 구현객체
  props);
```

3번째 인자인 Dictionary는 서비스의 속성을 좀 더 자세히 설명하기 위한 키/값의 쌍으로 된 컬렉션 개체를 지정하면 된다. 모든 서비스는 기본적으로 service.id라는 값을 가지며 이 값은 프레임워크에 의해 자동으로 지정되어 변경할 수 없다. 이와 같이 OSGi 프레임워크(org.osgi.framework.Constants)에 미리 지정된 키 값이 몇 가지 있다.

키 값	타입	OSGi상수	설명
objectClass	String[]	Constants.OBJECTCLASS	등록된 서비스의 구현체 클래스 이름
service.description	String	Constants.SERVICE_DESCRIPTION	개발자에 의해 등록되는 서비스의 설명
service.id	Long	Constants.SERVICE_ID	프레임워크에 의해 자동으로 지정되는 유일한 id 값. 개발자가 변경할 수 없다.
service.pid	String	Constants.SERVICE_PID	개발자에 의해 지정되는 Persistent Identifier 값으로 프레임워크가 재시작하더라도 항상 같은 값을 가지도록 하기 위해 번들의 Symbolic Name을 이용한다.
service.ranking	Integer	Constants.SERVICE_RANKING	서비스를 등록할 때 개발자가 지정할 수 있는 랭킹 값으로, 만약 같은 인터페이스에 대해 여러 개의 서비스 구현체가 있다면 이 랭킹값이 큰 순으로 우선순위를 가진다. 기본값은 0이다. 만약 랭킹 값이 같다면 id 값이 작은 것이 더 높은 우선순위를 가진다.
service.vendor	String	Constants.SERVICE_VENDOR	서비스의 제작회사 또는 제공회사

서비스를 등록하면 각 서비스당 하나의 ServiceRegistration 개체를 가지게 된다. ServiceRegistration 개체는 등록된 서비스와 직접적으로 연결되는 인터페이스로 서비스에 대한 접근자인 ServiceReference를 읽어오거나, Service의 등록을 해지할 때 사용한다.

```
public interface ServiceRegistration {
    public ServiceReference getReference();
    public void setProperties(Dictionary properties);
    public void unregister();
}
```

즉, 서비스 등록은 BundleContext.registerService를 통해서 하지만, 서비스의 해지는 ServiceRegistration을 통해서만 가능하다. 이것은 서비스를 등록한 번들만이 해지할 수 있게 하기 위한 것이다. 만약 자신이 복합적인 번들을 만들어 서비스의 등록과 해지가 서로 다른 번들에서 이루어져야 한다면 초기 등록할 때 받은 ServiceRegistration 객체를 다른 번들로 넘겨주어서 이를 통해 해지하도록 할 수 있다.

따라서 일반적인 서비스 등록과 해지를 하는 BundleActivator 코드는 다음과 같다.

```java
public class Activator implements BundleActivator {
    private SearchEngine service;
    private ServiceRegistration registration;
    public void start(BundleContext context) throws Exception {
        Dictionary props = new Properties();
        props.put(org.osgi.framework.Constants.SERVICE_VENDOR, "Google");
        props.put("searchable", "Text,Image,Code");
        props.put(org.osgi.framework.Constants.SERVICE_RANKING, 5);

        service = new Google();
        // 서비스 등록
        registration = context.registerService(
            SearchEngine.class.getName(), service, props);
    }

    public void stop(BundleContext context) throws Exception {
        registration.unregister();  // 꼭 해주지 않아도 문제 없음
    }
}
```

여기선 ServiceRegistration 객체를 저장했다가, stop 할 때 명시적으로 서비스를 등록해지하고 있지만, 앞서 말했듯이 일반적으로 프레임워크가 각 번들이 종료될 때 등록한 모든 서비스를 자동으로 등록해지해주므로 명시적으로 등록해지를 하지 않아도 별 문제는 없다.

위 내용을 앞에서 만든 chapter04.Google 프로젝트의 액티베이터에 추가한다. 그리고 가상으로 다음과 같은 Google 검색엔진 클래스를 만들도록 하자.

```
package chapter04.google;

import java.util.ArrayList;
import java.util.List;

import chapter04.searchengine.SearchEngine;

public class Google implements SearchEngine {

    public List<String> search(String query) {
        List<String> result = new  ArrayList<String>();

        result.add("Google text result1");
        result.add("Google text result2");

        return result;
    }

    public List<String> searchImage(String query) {
        List<String> result = new  ArrayList<String>();

        result.add("Google image result1");
        result.add("Google image result2");
        return result;
    }

}
```

2.2 OSGi 서비스 사용하기

등록된 서비스는 ServiceReference라는 객체로 참조된다. 서비스를 등록한 번들 자신은 앞에서 설명한 ServiceRegistration 객체를 통해서도 이 객체를 얻어올 수 있으며, 서비스를 사용하고자 하는 번들들은 BundleContext.getServiceReference(String interfaceName) 메서드를 이용하여 ServiceReference 객체를 가져올 수 있다.

```
public interface ServiceReference extends Comparable {
    public Object getProperty(String key);  // 속성값을 읽어온다.
    public String[] getPropertyKeys();  // 속성의 키 값 배열을 읽어온다.
    public Bundle getBundle();  // 이 서비스를 등록한 번들 객체를 리턴한다. 만약 서비스가
                                  unregister 되었다면 null을 리턴한다.
    public Bundle[] getUsingBundles();  // 이 서비스를 사용하는 번들의 배열을 리턴
}
```

이렇게 얻은 ServiceReference 객체는 서비스의 속성정보나 등록한 번들에 대한 객체, 사용 중인 번들의 정보를 읽어올 뿐 실제 서비스객체는 얻어오지 못하지만,

BundleContext.getService() 함수에게 이 레퍼런스 객체를 인자로 주면 해당 서비스를 얻을 수 있다.

```
public Object getService(ServiceReference reference);
```

ServiceReference 객체에 직접 서비스 객체가 들어있지 않고, 번들컨텍스트를 통하여 서비스 객체를 얻는 이유는 프레임워크가 실제로 서비스를 사용 중인 객체에 대한 의존성(Dependency) 정보를 유지/관리하기 위함이다. 번들에서 **getService**를 호출하여 서비스 객체를 얻어가면 프레임워크는 해당 번들이 그 서비스 객체에 의존관계가 있다는 것을 기록하고 추적할 수 있게 되기 때문이다.

등록된 SearchEngine 서비스를 Find & Bind하는 클라이언트의 코드는 다음과 같다.

```
public class ClientActivator implements BundleActivator {

    ServiceReference reference;
    SearchEngine engine;
    public void start(BundleContext context) throws Exception {
        reference = context.getServiceReference(SearchEngine.class.getName());
        engine = (SearchEngine) context.getService(reference);

        // 검색엔진을 사용하여 검색기능 호출
        List result = engine.search("query string");
          .....
    }
```

```
    public void stop(BundleContext context) throws Exception {
        context.ungetService(reference);
        engine = null;
    }
}
```

이 클라이언트는 해당 검색엔진이 어떤 것인지는 전혀 상관하지 않고, 단지 SearchEngine 인터페이스를 구현한 서비스를 얻어다 바로 검색에 활용한다. 그리고 stop 할 때는 ungetService 메서드를 호출하여 더 이상 서비스를 사용하지 않는다고 알려주면 된다. 물론 이 역시도 프레임워크가 자동으로 처리해주긴 하지만, 명확히 해주는 버릇을 들이는 것이 혹시 발생할지도 모르는 문제 상황을 막을 수 있다.

앞에서 만든 3개의 번들(SearchEngine, Google, Client)에 코드가 추가되어, 이제 검색엔진 서비스가 등록되고 이를 사용하는 Client가 완성되었으니 한번 실행해보도록 하자.

프로젝트의 Package 구조 및 Run 화면은 다음과 같이 되어 있을 것이다.

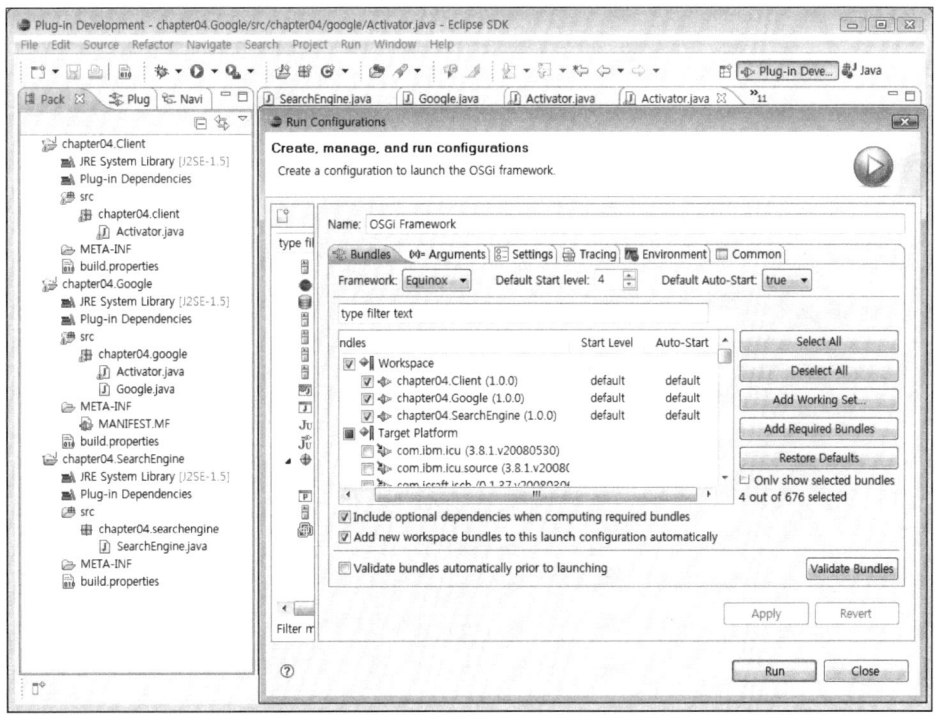

그림 4-5

그럼, Run을 선택해서 실행해보자.

```
osgi> ss

Framework is launched.

id    State        Bundle
0     ACTIVE       org.eclipse.osgi_3.4.2.R34x_v20080826-1230
1     RESOLVED     chapter04.Client_1.0.0
2     ACTIVE       chapter04.SearchEngine_1.0.0
3     ACTIVE       chapter04.Google_1.0.0

osgi>
```

상황에 따라서 위의 실행 창이 달라질 수 있다. 혹시 여러분의 환경에서는 Client가 RESOLVED가 아니고 바로 ACTIVE가 되었다면

```
Google text result1
Google text result2
```

라는 결과 값이 출력되었을 수도 있다. 위 결과 값이 에러 없이 나온다면 아마도 위의 번들 순서가 다르게 배열되어 있을 것이다. 이건 이클립스 내부에서 번들을 실행하는 순서가 프로젝트 화면이나 Run 화면에서 보는 순서와는 다를 수 있기 때문이다.

> **❋ NOTE:**
>
> 이는 내부적으로 이클립스 개발환경이 OSGi 실행용 configuration 파일을 계속 재생성하여 사용하지만, 실제 번들의 배열순서를 바꾸는 기능은 없기 때문이다. 실제로 수많은 번들이 포함되는 프로젝트에서는 이 때문에 문제가 발생하기도 하므로, 번들의 시작순서는 매우 조심해서 확인해야 한다. 자세한 내용은 10장에서 알아보도록 한다.

위에 Client 번들이 RESOLVED 상태로 있는 이유는 1번 Client 번들이 RESOLVE 하는 시점에 3번 Google 서비스 번들이 Active 되어 있지 않기 때문에 서비스를 가져오는 getService에서 null을 리턴했기 때문이다. 지금은 1번 번들이 실패하고 난 뒤 3번 번들이 등록되었기 때문에 다시 "start 1"을 입력하면 정상적으로 실행되는 것을 볼 수 있다.

```
osgi> ss

Framework is launched.

id      State           Bundle
0       ACTIVE          org.eclipse.osgi_3.4.2.R34x_v20080826-1230
1       RESOLVED        chapter04.Client_1.0.0
2       ACTIVE          chapter04.SearchEngine_1.0.0
3       ACTIVE          chapter04.Google_1.0.0

osgi> start 1
Google text result1
Google text result2
```

즉, 번들 사이에 의존관계가 있는데, 이를 제대로 처리하지 않고 작성했기 때문에 일어나는 문제이다. OSGi는 동적인 환경이므로, 내가 사용하려는 서비스가 원하는 시점에는 없다가, 그 시점 이후에 등록이 될 수도 있다. 또한 이미 서비스를 한 번 사용했더라도, 그 서비스가 동작을 중단했을 수도 있다. 즉, 사용하고자 하는 서비스에 동적으로 대응하도록 코딩이 필요하다는 것이다. 위와 같은 경우에도 문제가 없도록 Client 번들을 작성하는 방법을 알아보고 수정해보자.

2.3 OSGi 서비스 추적하기

OSGi는 각각의 번들이 동적인 라이프 사이클을 가지는 환경이므로, 내가 사용하고자 하는 코드가 항상 존재할 것이라고 생각하고 코딩하는 것은 바람직하지 않다.

즉, 이전에 작성한 Client의 start 메서드에서

```
public void start(BundleContext context) throws Exception {
    reference = context.getServiceReference(SearchEngine.class.getName());
    engine = (SearchEngine) context.getService(reference);

    // 검색엔진을 사용하여 검색기능 호출
    List result = engine.search("query string");
            .....
}
```

이와 같이 서비스를 찾아와서 사용하는 부분은, 그 시점에 서비스가 존재하지 않을 수도 있기 때문에 다시 한 번 확인이 필요하다는 것이다. 그럼 이 부분을 다른 방식으로 수정해 보자. 일단은 내부에서 좀 더 복잡한 작업을 할 것이므로 start 메서드 내에서 모든 것을 처리하는 것은 프레임워크 실행에 무리를 주게 된다. 3장의 AutoInstaller 예제에서 했던 것처럼 작업용 스레드인 SearchClient라는 클래스를 만들자.

```java
public class Activator implements BundleActivator {

    SearchClient client;

    public void start(BundleContext context) throws Exception {
        client = new SearchClient(context);
        new Thread(client).start();
    }

    public void stop(BundleContext context) throws Exception {
    }
}
```

그리고 서비스가 등록될 때까지 계속 기다리면서 검색을 시도하는 단순한 클라이언트 코드를 하나 만들자. 아마도 실전에서는 이런 코드를 쓰지 않겠지만 이해를 돕기 위해 만든 코드이다.

```java
public class SearchClient extends Thread {
    BundleContext context;

    public SearchClient(BundleContext context) {
        this.context = context;
    }

    public void run() {
        ServiceReference reference = null;
        SearchEngine engine = null;

        while (engine == null) {
```

```
                reference = context.getServiceReference(
                                    SearchEngine.class.getName());
                if (reference != null) engine = 
                            (SearchEngine) context.getService(reference);
                Thread.Sleep(100);
            }

            List results = engine.search("query string");

            for(Object rstr:results){
                System.out.println(rstr);
            }
        }
    }
```

위 코드는 새로 시작된 스레드에서 SearchEngine 인터페이스에 해당하는 ServiceReference와 그 구현 서비스를 가져올 때까지 무한루프를 돌면서 기다리는 코드이다. 이렇게 Client를 수정 후 실행하면 번들 실행순서에 상관없이 항상 아래와 같은 결과를 보여주게 된다.

```
osgi> Google text result1
Google text result2

osgi> ss

Framework is launched.

id    State       Bundle
0     ACTIVE      org.eclipse.osgi_3.4.2.R34x_v20080826-1230
1     ACTIVE      chapter04.Client_1.0.0
2     ACTIVE      chapter04.SearchEngine_1.0.0
3     ACTIVE      chapter04.Google_1.0.0

osgi>
```

Client 번들이 서비스 번들보다 먼저 실행되었지만, 스레드에서 무한루프를 돌면서 원하는 서비스가 올라오기를 기다리고 있기 때문이다. 이미 말했듯이, 동적인 환경에서 서비스가 존재하는지 체크하는 것은 매우 빈번한 작업일 텐데, 어떻게 처리하면 될까? 이것을 좀 더 유연하게 처리해주기 위해 지원하는 서비스가 ServiceTracker이다.

OSGi 스펙 R2부터 추가된 ServiceTracker는 OSGi 서비스 레지스트리에서 서비스를 추적하는 수고를 덜어주는 Utility Class이다. 개발자는 ServiceTracker 인터페이스를 구현하거나 하위클래스를 만들어서 기능을 확장하는 것도 가능하다. ServiceTracker 구현체는 OSGi에서 제공하는 표준 osgi.cmpn.jar 파일(R4의 경우) 안에 들어있다. 꽤 복잡한 구현클래스이므로 몇 개의 중요한 메서드만 살펴보기로 하자.

```
package org.osgi.util.tracker;

public class ServiceTracker implements ServiceTrackerCustomizer {
    public ServiceTracker(BundleContext context,
        ServiceReference reference, ServiceTrackerCustomizer customizer) {...}
    public ServiceTracker(BundleContext context,
        String clazz, ServiceTrackerCustomizer customizer) {...}
    public ServiceTracker(BundleContext context,
        Filter filter, ServiceTrackerCustomizer customizer) {...}

    public void open() {...}
    public synchronized void close() {...}

    public Object getService() {...}
    public Object[] getServices() {...}

    public ServiceReference getServiceReference() {...}
    public ServiceReference[] getServiceReferences() {...}

    public Object waitForService(long timeout) throws InterruptedException {...}
}
```

- **ServiceTracker() 생성자** : 세 개의 생성자를 가지고 있으며, 현재 번들의 번들컨텍스트를 기본으로 넘겨 받는다. ServiceReference, 클래스 명, 검색 Filter의 3가지 값을 통해 추적하고자 하는 클래스를 지정할 수 있다. ServiceTrackerCustomizer는

추적하는 방식을 개발자가 원하는 대로 변경하고자 할 때 구현하여 전달하는 객체이다.

- ServiceTracker(BundleContext,ServiceReference,ServiceTrackerCustomizer)
- ServiceTracker(BundleContext,String,ServiceTrackerCustomizer)
- ServiceTracker(BundleContext,Filter,ServiceTrackerCustomizer)

- **open(), close()** : ServiceTracker는 사용하기 전에 항상 open()을 호출하여 추적을 시작하여야 한다. 서비스의 사용이 끝나면 close()를 호출한다.
- **getService(), getServices()** : 생성자에서 지정한 검색조건대로 서비스를 찾아서 리턴한다. getService는 순서상 첫 번째(랭크 값이 가장 크고, 서비스 ID가 가장 작은) 서비스를 리턴하며, getServices()는 해당하는 모든 서비스들을 리턴한다.
- **getServiceReference(), getServiceReferences()** : 해당하는 ServiceReference 또는 그 배열을 리턴한다.
- **waitForService(timeout)** : 검색조건에 맞는 서비스가 적어도 하나라도 맞는 게 있을 때까지 timeout 시간 동안 기다린다. timeout을 0으로 지정할 경우 무한으로 기다린다. 이 함수를 번들의 activator.start() 내에서 호출하게 되면, 프레임워크가 다른 번들을 시작하지 않고 기다리게 되므로 이 번들이 필요한 서비스를 가지고 있는 다른 번들이 실행이 되지 못하면서 데드락 현상이 발생할 수 있다. 꼭 스레드로 작성하여 호출해야 한다.

메서드 리스트만 봐도 정확히 어떤 것을 하는 클래스인지는 알수 있다. 이것을 이용해서 위의 클라이언트 코드를 수정해 보자.

```
public void run() {
    ServiceTracker tracker = new ServiceTracker(context,
                            SearchEngine.class.getName(),
                            null);

    tracker.open();

    SearchEngine engine;
    try {
```

〈다음 쪽에 예제 코드 계속〉

```
            engine = (SearchEngine) tracker.waitForService(0);

            List results = engine.search("query string");

            for(Object rstr:results){
                System.out.println(rstr);
            }
        } catch (InterruptedException e) {
            e.printStackTrace();
        }

        tracker.close();
    }
```

위의 소스만으로는 바로 실행이 되지 않는다. ServiceTracker를 사용하려면 해당 패키지를 번들에 임포트해야 한다. MANIFEST의 Import-Package:에도 추가해 주자.

```
Manifest-Version: 1.0
Bundle-ManifestVersion: 2
Bundle-Name: Client Plug-in
Bundle-SymbolicName: chapter04.Client
Bundle-Version: 1.0.0
Bundle-Activator: chapter04.client.Activator
Import-Package: org.osgi.framework;version="1.3.0",
 chapter04.searchengine,
 org.osgi.util.tracker
```

수정한 Client 소스도 그다지 많이 똑똑해 보이지는 않지만, 하염없이 도는 무한루프를 이용하지 않고 waitForService를 호출하여 적절한 서비스가 동작되기를 기다렸다가 이를 이용하여 호출하고 있다.

2.4 여러 개의 서비스 사용하기

지금까지는 하나의 서비스 당 하나의 구현체가 있을 경우만 가지고 테스트해 보았다. 이제 같은 인터페이스를 구현하는 서비스가 여러 개가 있을 경우도 생각해 보자. 이 장의 처음에서 잠시 얘기했던 SearchEngine 인터페이스를 구현한 Naver 서비스 번들을 하나 더 만들어보자.

1. File ▷ New ▷ Plugin Project 에서 chapter04.Naver 생성

2. MANIFEST.MF에 Import-Package: chapter04.searchengine 추가

3. SearchEngine 인터페이스를 구현하는 Naver 클래스 생성

    3-1. 위의 Google 엔진을 참고하여 여러분이 만들어 보도록 하자. 물론 나보다 훨씬 더 좋게 만들 수 있을 거라고 생각한다.

4. 액티베이터에서 Naver 서비스 등록

    ```
    public class Activator implements BundleActivator {
        private SearchEngine service;
        private ServiceRegistration registration;
        public void start(BundleContext context) throws Exception {
            Dictionary props = new Properties();
            props.put(org.osgi.framework.Constants.SERVICE_VENDOR, "Naver");
            props.put("searchable", "Text,Image,Person");
            props.put(org.osgi.framework.Constants.SERVICE_RANKING, 5);

            service = new Naver();
            // 서비스 등록
            registration = context.registerService(
                SearchEngine.class.getName(), service, props);
        }

        public void stop(BundleContext context) throws Exception {
            registration.unregister(); // 꼭 해주지 않아도 문제 없음
        }
    }
    ```

추가하고 실행해보면 이렇게 된다.

```
osgi> Naver text result1
Naver text result2
```

〈다음 쪽에 예제 코드 계속〉

```
osgi> ss

Framework is launched.

id    State         Bundle
0     ACTIVE        org.eclipse.osgi_3.4.2.R34x_v20080826-1230
1     ACTIVE        chapter04.Naver_1.0.0
2     ACTIVE        chapter04.Client_1.0.0
3     ACTIVE        chapter04.SearchEngine_1.0.0
4     ACTIVE        chapter04.Google_1.0.0

osgi>
```

이클립스가 자기 멋대로 번들 순서를 만들어 놓기 때문에(알파벳순도 아니고 도무지 알 수 없다), 저 순서에 의해서 Naver 객체가 먼저 생성되므로, Client는 Naver 객체를 먼저 찾아서 가져오게 되었다. 이렇게 그냥 두면 테스팅이 힘들어지니까, 실행환경을 약간 수정해보자. 메뉴에서 Run ▷ Run Configurations 를 선택해서 아래처럼 수정해보자.

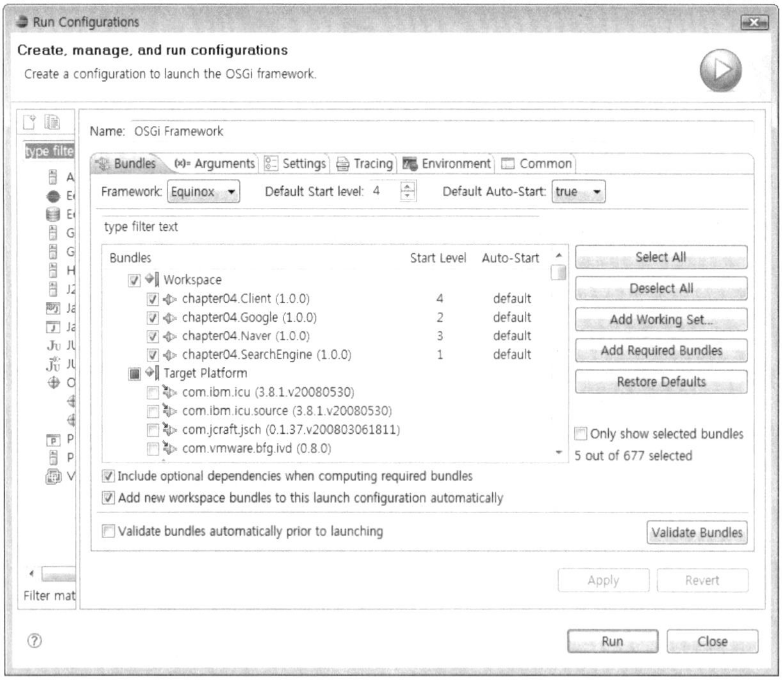

그림 4-6

Start Level은 OSGi 프레임워크가 각 번들을 시작하는 순서를 지정해주는 서비스이다. 기본 번들인 OSGi 시스템 번들은 항상 Start Level이 0이다. 그리고는 위에 지정한 번호 순서대로 SearchEngine ▷ Google ▷ Naver ▷ Client 순으로 시작하게 된다. Start Level을 이용한 순서 조정방법은 계속 쓰이게 되므로 꼭 기억해 두도록 하자. 여러 개의 번들을 동시에 테스트할 때, 이 책과는 다른 결과가 보인다면 항상 Start Level 조정을 통해 알맞은 순서가 되도록 하여야 한다.

Start Level에 대해서는 10장에서 조금 더 자세히 알아볼 것이다. 이렇게 설정하고 실행하면 항상 구글 검색엔진이 선택된다. 여기서는 두 검색엔진이 RANKING 값이 5로 같고, 먼저 시작된 구글 검색엔진이 더 작은 서비스 ID 값을 가지기 때문이다. 만약 Google과 Naver 두 개의 엔진의 Start Level 값을 똑같이 준다면 프레임워크에 추가된 순서대로 선택하게 될 것이다. 물론 각 엔진의 소스코드에서 RANKING 값을 수정해서 선호하는 엔진에게 더 높은 숫자를 주어도 된다.

이제 Client를 수정해서 혹시 여러 개의 검색엔진 서비스가 존재한다면 각각에 대해 모두 검색을 수행하도록 만들어보자.

```java
public void run() {
    ServiceTracker tracker = new ServiceTracker(context,
                                SearchEngine.class.getName(),
                                null);
    tracker.open();

    for(Object service:tracker.getServices()) {
        SearchEngine engine = (SearchEngine) service;
        List results = engine.search("query string");

        for(Object l:results){
            System.out.println(l);
        }
    }
    tracker.close();
}
```

위 소스는 ServiceTracker로부터 해당하는 모든 서비스를 가져와서 각각의 서비스에 대해 검색을 수행하여 아래와 같이 모든 검색 결과를 출력하도록 한다.

```
osgi> Google text result1
Google text result2
Naver text result1
Naver text result2


osgi> ss

Framework is launched.

id      State           Bundle
0       ACTIVE          org.eclipse.osgi_3.4.2.R34x_v20080826-1230
1       ACTIVE          chapter04.Client_1.0.0
2       ACTIVE          chapter04.SearchEngine_1.0.0
3       ACTIVE          chapter04.Naver_1.0.0
4       ACTIVE          chapter04.Google_1.0.0

osgi>
```

이제 OSGi에서의 서비스가 어떤 것이고 어떻게 검색하여 사용하는지를 알게 되었다. 다음 장에서는 본격적인 개발에 앞서, OSGi에서 기본으로 제공하는 서비스들에 대해 알아볼 것이다.

05

OSGi 이벤트 시스템

3장과 4장을 통해, OSGi 프레임워크를 구성하는 기본 레이어인 모듈, 라이프 사이클, 서비스 레이어들에 대해 배웠다. 번들을 만들고, 서비스를 생성하여 등록하고, 원하는 서비스를 검색하여 사용하는 기본적인 동작이 이 레이어들에 의해 이루어진다. 계속 강조하듯이 OSGi는 동적인 환경이므로 번들이 실행/중단되거나 서비스가 등록/삭제되는 일이 아무 때나 일어날 수 있다. 그런데 만약 내가 사용 중인 서비스가 관리자에 의해 삭제되었다면 내 번들은 어떻게 해야 할까? 삭제된 후에 getServiceReference나 getService를 호출했을 때 null이 리턴되었다는 것만으로 그 서비스가 삭제되었다는 것을 알아야 할까? 물론 그렇지 않다. 이런 동적인 상황에 대응하기 위해 OSGi에서는 향상된 이벤트 시스템(Event System)을 제공한다.

1 OSGi상에서의 시스템 이벤트

앞서 살펴봤던 OSGi의 라이프 사이클 레이어에서는 BundleEvent 및 FrameworkEvent를, 서비스 레이어에서는 ServiceEvent라는 형태의 Event Type 객체를 정의하고 있다.

- **BundleEvent** : 번들의 Life Cycle 변경 (설치, 시작, 중단 등)을 알리기 위한 이벤트
- **ServiceEvent** : 서비스의 변경사항(등록, 변경, 삭제) 등을 알리기 위한 이벤트
- **FrameworkEvent** : OSGi 프레임워크의 변경사항(에러, StartLevel 변경 등)을 알리기 위한 이벤트

이 Event가 발생했을 때 바로 알 수 있도록 BundleContext에 각 타입에 대한 리스너 (Listener)를 등록할 수 있다.

```
public void addBundleListener(BundleListener listener);
public void removeBundleListener(BundleListener listener);

public void addFrameworkListener(FrameworkListener listener);
public void removeFrameworkListener(FrameworkListener listener);

public void addServiceListener(ServiceListener listener,String filter) throws
InvalidSyntaxException;
public void addServiceListener(ServiceListener listener);
public void removeServiceListener(ServiceListener listener);
```

흔히 자바에서 Event를 받을 때 사용하는 리스너라는 객체를 사용자가 구현하여 프레임워크에 등록함으로써 원하는 이벤트를 받을 수 있다.

이 이벤트들은 주로 OSGi의 동적인 환경을 이용하는 Extender를 개발할 때 주로 쓰이게 된다.

※ NOTE:

> **Extender**
>
> Extender는 OSGi상에서 종종 사용되는 개념으로, 동적으로 설치되는 다른 번들/서비스의 설치/삭제 시 이벤트를 받아서 특정 동작을 수행하는 형태를 말한다. 이 책의 뒤에서 살펴볼 SpringDM이 Extender 개념을 아주 잘 활용한 예라고 볼 수 있다. SpringDM에 들어 있는 Extender를 예로 들어 보자.
>
> - SpringDM OSGi Extender : 새로 설치되는 번들 내부에 META-INF/spring/*.xml 과 같은 파일이 있는지 확인하고, 있다면 해당 XML파일을 읽어 스프링 빈(Spring Bean)을 초기화한다.
>
> - SpringDM Web Extender : 새로 설치되는 번들이 WAR 확장자를 가지거나 WEB-INF 폴더를 가진다면 웹 애플리케이션으로 판단하여 웹 컨테이너에 등록을 시도한다.
>
> 위 2가지 Extender는 OSGi에서 제공하는 BundleListener를 이용하여 새로운 번들이 설치되었는지 확인하고, 설치된 번들의 정보를 읽어서 자동으로 어떤 동작을 수행하는 번들이다.

만약 여러분의 시스템이 사용자에 의해 번들이 동적으로 설치되는 환경이라면, 설치할 때 각 번들마다 해줘야 할 일들을 Extender에 만들어 줌으로써 각 번들마다 각각 코딩할 필요가 없게 되어 중복된 코드를 줄이고 한 곳에서 관리할 수 있게 된다.

1.1 BundleEvent

BundleEvent는 번들의 라이프 사이클 변경을 알려주는 이벤트로 먼저 아래와 같이 BundleListener 인터페이스를 구현한 객체를 생성하여 BundleContext.addBundleListener를 호출하여 등록한다.

```
public class MyListener implements BundleListener {
    public void bundleChanged(BundleEvent event) {
    }
}
```

bundleChanged 메서드를 통해 다음과 같은 BundleEvent 객체를 프레임워크로부터 받을 수 있다.

상태 값은 3장에서 보았던 번들 객체의 현재 상태와 비슷하므로 따로 설명하지는 않는다.

```
public class BundleEvent extends EventObject {
    private final Bundle     bundle;
    private final int        type;
    public final static int    INSTALLED       = 0x00000001;
    public final static int    STARTED         = 0x00000002;
    public final static int    STOPPED         = 0x00000004;
    public final static int    UPDATED         = 0x00000008;
    public final static int    UNINSTALLED     = 0x00000010;
    public final static int    RESOLVED        = 0x00000020;
    public final static int    UNRESOLVED      = 0x00000040;
    public final static int    STARTING        = 0x00000080;
    public final static int    STOPPING        = 0x00000100;
    public final static int    LAZY_ACTIVATION = 0x00000200;

    public BundleEvent(int type, Bundle bundle) {
```

〈다음 쪽에 예제 코드 계속〉

```
            super(bundle);
            this.bundle = bundle;
            this.type = type;
        }

        public Bundle getBundle() {
            return bundle;
        }

        public int getType() {
            return type;
        }
    }
```

번들 이벤트를 받아서 출력하는 이벤트 출력 번들을 생성해보자. 따로 BundleListener 클래스를 생성하지 않고 액티베이터에 BundleListener 인터페이스를 구현하면 간단히 출력이 가능하다.

```
    public class Activator implements BundleActivator, BundleListener {

        public void start(BundleContext context) throws Exception {
            context.addBundleListener(this);
        }

        public void stop(BundleContext context) throws Exception {
            context.removeBundleListener(this);
        }

        public void bundleChanged(BundleEvent event) {
            System.out.println("Bundle [" +
                event.getBundle().getSymbolicName() + "] " +
                                        getStateName(event.getType()));
        }

        private String getStateName(int state) {
            switch (state) {
```

```java
            case BundleEvent.INSTALLED :
                return "INSTALLED";

            case BundleEvent.STARTED :
                return "STARTED";

            case BundleEvent.STOPPED :
                return "STOPPED";

            case BundleEvent.UPDATED:
                return "UPDATED";

            case BundleEvent.UNINSTALLED:
                return "UNINSTALLED";

            case BundleEvent.RESOLVED :
                return "RESOLVED";

            case BundleEvent.UNRESOLVED :
                return "RESOLVED";

            case BundleEvent.STARTING :
                return "STARTING";

            case BundleEvent.STOPPING :
                return "STOPPING";


            default :
                return Integer.toHexString(state);
        }
    }
}
```

이제 이 번들과 3장에서 만들었던 AutoInstaller 번들을 같이 설치하고 HelloOSGi 번들을 bundles 폴더에 복사하고 삭제를 해보면 다음과 같은 로그를 볼 수 있다.

```
osgi> ss

Framework is launched.

id      State       Bundle
0       ACTIVE      org.eclipse.osgi_3.4.2.R34x_v20080826-1230
1       ACTIVE      chapter05.event_1.0.0
2       ACTIVE      chapter03.AutoInstaller_1.0.0

// HelloOSGi.jar 파일을 ./bundles 폴더에 복사한다.

osgi> Bundle [HelloOSGi] INSTALLED
Bundle [HelloOSGi] RESOLVED
Hello OSGi 3 !!
Bundle [HelloOSGi] STARTED
번들 설치완료 : D:\workspace\OSGi\.\bundles\HelloOSGi_1.0.0.jar


osgi> ss

Framework is launched.

id      State       Bundle
0       ACTIVE      org.eclipse.osgi_3.4.2.R34x_v20080826-1230
1       ACTIVE      chapter05.event_1.0.0
2       ACTIVE      chapter03.AutoInstaller_1.0.0
3       ACTIVE      HelloOSGi_1.0.0

// HelloOSGi.jar 파일을 ./bundles 폴더에서 삭제한다.
osgi>
Goodbye OSGi 3 !!
Bundle [HelloOSGi] STOPPED
Bundle [HelloOSGi] RESOLVED
번들 삭제완료 : D:\workspace\OSGi\.\bundles\HelloOSGi_1.0.0.jar
Bundle [HelloOSGi] UNINSTALLED
```

3장에서 AutoInstaller를 사용해서 테스트했던 것처럼 번들파일을 복사하면,

번들을 설치할 때는 INSTALLED ▷ RESOLVED ▷ start() 메서드실행 ▷ STARTED 순으로 이벤트가 진행되는 것을 볼 수 있으며, 번들을 삭제할 때는 stop() 메서드실행 ▷ STOPPED ▷ RESOLVED ▷ UNINSTALLED 순으로 이벤트가 진행되는 것을 볼 수 있다.

이렇게 새로운 번들이 추가/삭제되는 이벤트를 프레임워크로부터 전달받음으로써, 동적으로 변경되는 번들에 대해 해당 번들이 아닌 외부 번들에서도 이벤트를 받아 처리할 수 있게 된다.

1.2 FrameworkEvent

FrameworkEvent는 프레임워크에서 일어나는 주요 이벤트로, BundleEvent와 마찬가지로 아래와 같이 FrameworkListener 인터페이스를 구현한 객체를 생성한 후 BundleContext.addFrameworkListener메서드를 호출하여 등록한다.

```java
public class MyListener implements FrameworkListener {
    public void frameworkEvent(FrameworkEvent event) {
    }
}
```

이 메서드를 통해 아래와 같은 FrameworkEvent 객체를 받을 수 있다.

```java
public class FrameworkEvent extends EventObject {
    private final Bundle    bundle;
    private final Throwable throwable;
    private final int       type;

    public final static int STARTED            = 0x00000001;
    public final static int ERROR              = 0x00000002;
    public final static int PACKAGES_REFRESHED = 0x00000004;
    public final static int STARTLEVEL_CHANGED = 0x00000008;
    public final static int WARNING            = 0x00000010;
    public final static int INFO               = 0x00000020;
```

〈다음 쪽에 예제 코드 계속〉

```java
        public FrameworkEvent(int type, Bundle bundle, Throwable throwable) {
            super(bundle);
            this.type = type;
            this.bundle = bundle;
            this.throwable = throwable;
        }

        public Throwable getThrowable() {
            return throwable;
        }

        public Bundle getBundle() {
            return bundle;
        }

        public int getType() {
            return type;
        }
    }
```

BundleEvent와 마찬가지로 간단히 BundleActivator에 인터페이스를 추가하여 해당 이벤트를 받아볼 수 있다.

```java
    public class Activator implements BundleActivator, FrameworkListener {
        public void start(BundleContext context) throws Exception {
            context.addFrameworkListener(this);
        }

        public void stop(BundleContext context) throws Exception {
            context.removeFrameworkListener(this);
        }

        public void frameworkEvent(FrameworkEvent event) {
            System.out.println("FrameworkEvent " +
                                        getFWStateName(event.getType()));
        }
```

```
        private String getFWStateName(int state) {
            switch (state) {
                case FrameworkEvent.STARTED :
                    return "STARTED";
                case FrameworkEvent.ERROR :
                    return "ERROR";
                case FrameworkEvent.PACKAGES_REFRESHED :
                    return "PACKAGES_REFRESHED";
                case FrameworkEvent.STARTLEVEL_CHANGED :
                    return "STARTLEVEL_CHANGED";
                case FrameworkEvent.WARNING:
                    return "WARNING";
                default :
                    return Integer.toHexString(state);
            }
        }
}
```

실행해보면 다음과 같은 결과를 볼 수 있다.

```
osgi> FrameworkEvent STARTLEVEL_CHANGED

osgi> ss

Framework is launched.

id    State         Bundle
0     ACTIVE        org.eclipse.osgi_3.4.3.R34x_v20081215-1030
1     ACTIVE        chapter05.event_1.0.0

osgi> refresh

osgi> FrameworkEvent PACKAGES_REFRESHED

osgi> sl
Framework Active Start Level = 6
```

〈다음 쪽에 예제 코드 계속〉

```
osgi> setfwsl 10
Framework Active Start Level = 10

osgi> FrameworkEvent STARTLEVEL_CHANGED
```

FrameworkEvent는 일반적으로는 잘 일어나지 않는 이벤트라서, 강제로 몇 개의 동작을 수행하여 이벤트가 발생하도록 만들었다.

- **STARTED** : 프레임워크를 시작할 때 발생하는 이벤트로, 모든 번들이 OSGi Core 번들 이후에 실행되므로 일반적으로 받을 필요는 없지만, FrameworkListener가 있는 번들의 Start Level을 1로 주면 받아볼 수 있다.
- **ERROR** : 프레임워크에서 오류가 발생했을 때 던져주는 이벤트로, getThrowable()을 이용해 Exception 개체를 받아서 확인할 수 있다.
- **PACKAGES_REFRESHED** : 콘솔에서 refresh 명령 또는 PackageAdmin.refreshPackages() 메서드를 이용해서 각 번들이 임포트/익스포트하는 패키지가 리프레시되었을 때 발생하는 이벤트이다
- **STARTLEVEL_CHANGED** : 각 번들의 시작 레벨을 조정하는 StartLevel 서비스에 의해 ServiceLevel이 변경되었을 때마다 발생하는 이벤트이다. 이퀴녹스 OSGi Runtime은 기본 StartLevel이 6이므로 위의 결과에서 처음에 나온 STARTLEVEL_CHANGED 메시지는 StartLevel이 6으로 변경되었다는 의미이다. 뒤에서 setfwsl 명령을 통해 10으로 변경했을 때도 이벤트가 발생한 것을 볼 수 있다.
- **WARNING** : 번들에 관련해서 경고가 있을 때 발생한다.

1.3 ServiceEvent

ServiceEvent는 서비스가 등록/수정/삭제되었을 때 알려주는 이벤트로 BundleEvent/FrameworkEvent와 마찬가지로 ServiceListener를 등록하면 프레임워크로부터 받을 수 있다.

```
public class MyListener implements ServiceListener {
    public void serviceChanged(ServiceEvent event) {
    }
}
```

ServiceEvent는 4장에서 보았던 것처럼 실제 서비스에 대한 ServiceReference 객체만을 가지는 단순한 이벤트 객체이다.

```java
public class ServiceEvent extends EventObject {
    private final ServiceReference    reference;
    private final int                 type;

    public final static int           REGISTERED        = 0x00000001;
    public final static int           MODIFIED          = 0x00000002;
    public final static int           UNREGISTERING     = 0x00000004;

    public ServiceEvent(int type, ServiceReference reference) {
        super(reference);
        this.reference = reference;
        this.type = type;
    }

    public ServiceReference getServiceReference() {
        return reference;
    }

    public int getType() {
        return type;
    }
}
```

- REGISTERED : 서비스가 등록된 후에 발생하는 이벤트
- MODIFIED : 서비스가 **변경된** 후에 발생하는 이벤트
- UNREGISTERING : 서비스가 삭제되기 전에 발생하는 이벤트로, 이 서비스를 사용하고 있는 번들은 서비스 사용을 해제해야 한다. 사실 사용자가 하지 않더라도 프레임워크가 강제로 서비스 사용을 해제하게 된다. 다만 이 경우 번들에 알 수 없는 에러가 생길 수 있다.

```java
public class Activator implements BundleActivator, ServiceListener {
    public void start(BundleContext context) throws Exception {
```

〈다음 쪽에 예제 코드 계속〉

```java
            context.addServiceListener(this);
        }

        public void stop(BundleContext context) throws Exception {
            context.removeServiceListener(this);
        }

        public void serviceChanged(ServiceEvent event) {
            ServiceReference sr = event.getServiceReference();
            String serviceClass = ((String[]) sr.getProperty("objectClass"))[0];
            String serviceVendor = sr.getProperty(
                        org.osgi.framework.Constants.SERVICE_VENDOR).toString();
            String serviceID = sr.getProperty(
                        org.osgi.framework.Constants.SERVICE_ID).toString();

            System.out.println("Service [" + serviceClass + "|" + serviceVendor
                                    + "|" + serviceID + "] "
                                    + getServiceStateName(event.getType()));
        }

        private String getServiceStateName(int state) {
            switch (state) {
            case ServiceEvent.REGISTERED :
                return "REGISTERED";
            case ServiceEvent.MODIFIED :
                return "MODIFIED";
            case ServiceEvent.UNREGISTERING:
                return "UNREGISTERING";
            default :
                return Integer.toHexString(state);
            }
        }
    }
```

ServiceReference 객체는 해당 서비스에 대한 좀 더 자세한 내용을 담고 있으므로, 내부까지 출력하도록 만들어 보았다. 4장에서 만들었던 검색엔진 예제들을 등록하고 실행해보면 다음과 같은 결과를 볼 수 있다.

```
osgi> Service [chapter04.searchengine.SearchEngine|Naver|23] REGISTERED
Service [chapter04.searchengine.SearchEngine|Google|24] REGISTERED

osgi> ss

Framework is launched.

id    State         Bundle
0     ACTIVE        org.eclipse.osgi_3.4.3.R34x_v20081215-1030
1     ACTIVE        chapter04.Naver_1.0.0
2     ACTIVE        chapter05.event_1.0.0
3     ACTIVE        chapter04.Google_1.0.0
4     ACTIVE        chapter04.SearchEngine_1.0.0

osgi> update 1
Service [chapter04.searchengine.SearchEngine|Naver|23] UNREGISTERING
Service [chapter04.searchengine.SearchEngine|Naver|25] REGISTERED

osgi> uninstall 3
Service [chapter04.searchengine.SearchEngine|Google|24] UNREGISTERING

osgi> uninstall 4

osgi> update 1
Service [chapter04.searchengine.SearchEngine|Naver|25] UNREGISTERING

osgi> ss

Framework is launched.

id    State         Bundle
0     ACTIVE        org.eclipse.osgi_3.4.3.R34x_v20081215-1030
1     INSTALLED     chapter04.Naver_1.0.0
2     ACTIVE        chapter05.event_1.0.0

osgi>
```

만약, 결과 메시지가 잘 안 보인다면 번들 실행순서가 잘못된 것이다. ServiceListener는 항상 다른 번들 전에 로딩되도록 StartLevel을 조정해야 한다. 위 결과는 ServiceListener인 chapter05.event 번들은 1번, 나머지는 Default로 두고 실행하였다.

결과를 순서대로 보도록 하자.

1. 처음에 Naver / Google 번들이 설치되면서 2개의 서비스가 등록되었다.
2. "update 1"을 입력하여 Naver 서비스가 들어있는 번들이 재시작되면서, 서비스가 삭제 후 재등록되었다. 서비스 ID가 변경되는 것을 볼 수 있다.
3. "uninstall 3"을 입력하여 Google 서비스를 삭제하였다.
4. "uninstall 4"를 입력하여 SearchEngine 인터페이스 자체를 삭제하고, update 1을 통해 다시 한 번 Naver 서비스 업데이트를 시도하였다. 이 때는 서비스 인터페이스가 없기 때문에 재등록이 되지 않는다.

초기 OSGi에서는 이 ServiceListener를 구현함으로써 각 번들은 자신이 원하는 서비스가 등록되었는지를 동적으로 알아내어 사용할 수 있었다. 하지만 이제는 4장의 후반부에서 보았던 ServiceTracker를 이용하면 간단히 자신이 원하는 서비스에 대한 Tracking이 가능하므로 ServiceListener는 특정한 Extender 구현 시에만 사용하면 된다.

2 OSGi의 애플리케이션 이벤트

앞에서 다루었던 이벤트와 리스너들은 OSGi 프레임워크와의 통신을 위해 사용한 것이었다. 하지만, 여러 종류의 이벤트를 받기 위해 각각의 리스너 인터페이스를 구현하거나 객체를 생성해야 한다. 즉, 앞서 본 바와 같이 OSGi로부터 전달되는 3종류의 이벤트를 모두 받으려면 아래와 같은 보기 흉한 코드가 만들어진다는 것이다.

```java
public class Activator implements
BundleActivator,BundleListener,ServiceListener,FrameworkListener{
    public void start(BundleContext context) throws Exception {
        context.addBundleListener(this);
        context.addFrameworkListener(this);
        context.addServiceListener(this);
```

```
        }
        public void bundleChanged(BundleEvent event) { ~~ }
        public void serviceChanged(ServiceEvent event) { ~~ }
        public void frameworkEvent(FrameworkEvent event) { ~~ }
}
```

기존에 자바에서 사용하던 일반적인 리스너 객체는 아래와 같은 방식이다.

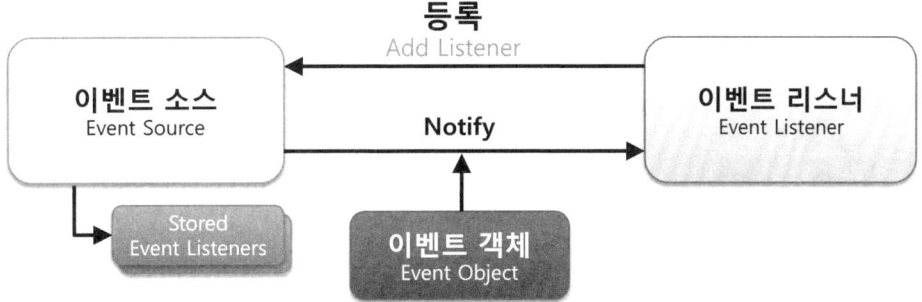

그림 5-1

1. 이벤트를 받고자 하는 클라이언트가 이벤트 리스너를 생성해서 이벤트를 실제 생성하는 이벤트(Event Source) 객체에 자신을 등록한다.

2. 앞서 사용한 예제의 경우 이벤트 소스는 OSGi 프레임워크가 되고, 작성한 번들의 액티베이터가 이벤트 리스너이다.

3. **Add Listener** 함수에서 이벤트 소스는 전달받은 이벤트 리스너들을 자신이 관리하는 리스너 객체리스트에 추가한다.

4. 이벤트 소스는 이벤트 발생 시 이벤트 객체를 생성하고, 자신이 관리하는 리스너 리스트에 있는 모든 리스너 객체들의 handleEvent 메서드를 호출하여 이벤트가 발생했음을 알린다.

이 구조는 자바 초기부터 사용하던 방식으로 AWT와 같은 데에서는 매우 많이 쓰이고 있다. 하지만, 이 방식은 동적인 OSGi 환경에는 약간 부담이 가는 구조이다.

1. 각각의 이벤트와 리스너를 위해 클래스 또는 인터페이스를 작성해야 한다. 클래스 개수가 늘어나는 것은 관리상으로나 성능상으로나 문제가 있다.

2. 위에서 보는 것처럼 대부분의 경우 이벤트 리스너를 여러 개 관리(Stored Event

Listeners) 해야 하므로 이벤트 소스마다 이를 저장하기 위한 컬렉션 개체가 하나씩 필요하다.

3. 정적인 일반 자바 환경과는 달리 OSGi상에서는 이벤트 소스나 이벤트 리스너가 언제라도 없어질 수 있다. 따라서, 이벤트 리스너 번들이 사라졌을 경우 이벤트 소스에서 지워주는 역할이 꼭 필요하며, 이벤트 소스는 매번 메시지 전달 전에 정말 이벤트 리스너가 존재하는지를 체크해봐야 한다. 이벤트 리스너 쪽도 역시 이벤트 소스가 언제라도 사라질 수 있으니 그에 대한 처리가 필요하다.

1장에서 설명했듯이, OSGi는 초기에 작은 임베디드 기기를 위해서 고안된 프레임워크이다. 당연히 가용할 메모리가 적기 때문에, 메모리에 대한 오버헤드를 줄이는 것이 필수라고 볼 수 있다. 하지만, 위의 문제점 1, 2에서 보듯이 이벤트/리스너용 클래스가 많아지고, 이를 위한 컬렉션 개체들이 많아진다면 메모리 사용이 늘어나게 된다. 또한 3번의 경우를 위해서는 이벤트 리스너 자체가, 4장에서 봤던 ServiceTracker를 이용하여 이벤트 소스를 추적해야 하는 상황이 생길 수도 있다. 이런 문제점을 해결하기 위해 OSGi에서는 주로 화이트보드 패턴을 이용한 이벤트 전달방식을 사용한다.

2.1 화이트보드 패턴

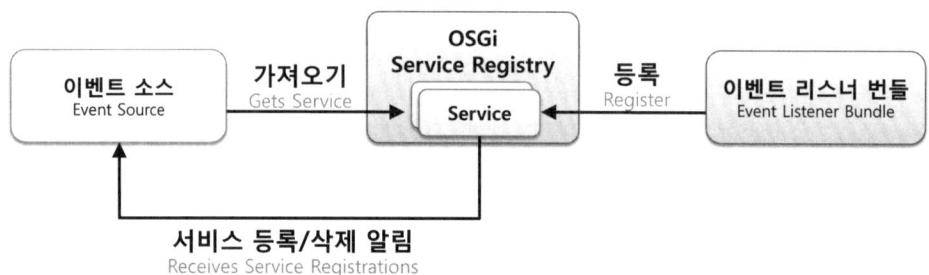

그림 5-2 | 화이트보드 패턴

화이트보드 패턴(Whiteboard Pattern)은 OSGi 프레임워크의 서비스 레지스트리를 이용하는 것으로, 각각의 이벤트 소스들에 이벤트 리스너를 등록하는 방식이 아니라 이벤트를 받고자 하는 번들이 이벤트 리스너를 서비스 레지스트리에 등록하고 이벤트 소스는 이벤트를 발생하고자 할 때, 서비스 레지스트리에서 이벤트를 받을 리스너들을 가져와서 이벤트를 던져주는 방식이다. 마치 하얀 칠판에 이벤트 통지를 받고 싶은 사람들이 이름을 적어 놓으면 이벤트 발생 객체가 그 사람들을 찾아서 주는 형태라고 보면 된다. 이 방식의 장점은 다음과 같다.

- 이벤트 소스와 이벤트 리스너 사이의 직접적인 의존관계가 없다. 둘 다 OSGi 서비스 레지스트리하고만 관계를 가지게 된다.
- 이벤트 리스너가 모두 서비스 레지스트리에 등록되므로, 관계가 외부에 공개되며 통합적인 디버깅 툴의 지원이 가능하다.
- 테스트를 위해 가짜로 이벤트를 발생시키는 경우 원본 이벤트 소스와는 전혀 상관없이 가짜 이벤트 소스를 더 만들어서 이벤트 리스너를 테스트해 볼 수가 있다.
- 공개된 레지스트리를 이용하게 되므로, 이벤트소스나 이벤트 리스너 양측의 소스 코드 양이 줄어든다.

화이트보드 패턴을 이용하여 개발했을 경우, 기존의 방식에 어떻게 소스코드가 변하게 되는지는 다음 문서를 참고하자.

Listener Considered Harmful : The "Whiteboard" Pattern - http://www.osgi.org/wiki/uploads/Links/whiteboard.pdf, [http://durl.kr/gsh]

단지 화이트보드 패턴을 이용하는 것만으로 모든 단점이 해결되지는 않는다. 아직 몇 개의 문제점이 있다. 이에 대해 OSGi가 어떻게 해결하고 있는지 알아보자.

3 Event Admin 서비스

화이트보드 패턴은 여러분이 쉽게 사용할 수 있지만, 이 역시도 다음과 같은 문제점이 있다.

- 이벤트 소스와 이벤트 리스너가 완벽히 분리되지 않는다. 이벤트 소스가 특정한 리스너, 특정한 이벤트 객체를 알고 있어야 한다는 것은 변함이 없다.
- 서비스 레지스트리로부터 리스너 서비스를 얻어오고 트래킹하는 등의 코드를 이벤트 소스에 추가하여야 한다.

이런 문제점을 해결하고, 좀 더 편한 방식을 제공하고자 추가된 서비스가 OSGi Event Admin이다. 즉, 화이트 보드 패턴을 이용하여 메시지를 모두 전달받고 이를 다시 등록된 모든 번들에게 재전송하는 이벤트 브로커(Event Broker)와 같은 객체를 두어서 이벤트 소스의 복잡도를 줄이고, 표준 리스너 인터페이스와 표준 이벤트 객체를 만들어서 클래스 숫자를 줄이고 있다. 구성도를 살펴보자.

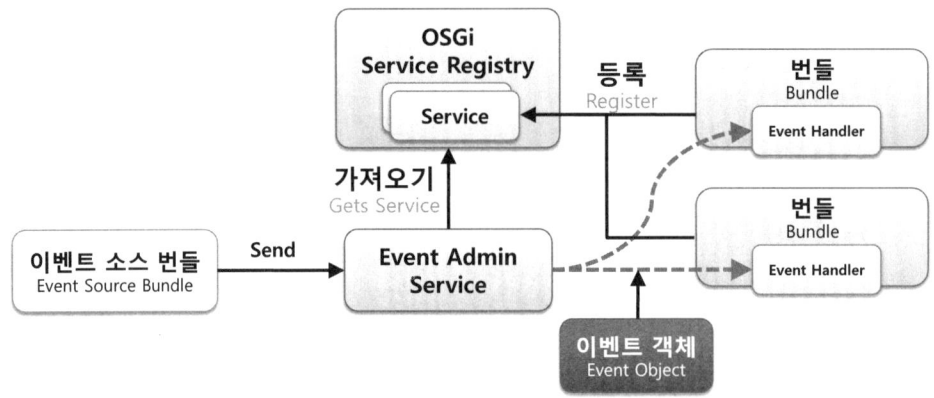

그림 5-3 | Event Admin 서비스

1. 각 번들은 Event Admin 서비스가 제공하는 EventHandler라는 인터페이스를 구현하여 이것을 서비스 레지스트리에 등록한다.

2. 이벤트 소스 번들에서 이벤트를 생성하여 Event Admin 서비스에게 Event를 보낸다.

3. Event Admin 서비스가 이벤트를 받은 시점에 등록된 이벤트 핸들러들의 스냅샷을 만들고 그 이벤트 핸들러들에게 이벤트 객체를 전달한다.

> TIP:

> 여기서 스냅샷을 만든다는 의미는, 이벤트를 받았을 때 마치 사진을 찍듯이 등록된 이벤트 핸들러들의 리스트를 복사해두고 전달을 시작하기 때문에, 전달하는 작업 중간에 새로운 핸들러가 등록이 되더라도 그 핸들러는 현재 전달중인 이벤트를 받을 수 없다는 것이다. 다른 이벤트 모델과 달리, OSGi Event Admin서비스는 이벤트를 저장하였다가 전달하지 않으며, 해당 시점에 받지 못하면 다시는 받을 수 없다. 스냅샷을 찍어서 하는 이유는 메시지를 send 또는 post로 보내는 중에 등록된 서비스들에게는 이벤트가 전달되지 않도록 하기 위함이다.

OSGi R4부터 추가된 Event Admin 서비스를 통해 각 컴포넌트 간의 통신을 편하게 이용할 수 있게 되었고, 이것은 OSGi 개발 방법에도 많은 변화를 가져왔다.

Event Admin은 OSGi의 표준 서비스가 아니라 추가 서비스이다. OSGi 명세 문서인 OSGi Core Specification에 들어있지 않고, OSGi Service Compendium 문서에 들어있다. 즉, 구현하는 벤더에 따라 구현할 수도 있고 안 할 수도 있다는 것이다. 다행히 이퀴녹스는 org.eclipse.equinox.event라는 형태로 쓸만하게 구현된 서비스를 제공하고 있다.

> **NOTE:**
>
> OSGi 표준 명세에 들어있는 org.osgi.service.event.EventAdmin 인터페이스를 구현한 org.eclipse.equinox.event.EventAdmin이라는 번들을 제공하는 것이다. 물론 여러분이 직접 EventAdmin 인터페이스를 구현해서 사용해도 된다.

작업에 앞서 먼저 Event Admin 구현체를 받아보자. http://download.eclipse.org/equinox/에 가서 Equinox SDK를 다운로드한다. 이 책에서는 http://download.eclipse.org/equinox/drops/R-3.4.2-200902111700/index.php, [http://durl.kr/gsi]에 있는 eclipse-equinox-SDK-3.4.2.zip을 사용했다. 이 파일 내부에는 features/plugins의 하위디렉토리를 가지는 이클립스의 폴더구조가 그대로 들어있으며, 다양한 OSGi 기본 서비스들의 구현체와 그에 필요한 라이브러리 번들들을 포함하고 있다. 압축을 풀어서 현재 사용 중인 이클립스 폴더로 복사한다. features와 plugins 안의 내용이 기존의 features와 plugins 안으로 들어갈 수 있도록 주의해서 복사한다.

> **NOTE:**
>
> Equinox SDK 파일을 복사할 때 HTTP와 기타 서비스에 관련된 몇 개의 파일은 중복될 수 있다. 이것은 이클립스가 내부적으로 OSGi의 HTTP 서비스를 이용하고 있기 때문이다. 여러분이 이클립스에서 보는 HTML 형태의 도움말은 이클립스가 OSGi HTTP 서비스를 이용하여 내부 OSGi 기반 웹 서버에서 파일을 읽어오는 것이다.

이제 이렇게 복사한 파일들이 워크스페이스에 적용될 수 있도록 하기 위해서 실행 중인 이클립스를 종료하고 재실행한다.

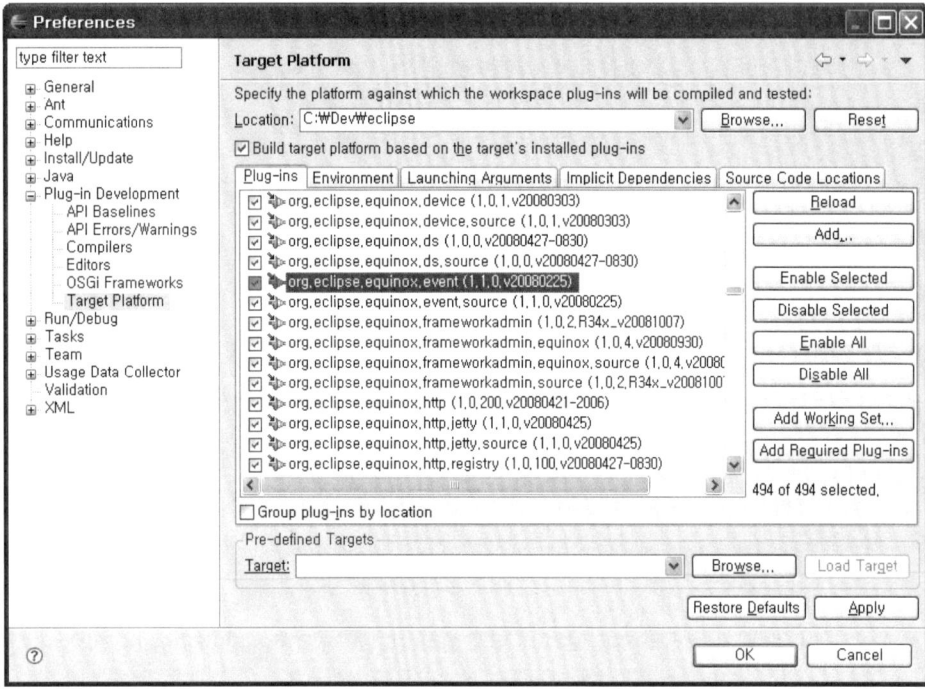

그림 5-4

이클립스 메뉴에서 Window ▷ Preference ▷ Plug-in Development ▷ Target Platform 에 보면 추가된 번들을 확인할 수 있다(RCP 설치 후라면 기본 번들 개수가 462개인데, Equinox SDK를 설치하면 위와 같이 494개로 약 32개의 번들이 추가된다. 이 개수는 설치한 버전에 따라 약간씩 다를 수 있다).

그럼, Event Admin 서비스에 대해 좀 더 자세히 알아보자.

3.1 Event Object

Event Admin 서비스에서 사용하는 이벤트 객체는 다음과 같은 형태의 클래스로 OSGi 명세에 포함되어 있다.

```
package org.osgi.service.event;

public class Event {
    String     topic;
```

```
        Hashtable    properties;

    public Event(String topic, Dictionary properties) {  }
    public final Object getProperty(String name) {  }
    public final String[] getPropertyNames() {  }
    public final String getTopic() {     }


    public final boolean matches(Filter filter) {     }
    public boolean equals(Object object) {     }
    public int hashCode() {     }
    public String toString() {     }
}
```

이 객체는 중요한 2개의 속성을 가지고 있다.

- Topic : 이벤트의 타입을 표시하기 위한 주제(Topic) 속성. 주로 Event Listener들이 자신이 원하는 이벤트만 받고자 할 때 필터링을 하기 위해 사용한다.
    - "/"로 분리된 Reverse Domain 형태의 계층 구조 스트링을 사용한다.
    - 일반적으로 fully/qualified/package/ClassName/ACTION 형태의 구조를 가진다.
        ➢ org/osgi/framework/BundleEvent/STARTED
        ➢ org/osgi/framework/ServiceEvent/REGISTERED
        ➢ org/osgi/framework/FrameworkEvent/STARTLEVEL_CHANGED

- Properties : 이 이벤트에 대한 추가적인 속성을 가지는 컬렉션 객체이다. 문자열/객체 타입의 키/값 쌍으로 되어 있어서 값에는 어떤 객체도 들어갈 수 있지만, 주로 자바의 Primitive 객체들이나, OSGi에서 사용하는 객체형식들만 넣는다(자바와 OSGi가 매우 많은 종류의 CPU와 JVM 위에서 실행될 수 있기 때문이다).
    - 주로 사용하는 속성들이다. 이 상수들은 org.osgi.service.event.EventConstants 안에 정의되어 있다.

값의 형식	키 이름 문자열	속성 상수	설명
BUNDLE	bundle	Bundle	해당 이벤트와 관련된(이벤트를 발생한) 번들
BUNDLE_ID	bundle.id	Long	번들의 ID
BUNDLE_SYMBOLICNAME	bundle.symbolicName	String	Manifest에 정의된 번들의 SymbolicName
EVENT	event	Object	이벤트 재전송을 위해 쓸 수 있는 현재 이벤트 객체 자체
EVENT_TOPIC	event.topics	String[]	이벤트가 해당하는 Topic 값. Event 개체의 topic 변수와 중복되는 값이지만, 필터링할 때 사용할 수 있도록 Properties 안에도 들어있다.
EXCEPTION	exception	Throwable	발생한 Exception 또는 Error 개체
EXCEPTION_CLASS	exception.class	String	Exception 클래스 이름
EXCEPTION_MESSAGE	exception.message	String	Exception.getMessage()에서 얻어지는 Exception 문자열
MESSAGE	message	String	이벤트의 내용을 설명하는 문자열
SERVICE	service	ServiceReference	등록되거나 수정된 Service에 대한 ServiceReference
SERVICE_ID	service.id	Long	Service의 ID
SERVICE_OBJECTCLASS	service.objectClass	String[]	서비스의 실제 객체인 objectClass의 이름배열
SERVICE_PID	service.pid	String	프레임워크에서 부여한 Service의 Persistent ID 값 (프레임워크가 재시작되도 변하지 않는 ID)
TIMESTAMP	timestamp	Long	이벤트가 일어난 시간. System.currentTimeMillis()에서 얻어진 값과 같음

3.2 이벤트 핸들러로 이벤트 받기

앞서 설명한 Event 객체를 Event Admin으로부터 받기 위해서는 EventHandler를 만들어서 등록해야 한다. EventHandler는 매우 간단한 형태의 인터페이스이다.

```
public interface EventHandler {
    void handleEvent(Event event);
}
```

위의 EventHandler 인터페이스를 구현한 후, BundleContext.registerService를 호출하는 것만으로 쉽게 이벤트를 받을 수 있다. 물론 내가 원하는 이벤트를 받기 위해서는 EVENT_TOPIC 값에 적절한 값을 지정해야 한다. 간단한 코드를 통해 EventHandler의 동작방식을 살펴보자. File ▷ New ▷ Plugin-Project를 선택하여 새로운 번들인 chapter5.event2를 만들자.

그리고 Event Admin 서비스를 사용하기 위해서 해당 패키지를 임포트해야 한다. MANIFEST.MF를 열어서 아래처럼 Import-Package에 추가하자.

```
Import-Package: org.osgi.framework;version="1.3.0", org.osgi.service.event
```

간단한 테스트를 위해 액티베이터에 EventHandler 인터페이스를 구현하자.

```
public class Activator implements BundleActivator, EventHandler {
    final static String[] topics = new String[] { "*" };

    public void start(BundleContext context) throws Exception {
        Dictionary<String,Object> prop = new Hashtable<String,Object>();
        prop.put(EventConstants.EVENT_TOPIC, topics);

        context.registerService(EventHandler.class.getName(), this, prop);
    }

    public void stop(BundleContext context) throws Exception {        }

    public void handleEvent(Event event) {
        System.out.println("\r\n[Event Received] Topic : " + event.getTopic());
```

〈다음 쪽에 예제 코드 계속〉

```
        for (String key : event.getPropertyNames())
            System.out.println("\t[Property] " + key + " : "
                                        + event.getProperty(key));
    }
}
```

이 예제는 테스트를 위해 모든 이벤트를 다 받기 위해서 EVENT_TOPIC 항목에 와일드카드 문자인 "*"을 주었다. 앞장에서 작성했던 SearchEngine, Google 번들을 이용하여 어떤 이벤트가 일어나는지 확인해보자. Run Configuration은 다음과 같이 수정되어야 한다.

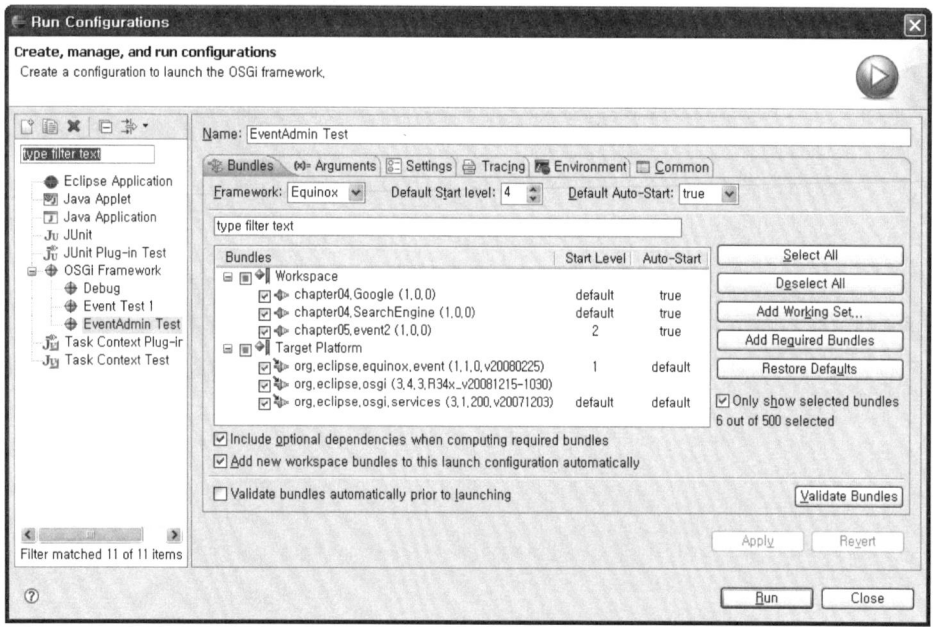

그림 5-5

EventAdmin 인터페이스는 osgi.services라는 번들에 포함되어 있다. org.eclipse.equinox. event 번들이 바로 Event Admin 서비스 번들이다. 가장 먼저 Event 서비스가 등록되도록 equinox.event 번들을 1번으로 설정하자. 그리고 그 다음으로 모든 이벤트를 먼저 받기 위해 지금 작성한 event2 번들을 2번으로 설정한다. 그리고 실행하면 다음과 같이 출력된다.

```
osgi>
[Event Received] Topic : org/osgi/framework/ServiceEvent/REGISTERED
    [Property] event.topics : org/osgi/framework/ServiceEvent/REGISTERED
    [Property] service : {org.osgi.service.event.EventHandler}={event.
```

```
topics=[*], service.id=24}
    [Property] service.id : 24
    [Property] event : org.osgi.framework.ServiceEvent[source={org.osgi.
        service.event.EventHandler}={event.topics=[*], service.id=24}]
    [Property] service.objectClass : [Ljava.lang.String;@1764be1

[Event Received] Topic : org/osgi/framework/BundleEvent/STARTED
    [Property] event.topics : org/osgi/framework/BundleEvent/STARTED
    [Property] bundle : initial@reference:file:D:/workspace/OSGi/chapter05.
        event2/ [1]
    [Property] bundle.symbolicName : chapter05.event2
    [Property] event : org.osgi.framework.BundleEvent[source=
        initial@reference:file:D:/workspace/OSGi/chapter05.event2/ [1]]
    [Property] bundle.id : 1

[Event Received] Topic : org/osgi/framework/BundleEvent/STARTED
    [Property] event.topics : org/osgi/framework/BundleEvent/STARTED
    [Property] bundle : initial@reference:file:plugins/org.eclipse.osgi.
        services_3.1.200.v20071203.jar/ [2]
    [Property] bundle.symbolicName : org.eclipse.osgi.services
    [Property] event : org.osgi.framework.BundleEvent[source
        =initial@reference:file:plugins/org.eclipse.osgi.services_3.1.200.
        v20071203.jar/ [2]]
    [Property] bundle.id : 2

[Event Received] Topic : org/osgi/framework/ServiceEvent/REGISTERED
    [Property] event.topics : org/osgi/framework/ServiceEvent/REGISTERED
    [Property] service : {chapter04.searchengine.SearchEngine}=
        {service.ranking=5, service.vendor=Google, searchable=Text,Image,
        service.id=25}
    [Property] service.id : 25
    [Property] event : org.osgi.framework.ServiceEvent[source=
        {chapter04.searchengine.SearchEngine}={service.ranking=5,
        service.vendor=Google, searchable=Text,Image, service.id=25}]
    [Property] service.objectClass : [Ljava.lang.String;@1c1ea29

[Event Received] Topic : org/osgi/framework/BundleEvent/STARTED
    [Property] event.topics : org/osgi/framework/BundleEvent/STARTED
    [Property] bundle : initial@reference:file:D:/workspace/OSGi/chapter04.
```

〈다음 쪽에 예제 코드 계속〉

```
Google/ [4]
    [Property] bundle.symbolicName : chapter04.Google
    [Property] event : org.osgi.framework.BundleEvent[source=
        initial@reference:file:D:/workspace/OSGi/chapter04.Google/ [4]]
    [Property] bundle.id : 4


[Event Received] Topic : org/osgi/framework/BundleEvent/STARTED
    [Property] event.topics : org/osgi/framework/BundleEvent/STARTED
    [Property] bundle : initial@reference:file:D:/workspace/OSGi/
        chapter04.SearchEngine/ [5]
    [Property] bundle.symbolicName : chapter04.SearchEngine
    [Property] event : org.osgi.framework.BundleEvent[source=
        initial@reference:file:D:/workspace/OSGi/chapter04.SearchEngine/ [5]]
    [Property] bundle.id : 5


[Event Received] Topic : org/osgi/framework/FrameworkEvent/STARTLEVEL_CHANGED
    [Property] event.topics : org/osgi/framework/FrameworkEvent/
        STARTLEVEL_CHANGED
    [Property] bundle : System Bundle [0]
    [Property] bundle.symbolicName : org.eclipse.osgi
    [Property] event : org.osgi.framework.FrameworkEvent[source=
        System Bundle [0]]
    [Property] bundle.id : 0

osgi> ss

Framework is launched.


id    State       Bundle
0     ACTIVE      org.eclipse.osgi_3.4.3.R34x_v20081215-1030
1     ACTIVE      chapter05.event2_1.0.0
2     ACTIVE      org.eclipse.osgi.services_3.1.200.v20071203
3     ACTIVE      org.eclipse.equinox.event_1.1.0.v20080225
4     ACTIVE      chapter04.Google_1.0.0
5     ACTIVE      chapter04.SearchEngine_1.0.0

osgi>
```

이 장의 앞부분에서 보았던 BundleEvent, FrameworkEvent, ServiceEvent를 각각의 리스너 구현 없이 한 개의 EventHandler 코드로 받을 수 있게 되었다. 물론 Properties를 통해 각 이벤트에 대한 좀 더 자세한 정보도 바로 얻게 되어 해당 이벤트의 활용도도 더 높아졌다.

EventHandler를 등록할 때 지금은 EVENT_TOPIC에 와일드카드 문자인 "*"을 주어 모든 이벤트를 다 받도록 했지만, 실전에서는 내가 원하는 이벤트만 골라 받는 일이 더 많다. 이럴 때 EVENT_TOPIC과 EVENT_FILTER 두 가지 옵션을 통해 필터링이 가능하다.

- EVENT_TOPIC

    '*'을 지정하면 모든 이벤트를 받을 수 있다.

    org/osgi/framework/BundleEvent/*과 같이 세부항목에만 '*'을 지정하면 그 패키지에 해당하는 모든 이벤트만 받을 수 있다. 중간에는 '*'이 올 수 없다.

    배열형태로 원하는 이벤트만 지정하여 받을 수 있다.

    org/osgi/framework/ServiceEvent/REGISTERED와 org/osgi/framework/BundleEvent/STARTED만 받고 싶다면 아래와 같이 지정한다.

    1. ```
       final static String [] topics = new String[] {
          "org/osgi/framework/ServiceEvent/REGISTERED",
          "org/osgi/framework/BundleEvent/STARTED" };
       ```

- EVENT_FILTER

    RFC2254 "The String Representation of LDAP Search Filters."에 기반한 필터 문자열을 지정하여 원하는 속성의 이벤트만 필터링이 가능하다.

    http://www.ietf.org/rfc/rfc2254.txt 및 아래 박스 참고

    > **Filtering 예제**
    >
    > - SymbolicName이 Google인 것만 : (bundle.symbolicName=chapter04.Google) 또는 (bundle.symbolicName=*.Google)
    >
    > - 번들 id가 4이하 중에서, symbolic name에 eclipse가 있는 것 : (&(bundle.id<=4)(bundle.symbolicName=*eclipse*))

〈다음 쪽에 계속〉
       ```

```
                RFC2254 - Filter 정의

            filter      = "(" filtercomp ")"
            filtercomp  = and / or / not / item
            and         = "&" filterlist
            or          = "|" filterlist
            not         = "!" filter
            filterlist  = 1*filter
            item        = simple / present / substring
            simple      = attr filtertype value
            filtertype  = equal / approx / greater / less
            equal       = "="
            approx      = "~="
            greater     = ">="
            less        = "<="
            present     = attr "=*"
            substring   = attr "=" [initial] any [final]
            initial     = value
            any         = "*" *(value "*")
            final       = value
            attr        = Event Properties의 속성 또는 키 값들. 대소문자 구분 없음
            value       = 각 키에 해당하는 Value 값
```

3.3 Event Admin에게 이벤트 보내기

Event Admin 서비스에게 이벤트를 전송하기 위해서는, 서비스 레지스트리로부터 Event Admin 서비스를 가져와야 한다. BundleContext.getServiceReference 함수나 4장에서 배운 ServiceTracker를 이용해서 손쉽게 가져와서 사용할 수 있다. 간단한 예제로 살펴보자.

```
ServiceTracker tracker = new ServiceTracker(context,
                         EventAdmin.class.getName(),null);
tracker.open();

Properties props = new Properties();
props.put("key", "value");
```

```
EventAdmin ea = (EventAdmin) tracker.getService();
if (ea != null) ea.sendEvent(new Event("com/foo/bar",props));
```

이것을 실행하면 이전에 만든 이벤트 핸들러는 다음과 같은 내용을 출력한다.

```
[Event Received] Topic : com/foo/bar
    [Property] event.topics : com/foo/bar
    [Property] key : value
```

Event Admin의 이벤트 전송 함수는 sendEvent와 postEvent 두 가지가 있다. 둘의 차이는 다음과 같다.

- sendEvent : 동기 전송(Synchronous)

    sendEvent를 호출할 때, 해당 Event를 받는 쪽에서 모든 처리를 할 동안 호출하는 쪽으로 리턴되지 않는다. 이 경우 받는 쪽에서 시간이 오래 걸리거나 잘못될 경우 호출하는 쪽까지 위험해질 수 있으므로 호출하는 쪽에서 스레드 처리를 해주는 것이 좋다.

- postEvent : 비동기 전송(Asynchronous)

    postEvent를 호출할 때는 EventAdmin 내부에서 해당 Event를 받을 핸들러로 보내는 비동기처리가 되므로, postEvent를 호출하는 쪽으로 바로 리턴된다.

이제 Event Admin을 통해 어떻게 번들 간 또는 번들과 프레임워크 간에 메시지 전송이 가능한지 알게 되었다.

06

Log 서비스

이번 장부터는 OSGi에서 기본으로 제공하는 서비스들 중에서 개발하는 데 유용하게 쓰일 수 있는 서비스를 소개하고 OSGi상에서 그 서비스가 왜 필요한지를 알아볼 것이다. 이번 장에서는 개발할 때 많이 쓰이는 Log(로그) 서비스에 대해 알아볼 것이며, 뒷부분에서는 OSGi상에서 외부 JAR 파일을 이용하는 방법에 대해서 알아볼 것이다. 외부 JAR 파일을 활용하는 것은 OSGi 개발에서 매우 중요하므로 꼭 익혀두고 넘어가자.

1 Logging for Debugging

디버깅을 위해서 필수적으로 필요한 것이 로그(Log)이다. 소스코드 중간중간에 이런 로그메시지를 남기는 코드를 추가하는 것은 어찌 보면 매우 수준이 낮은 개발방법인 듯 보이지만, 개발 환경에 따라 적절한 디버깅이 불가능한 경우가 많고, 또한 분산 애플리케이션이나 멀티 스레딩 애플리케이션 같은 경우는 디버깅 자체가 그리 쉽지 않다. 또한 개발한 시스템을 서버에 설치하여 운영하거나 또는 OSGi의 원래 목적처럼 임베디드 기기에서 동작을 시킨 후에 오류가 발생했다면, 이 오류의 원인을 밝히는 데는 로그 메시지를 저장해둔 로그 파일이 큰 역할을 하게 된다.

 개발자들이 쉽게 사용하는 로깅(Logging) 방법은 System.out.println 메시지를 코드 여기저기에 추가하여 출력된 콘솔메시지를 살펴보는 것이다. 하지만, 이렇게 사용된 로그 메시지는 파일로 저장하거나 네트워크로 전송하는 등의 재활용도 불가능하기에 나중에 쓸모없는 코드가 돼버리기 십상이다. 그래서 로그메시지를 화면에 표시하거나 파일로 저장하는 등의 부가적인 기능을 위해서, 많은 개발자들이 Log4j(http://logging.apache.org/log4j/1.2/, [http://durl.kr/gsj]) 같은 라이브러리를 사용하고 있다. 물론 자바 언어에서도 1.4 버전부터 java.util.logging 패키지가 포함되어 자체적으로 지원을 하고 있지만, 너무 간략화되어 기능이 모자라기도 하고 Log4j가 1999년부터(JDK 1.4는 2002년) 사용되어 왔기 때문에 많이 사용은 되지 않고 있다. 물론 이 외에도 다양한 Logging 툴들이 개발되어 사용되고 있다 (http://java-source.net/open-source/logging, [http://durl.kr/gsk]).

또, 여러 개의 로깅 프레임워크를 같이 사용할 수 있도록 해주는 가벼운 래퍼(Wrapper)인 SLF4J(Simple Logging Facade for Java, http://www.slf4j.org/)나 Apache Commons Logging(http://commons.apache.org/logging/, [http://durl.kr/gsm]) 같은 것들도 많이 사용되고 있다. SLF4J가 Parameterized Logging 기능 때문에 Commons Logging보다 성능이 좋은 것으로 알려져 있으며, SLF4J가 1.2 버전부터 기본으로 OSGi Metadata를 가지고 있기 때문에 바로 받아서 OSGi에 설치하여 사용이 가능하다. 이들에 대해 알아보는 것은 이 책의 범위를 벗어나기 때문에 생략한다.

❋ NOTE:

> **Parameterized Logging**
>
> 어떤 로그 라이브러리를 사용하더라도, 로그메시지를 남길 때
>
> `logger.debug("The entry is [" + entry + "]");`
>
> 와 같이 코드를 작성하면 이 라인은 디버그 레벨의 로그를 남길 때나 남기지 않을 때나 항상 문자열 덧붙이기 작업을 수행하게 된다. SLF4J는 이런 경우에
>
> `logger.debug("The entry is [{}] ", entry);`
>
> 와 같이 코드를 작성하여 인자를 파라미터화해 전달함으로써, 실제 문자열 변환은 로거 안에서 수행하게 된다. 즉, 디버그 레벨이 아닐 때는 문자열 덧붙이기 작업은 수행되지 않는다는 것이다. 해당 로그가 출력되지 않는 레벨일 경우 2번째 코드는 첫 번째 대비 약 30배 정도 빠르다.

OSGi에서의 로그 서비스를 살펴보기 전에 기존 로깅 라이브러리와의 비교를 해보기 위해서 개발자들이 많이 사용하는 Log4j를 간단히 살펴보자

2 Log4j

Log4j는 오픈소스 로깅 라이브러리로 아파치 재단에서 관리하는 프로젝트이다. 1999년에 첫 번째 버전이 발표되었으며, 이후에 수많은 오픈소스들에서 로깅 라이브러리로 사용되고 있으며, C, C++, C#, 펄, 파이썬, 루비와 같은 다양한 언어로 이식되었다. Log4j를 사용하면 애플리케이션을 수정하지 않고 로깅을 끄거나 켤 수 있다. 물론 로깅에 대한 코드가 소스 중에 남아있게 되긴 하지만, 아주 큰 퍼포먼스의 저하는 없는 것으로 알려져 있으며, 로깅 코드가 최종 코드에 남아있는 것이 앞서 말했듯이 문제점 분석을 위해서는 유리한 점이 더 많다.

Log4j는 Loggers와 Appenders 그리고 Layouts 이라는 3가지의 메인 컨셉으로 구성되어 있다.

- Logger(로거)
    - 실제로 로그 메시지를 남기는 데 사용하는 클래스이다.
        - Logger logger = Logger.getLogger("com.foo"); // getLogger 함수는 static 함수이다.
        - 같은 이름을 지정한다면 항상 같은 Logger를 리턴한다.
    - 로그 메시지 발생자의 구분을 위해 각 로거는 계층구조의 이름을 가질 수 있다.
        - "com.foo"라는 이름을 가지는 Logger는 "com.foo.bar"라는 Logger의 상위이다.
        - 이렇게 계층별로 이름을 주어 관리하면, 소스코드의 수정 없이 설정파일의 변경만으로 원하는 부분(패키지 또는 클래스)의 로그만 추출하여 보는 것이 가능하다.
    - 항상 존재하는 RootLogger가 있다. 루트 로거는 이름을 지정하지 못한다.
        - Logger logger = Logger.getRootLogger(); // getRootLogger 역시 static 함수이다.
    - 로그 메시지의 레벨을 지정할 수 있다.
        - TRACE < DEBUG < INFO < WARN < ERROR < FATAL

- 보통 레벨 사용 시에 위의 레벨 순서대로 지정한다. TRACE가 가장 세세한 로그를 찍고 FATAL은 정말 큰 에러일 때만 사용한다.
- logger는 레벨별 함수를 따로 가지고 있다.
    ```
    logger.debug("검색 스레드 시작");
    logger.info("검색결과 : 3건");
    logger.error("검색엔진 연결 실패");
    ```
- 자신이 새로운 레벨을 추가하는 것도 가능은 하다.
- 각 로거는 자신의 상위 로거로부터 레벨을 상속받는다.
- 이 Logger의 설정은 보통 초기화할 때 Configuration 파일로부터 읽어들인다(log4j.properties).

- Appender(어펜더)
  - Logger를 사용해서 보낸 메시지를 어디로 보낼지를 결정하는 것이 어펜더이다(이름처럼 어디론가 메시지 문자열을 더하는 객체이다).
  - 현재 콘솔, 파일, 소켓, JMS(Java Message Service), NT Event Logger, Unix SysLog 등으로 로그를 보낼 수 있는 어펜더가 Log4j에 정의 및 구현되어 있다.
  - 하나의 Logger에 여러 개의 어펜더가 붙을 수 있다.
    - 즉, 로그를 받아서 파일에 저장하고, 소켓으로 외부서버로 보내는 동작이 한 번에 가능하다(FileAppender와 SocketAppender).
  - 각 로거는 자신의 상위 로거로부터 Appender를 상속받는다.

- Layout(레이아웃)
  - 레이아웃 객체는 로그메시지를 입맛에 맞게 포맷팅해준다.
  - 각 레이아웃 객체는 어펜더와 연계하여 동작한다.
  - 주로 사용하는 PatternLayout 객체는 C에서 사용하는 printf와 비슷한 형식으로 패턴을 지정할 수 있다.
    ```
    log4j.appender.stdout=org.apache.log4j.ConsoleAppender
    log4j.appender.stdout.layout=org.apache.log4j.PatternLayout
    log4j.appender.stdout.layout.ConversionPattern=%d %p [%c] %m%n
    ```

실행결과 >

```
2009-03-24 10:26:46,245 DEBUG [chapter06.log4j] debug testing
message
```

아래처럼 정적(static) 함수를 사용하여 아주 짧은 코드만으로 간단히 로거 객체를 가져와 사용할 수 있으며, 외부에 따로 저장되는 설정 파일(log4j.properties)을 이용하여 소스코드의 변경 없이 다양한 로그메시지 저장 및 전달이 가능한 것이 장점이다.

```java
package com.foo;

import org.apache.log4j.Logger;

public class FooBar implements BundleActivator {
    static Logger logger = Logger.getLogger(MyApp.class);
    public void start(BundleContext context) throws Exception {
        logger.info("Starting FooBar bundle"); // 작업
    }
    public void stop(BundleContext context) throws Exception {
        logger.info("Stopping FooBar bundle");
    }
}
```

3 OSGi Log 서비스

앞에서 살펴본 **Log4j**는 일반 자바환경에서는 사용하기가 정말 간단하다. log4j.jar 파일을 클래스패스에 추가하고 정적 함수를 통해 로거 객체를 가져와서 호출하면 끝이다. 하지만, 이 Log4j를 그냥 OSGi에서 사용하려면 약간의 설정이 더 들어가야 한다. 아파치 홈페이지에서 배포하는 log4j-1.2.15.jar 파일은 OSGi를 염두에 둔 것이 아니기 때문에 OSGi에서 번들로 사용할 수 있도록 하는 Export-Package 같은 헤더를 MANIFEST.MF에 추가해야만 한다. 이를 통해 log4j-1.2.15.jar 파일을 다른 번들도 사용할 수 있는 OSGi 라이브러리 번들로 만들어야만 다른 번들에서 Import-Package를 통해 org.apache.log4j.*와 같은 형태로 패키지를 임포트해서 사용할 수 있다.

Log4j를 직접 사용하는 것도 가능하지만, OSGi에서는 간단하면서도 확장이 쉽고 좀 더 동적인 변경이 가능한 OSGi Service 기반의 Log 메커니즘을 R1 버전부터 제공하고 있다.

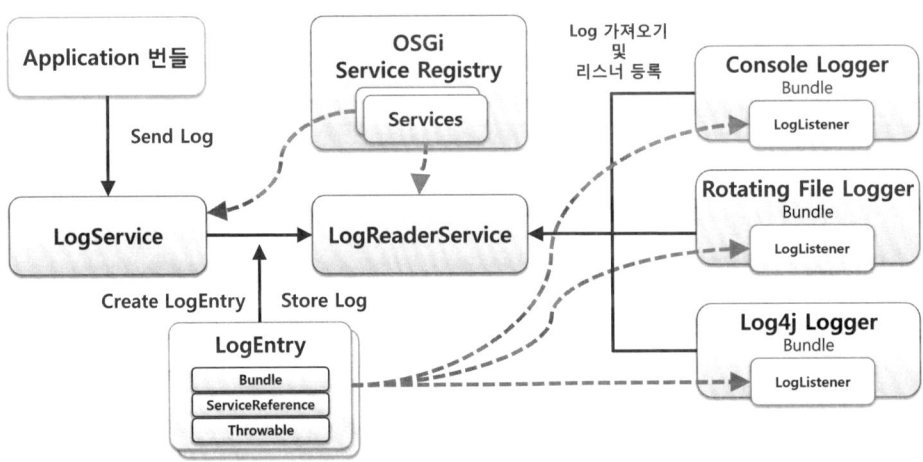

그림 6-1 | OSGi Log Service의 구조

OSGi Log 서비스는 그림 6-1에서 볼 수 있는 4개의 중요한 인터페이스로 이루어져 있다.

- LogService : 실제로 로그를 남길 수 있는 서비스 객체이다. Log4j의 로거와 비슷한 객체라고 생각하면 된다. 다만 OSGi Service Registry에 등록되어 있어 서비스 형태로 가져올 수 있다는 것이 다르다.
    - 4개의 미리 정의된 레벨 상수를 지원한다.
        - LOG_ERROR = 1, LOG_WARNING = 2, LOG_INFO = 3, LOG_DEBUG = 4
    - 로그 메시지를 남기기 위한 4개의 메서드를 지원한다.
        - log(int logLevel, String msg) - 해당 로그레벨로 로그 메시지 남기기
        - log(int logLevel, String msg, Throwable ex) – 해당 로그레벨에 Exception과 함께 메시지 남기기
        - log(ServiceReference sr, int logLevel, String msg) – 지정한 서비스에 관련된 로그 메시지 남기기
        - log(ServiceReference sr, int LogLevel, String msg, Throwable ex) – 지정한 서비스에 관련된 로그 메시지와 Exception 남기기

- 위의 메서드를 통해 메시지를 남기면 해당시점에 LogService는 LogEntry 객체를 생성하여 인자로 받은 정보들을 객체에 세팅한다.
- LogEntry : LogService에 의해 생성되고 전달되는 로그메시지 객체. 로그메시지를 포함하여 해당 로그가 발생한 번들/서비스/시간 등의 정보를 속성으로 가지고 있다.
  - getBundle() - 해당 로그메시지를 생성한 번들 객체를 가져온다. 특정 번들과 관계가 없을 때는 NULL 리턴
  - getServiceReference() - 해당 로그메시지와 관련 있는 ServiceReference 객체를 가져온다. 이 객체는 로그메시지를 남길 때 개발자가 인자로 지정해야만 한다.
  - getLevel() - 로그의 레벨을 가져온다.
  - getMessage() - 로그메시지 문자열을 가져온다.
  - getException() - 해당 로그메시지와 관련 있는 Throwable 객체를 가져온다. 역시 개발자가 로그메시지를 전송할 때 지정해야만 한다.
  - getTime() - 로그메시지가 만들어진 시간을 리턴한다.
- LogReaderService : LogService에 의해서 생성된 LogEntry 객체의 리스트를 저장하여 사용자가 Log 객체를 읽을 수 있도록 해주는 서비스이다.
  - getLog() - 로그메시지를 최근에 저장된 순서대로 가져온다.
    - 저장하고 있는 로그메시지의 개수는 사용하는 서비스의 구현에 따라 다를 수 있다.
    - 이퀴녹스에서 제공하는 Log 서비스는 기본적으로 최근 100개의 로그메시지만 저장한다.
    - 저장하는 로그의 개수는 log.size라는 Configuration 속성을 변경하여 수정이 가능하다(10 ~ 2000까지의 값을 지정할 수 있으며, 이 값을 동적으로 바꾸는 방법은 7장에서 알아본다).
    - 기본으로 저장하고 있는 레벨은 LOG_DEBUG이다. 만약 LOG_INFO 이상만 저장하고 싶다면 log.threshold 값을 LOG_INFO로 지정하면 된다.
  - addLogListener() - LogReaderService에 Listener를 추가하여 로그메시지가 생겼을 때마다 로그 메시지를 전달받도록 한다.

- LogListener : LogReaderService에 Listening 할 수 있도록 하는 인터페이스로, 로그메시지를 받고자 하는 번들은 이 인터페이스를 구현하여 LogReaderService에 add 하여야 한다.
    - logged(LogEntry) - LogReaderService에 의해 새로운 LogEntry 객체가 추가되었을 때 호출된다.
    - LogReaderService는 LogEntry 객체를 필터링하지 않으므로, LogListener들은 모든 로그메시지를 다 받을 수 있다.
    - LogListener에 대한 호출은 비동기적으로 일어난다. 즉, logged() 메서드 호출이 일어난 시간은 LogEntry에 포함된 시간과는 약간 다를 수 있다는 것이다.

이 중 LogService, LogReaderService, LogEntry 객체는 OSGi Log Service가 제공하는 객체이다. Equinox SDK에 이 로그서비스 구현체가 들어있다. 사용자는 단지 자신의 클래스에 LogListener 인터페이스를 구현하여 LogReaderService에 등록함으로써, 해당 번들이 그림 6-1에서처럼 전달받은 메시지를 콘솔에 나타내게 할 것인지, Rotating File Logger에 저장할 것인지(Rotating File Logger, 순환 파일 로거: 특정 시간 또는 사이즈가 되면 로그파일을 재사용하여 최대 하드디스크 사용량을 제어할 수 있는 형식의 로그), 아니면 아예 Log4j와 같은 로깅 프레임워크로 보낼지도 결정할 수 있다. 이렇게 하면 Log4j를 사용하는 다른 애플리케이션과도 로그를 공유할 수 있다는 장점이 있으며, 이미 만들어진 Log4j의 Syslog Appender 같은 것을 재활용하는 것이 가능하다.

4 Log4j vs. OSGi Log 서비스

OSGi Log 서비스를 Log4j와 비교해 보면 다음과 같다.

- Log4j 처럼 실제 로그 메시지를 화면에 출력하거나 파일에 저장하는 등의 기능은 하지 않는다. 마치 SLF4J 처럼 로그 메시지를 받아서 이를 필요로 하는 번들에게 제공하는 간단한 OSGi 기반의 래퍼이다.
- 각 번들은 LogListener를 구현하여 로그 메시지를 받은 후, 이를 활용하여 다양한 외부 Log 서비스들과의 연계도 가능하다. 즉, 어펜더를 자유롭게 작성하고 추가할 수 있다.

- OSGi의 동적인 환경을 이용해서, 시스템 실행 중에 Log 메시지를 받는 객체인 LogListener를 자유롭게 추가하거나 삭제할 수 있다.
  - LogListener는 Log4j에서의 어펜더와 레이아웃을 합친 객체를 생각하면 된다.
  - Log4j의 경우 로깅 형식의 변경을 위해서는 Configuration 파일을 바꾸고 시스템을 재시작하여야 하지만, OSGi Log 서비스는 그럴 필요가 없다(log4j에 있는 configureAndWatch 메서드를 활용하면 동적으로 바뀌긴 하지만, 실행 중에 새로운 어펜더 객체가 추가될 수도 있는 OSGi Log 서비스의 확장성에 비하면 약간 모자란다).
- OSGi Log 서비스는 OSGi 환경에 맞게, 로그를 남기는 번들 및 서비스의 정보를 같이 로그메시지에 전달할 수 있다.
- OSGi Log 서비스는 번들/서비스/프레임워크 이벤트들도 자동으로 로그에 저장한다(5장에서 살펴본 3개의 시스템 이벤트 리스너를 로그서비스 구현체가 가지고 있다).

5 OSGi Log 서비스 예제

Log 서비스를 활용한 여러 가지 예제를 만들어 보자. 먼저 Log 서비스는 EventAdmin과 마찬가지로 OSGi 기본 서비스가 아니므로, 5-2-2 절의 Equinox SDK 설치 부분을 참고하여 Equinox SDK를 설치한다.

5.1 TimeLogger

File ▷ New ▷ Project ▷ Plug-In Project를 선택하여, Project 이름을 chapter06.TimeLogger라고 적고 기본 번들 구조를 생성한다.

이 TimeLogger 번들은 시작할 때 LogService를 가져오고, 3초당 한 번씩 현재 시간을 로그 메시지로 출력하는 스레드를 생성한다. 뒤에서 작성할 여러 로거들을 위해 계속 로그메시지를 만들어주는 도우미 번들이다.

```java
package chapter06.timelogger;

import java.util.Date;
import org.osgi.framework.BundleActivator;
import org.osgi.framework.BundleContext;
import org.osgi.service.log.LogService;
import org.osgi.util.tracker.ServiceTracker;

public class Activator implements BundleActivator {
    private ServiceTracker tracker;
    private LogService logger;

    private Thread timeThread;

    public void start(BundleContext context) throws Exception {
        tracker = new ServiceTracker(context,
                    org.osgi.service.log.LogService.class.getName(),
                    null);
        tracker.open();

        logger = (LogService) tracker.getService();

        logger.log(LogService.LOG_INFO, "TimeLogger starting");

        timeThread = new Thread() {
            public void run() {
                int count = 0;
                while (true) {
                    logger.log(LogService.LOG_INFO, "[" + count++ + "] "
                                                + (new Date()).toString());
                    try {
                        sleep(3000);
                    } catch (InterruptedException e) {
                        break;
                    }
                }
            }
        }
```

```
        };

        timeThread.start();

    }

    public void stop(BundleContext context) throws Exception {
        timeThread.interrupt();
        timeThread.join();

        if(logger != null)
            logger.log(LogService.LOG_INFO, "TimeLogger stopped");

        tracker.close();
        tracker = null;
        logger = null;
    }
}
```

여기서 쓰는 클래스들을 위해서는 MANIFEST에 두 개의 패키지를 추가해야 한다.

```
Manifest-Version: 1.0
Bundle-ManifestVersion: 2
Bundle-Name: TimeLogger Plug-in
Bundle-SymbolicName: chapter06.TimeLogger
Bundle-Version: 1.0.0
Bundle-Activator: chapter06.timelogger.Activator
Bundle-ActivationPolicy: lazy
Bundle-RequiredExecutionEnvironment: JavaSE-1.6
Import-Package: org.osgi.framework;version="1.3.0",
 org.osgi.util.tracker,
 org.osgi.service.log
```

이렇게 만들고 실행해도 아직은 아무런 메시지도 출력되지 않는다. LogListener가 있어야 한다.

5.2 ConsoleLogger

가장 간단하게 구현할 수 있는 LogListener인 ConsoleLogger를 만들어보자.

이 ConsoleLogger 번들은 시작할 때 LogReaderService를 가져와서 자신을 LogListener로 등록한다.

LogListener 인터페이스의 단독 메서드인 logged를 통해 전달된 LogEntry에 포함된 정보인 레벨과 메시지를 함께 출력한다.

```
package chapter06.consolelogger;

import org.osgi.framework.BundleActivator;
import org.osgi.framework.BundleContext;
import org.osgi.service.log.LogEntry;
import org.osgi.service.log.LogListener;
import org.osgi.service.log.LogReaderService;
import org.osgi.service.log.LogService;
import org.osgi.util.tracker.ServiceTracker;

public class Activator implements BundleActivator,LogListener {
    ServiceTracker tracker;
    LogReaderService reader;

    public void start(BundleContext context) throws Exception {
        tracker = new ServiceTracker(context,
                    org.osgi.service.log.LogReaderService.class.getName(),
                    null);
        tracker.open();

        reader = (LogReaderService) tracker.getService();
        reader.addLogListener(this);
    }

    public void stop(BundleContext context) throws Exception {
    }

    public void logged(LogEntry entry) {
```

```
            System.out.println( "[" +getLevelName(entry.getLevel()) +
                            "] [" + entry.getBundle().getSymbolicName() +
                            "] " + entry.getMessage());
        }

        protected static String getLevelName(int type) {
            switch (type) {
            case LogService.LOG_DEBUG:
                return "DEBUG";
            case LogService.LOG_INFO:
                return "INFO ";
            case LogService.LOG_ERROR:
                return "ERROR";
            case LogService.LOG_WARNING:
                return "WARN ";
            }
            return "";
        }
    }
```

역시나 Manifest에도 추가되어야 한다.

```
Manifest-Version: 1.0
Bundle-ManifestVersion: 2
Bundle-Name: ConsoleLogger Plug-in
Bundle-SymbolicName: chapter06.ConsoleLogger
Bundle-Version: 1.0.0
Bundle-Activator: chapter06.consolelogger.Activator
Bundle-ActivationPolicy: lazy
Bundle-RequiredExecutionEnvironment: JavaSE-1.6
Import-Package: org.osgi.framework;version="1.3.0",
 org.osgi.util.tracker,
 org.osgi.service.log
```

자, 이제 로그를 생성하는 번들과 로그를 받는 번들이 준비되었으니 한번 실행해 보도록 하자. 아래와 같이 Launch Configuration을 만들어 준다.

OSGi & SpringDM

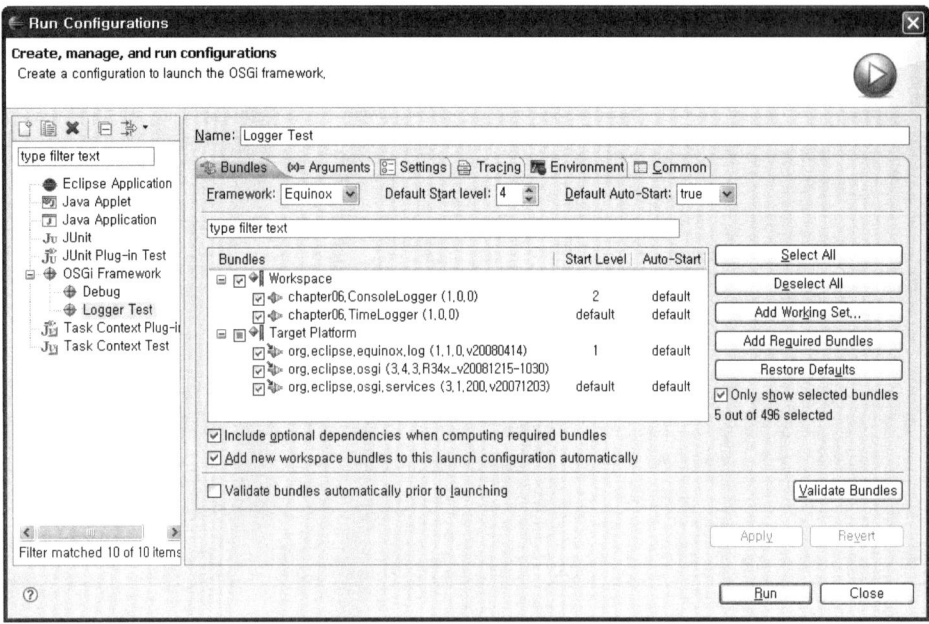

그림 6-2

TimeLogger와 ConsoleLogger 양쪽에서 사용하는 이퀴녹스의 Log 서비스 번들이 먼저 실행될 수 있도록 org.eclipse.equinox.log의 Start Level을 1로 조정한다. 그리고 먼저 만든 ConsoleLogger를 2번으로 주어서, TimeLogger가 설치될 때부터 나오는 모든 로그를 출력할 수 있도록 설정하자.

이대로 Run을 눌러 시작하면 아래와 같은 결과를 볼 수 있다.

```
osgi> [INFO ] [chapter06.ConsoleLogger] BundleEvent STARTED
[INFO ] [chapter06.TimeLogger] TimeLogger starting
[INFO ] [chapter06.TimeLogger] BundleEvent STARTED
[INFO ] [org.eclipse.osgi.services] BundleEvent STARTED
[INFO ] [org.eclipse.osgi] FrameworkEvent STARTLEVEL CHANGED
[INFO ] [chapter06.TimeLogger] [1] Thu Mar 26 22:49:42 KST 2009
[INFO ] [chapter06.TimeLogger] [2] Thu Mar 26 22:49:45 KST 2009

osgi> ss

Framework is launched.

    id    State        Bundle
```

```
0    ACTIVE      org.eclipse.osgi_3.4.3.R34x_v20081215-1030
1    ACTIVE      org.eclipse.osgi.services_3.1.200.v20071203
2    ACTIVE      chapter06.TimeLogger_1.0.0
3    ACTIVE      chapter06.ConsoleLogger_1.0.0
4    ACTIVE      org.eclipse.equinox.log_1.1.0.v20080414

osgi> [INFO ] [chapter06.TimeLogger] [3] Thu Mar 26 22:49:48 KST 2009
[INFO ] [chapter06.TimeLogger] [4] Thu Mar 26 22:49:51 KST 2009
[INFO ] [chapter06.TimeLogger] [5] Thu Mar 26 22:49:54 KST 2009

osgi> stop 2
[INFO ] [chapter06.TimeLogger] TimeLogger stopped
osgi> [INFO ] [chapter06.TimeLogger] BundleEvent STOPPED

osgi> start 2
[INFO ] [chapter06.TimeLogger] TimeLogger starting

osgi> [INFO ] [chapter06.TimeLogger] BundleEvent STARTED
[INFO ] [chapter06.TimeLogger] [0] Thu Mar 26 22:50:10 KST 2009
[INFO ] [chapter06.TimeLogger] [1] Thu Mar 26 22:50:13 KST 2009
```

시작하자 마자, Log 서비스가 기본으로 구현해 놓은 시스템 이벤트 리스너가 동작하여 BundleEvent와 FrameworkEvent를 받은 것을 볼 수 있다.

그리고는 TimeLogger에 의해 출력된 시간 로그 메시지가 3초마다 한 번씩 출력된다. stop 2 명령으로 TimeLogger를 중단하자 다시 Bundle Stopped Event가 발생하였고 시간 로그메시지가 중단되었다가, 다시 TimeLogger 번들을 시작시키면 또 시간 메시지가 찍히는 것을 볼 수 있다.

5.3 RecentLogPrinter

ConsoleLogger는 자신이 동작하는 시점부터 전달되는 모든 메시지를 출력하는 번들이다. 즉 자신이 실행되기 이전의 메시지는 받지 못한다. 하지만 앞에 LogReaderService의 특징 설명에서 얘기했듯이 이퀴녹스의 LogReaderService는 최근 100개의 로그를 저장하고 있다. 이 저장된 로그들은 이런 용도로 사용이 가능하다.

내부 시스템이 OSGi로 작성된 특별한 임베디드 장비, 예를 들어 가정용 인터넷 공유기가 있다고 하자. 어느 순간 인터넷 공유기가 제대로 동작이 되지 않는다. 하지만 장비의 저장공간이 부족하고, 성능 향상을 위해 FileLogger 같은 것을 실행하지 않고 있었다면 어떻게 에러 상황을 알 수 있을까? 이때 LogReaderService가 메모리에 저장하고 있는 최근 로그 메시지들을 볼 수 있다면 무슨 일이 있었는지 확인할 수 있다.

이 상황을 간단히 재연해 볼 수 있는 예제 번들을 하나 작성해 보겠다.

RecentLogPrinter 번들은 시작하자마자 LogReaderService로부터 getLog() 함수를 호출하여 LogReaderService에 저장된 최근 로그 객체를 모두 받아 순서대로 출력하는 번들이다 (OSGi 스펙에 최신에 받은 로그가 맨 처음에 보이도록 되어 있다).

```java
package chapter06.recentlogprinter;

import java.util.Enumeration;

import org.osgi.framework.BundleActivator;
import org.osgi.framework.BundleContext;
import org.osgi.service.log.LogEntry;
import org.osgi.service.log.LogReaderService;
import org.osgi.service.log.LogService;
import org.osgi.util.tracker.ServiceTracker;

public class Activator implements BundleActivator {
    public void start(BundleContext context) throws Exception {
        ServiceTracker tracker = new ServiceTracker(context,
                    org.osgi.service.log.LogReaderService.class.getName(),
                    null);
        tracker.open();

        LogReaderService reader = (LogReaderService) tracker.getService();

        for (Enumeration<LogEntry> en = reader.getLog(); en.hasMoreElements();) {
            LogEntry entry = en.nextElement();
            System.out.println("["+getLevelName(entry.getLevel()) + "] " +
                                            entry.getMessage());
        }
    }
```

06 Log 서비스

```java
    public void stop(BundleContext context) throws Exception {
    }

    protected static String getLevelName(int type) {
        switch (type) {
        case LogService.LOG_DEBUG:
            return "DEBUG";
        case LogService.LOG_INFO:
            return "INFO ";
        case LogService.LOG_ERROR:
            return "ERROR";
        case LogService.LOG_WARNING:
            return "WARN ";
        }
        return "";
    }
}
```

위와 같이 작성 후 테스트를 쉽게 하기 위해 Launch Configuration을 약간 수정하자

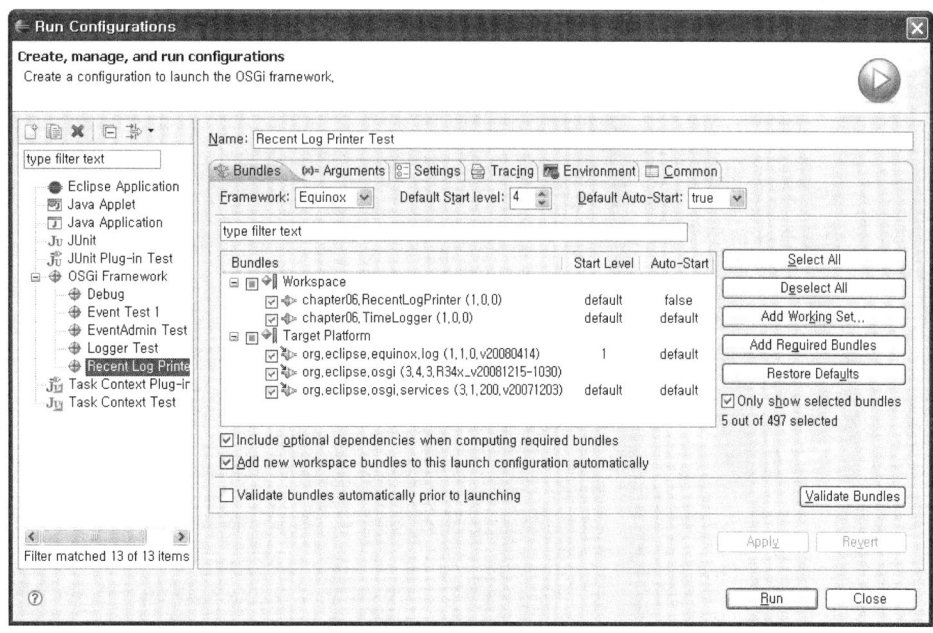

그림 6-3

기존에 작성했던 ConsoleLogger를 빼고, RecentLogPrinter의 Auto-Start를 false로 만든다. 자동으로 실행되어 로그가 찍히게 되는 것을 막기 위함이다.

```
osgi> ss

Framework is launched.

id      State       Bundle
0       ACTIVE      org.eclipse.osgi_3.4.3.R34x_v20081215-1030
1       ACTIVE      org.eclipse.osgi.services_3.1.200.v20071203
2       ACTIVE      chapter06.TimeLogger_1.0.0
3       <<LAZY>>    chapter06.RecentLogPrinter_1.0.0
4       ACTIVE      org.eclipse.equinox.log_1.1.0.v20080414

osgi> start 3
[INFO ] [chapter06.TimeLogger] [9] Thu Mar 26 23:35:19 KST 2009
[INFO ] [chapter06.TimeLogger] [8] Thu Mar 26 23:35:16 KST 2009
[INFO ] [chapter06.TimeLogger] [7] Thu Mar 26 23:35:13 KST 2009
[INFO ] [chapter06.TimeLogger] [6] Thu Mar 26 23:35:10 KST 2009
[INFO ] [chapter06.TimeLogger] [5] Thu Mar 26 23:35:07 KST 2009
[INFO ] [chapter06.TimeLogger] [4] Thu Mar 26 23:35:04 KST 2009
[INFO ] [chapter06.TimeLogger] [3] Thu Mar 26 23:35:01 KST 2009
[INFO ] [chapter06.TimeLogger] [2] Thu Mar 26 23:34:58 KST 2009
[INFO ] [chapter06.TimeLogger] [1] Thu Mar 26 23:34:55 KST 2009
[INFO ] [chapter06.TimeLogger] [0] Thu Mar 26 23:34:52 KST 2009
[INFO ] [org.eclipse.osgi] FrameworkEvent STARTLEVEL CHANGED
[INFO ] [org.eclipse.osgi.services] BundleEvent STARTED
[INFO ] [chapter06.TimeLogger] BundleEvent STARTED
[INFO ] [chapter06.TimeLogger] TimeLogger starting
[INFO ] [org.eclipse.osgi] FrameworkEvent STARTLEVEL CHANGED
[INFO ] [org.eclipse.osgi] FrameworkEvent STARTED
[INFO ] [org.eclipse.osgi] BundleEvent STARTED
[INFO ] [org.eclipse.equinox.log] BundleEvent STARTED
[INFO ] [org.eclipse.equinox.log] ServiceEvent REGISTERED
[INFO ] [org.eclipse.equinox.log] ServiceEvent REGISTERED
[INFO ] [org.eclipse.equinox.log] ServiceEvent REGISTERED
[INFO ] [org.eclipse.equinox.log] Log created; Log Size=100; Log Threshold=4
```

```
osgi>
```

처음에는 RecentLogPrinter가 초기화를 마치지 않은 상태로 기다리고 있다가 start 3이라고 입력하자, 현재 LogReaderService에 등록된 모든 이벤트들을 시간의 역순으로 출력했다. 맨 마지막 로그 메시지인 "Log created; Log Size=100; Log Threshold=4 "에서 볼 수 있듯이 LogService가 저장하는 개수는 100개이며, 기본으로 DEBUG 레벨(4)까지 모두 출력하게 되어 있다. 이 로그메시지는 Log Service가 시작될 때 찍는 것이다.

각 이벤트에 대해서 Bundle/Service의 정보를 좀 더 자세히 출력할 수 있게 하면 훨씬 보기 좋은 로그 출력기를 만들 수 있다. 이건 여러분 몫으로 남겨두겠다.

5.4 Log4j Logger

이제 로그 서비스의 마지막으로 Log4j를 이용하여 로그를 저장하는 로거를 작성하여 보자. 실제로 앞에서 만든 ConsoleLogger와 별로 차이가 없지만, OSGi 번들 내에서 외부 Library를 이용하는 방법에 대해 알아보는 기회로 삼기 바란다. 일단 Log4j 로거의 코드는 다음과 같다.

```
package chapter06.log4jlogger;

import org.osgi.framework.BundleActivator;
import org.osgi.framework.BundleContext;
import org.osgi.service.log.LogEntry;
import org.osgi.service.log.LogListener;
import org.osgi.service.log.LogReaderService;
import org.osgi.service.log.LogService;
import org.osgi.util.tracker.ServiceTracker;
import org.apache.log4j.Logger;

public class Activator implements BundleActivator,LogListener {
    ServiceTracker tracker;
    LogReaderService reader;

    final static Logger logger = Logger.getLogger(this.class);
```

〈다음 쪽에 예제 코드 계속〉

```
    public void start(BundleContext context) throws Exception {
        tracker = new ServiceTracker(context,
                    org.osgi.service.log.LogReaderService.class.getName(),
                    null);
        tracker.open();

        reader = (LogReaderService) tracker.getService();
        reader.addLogListener(this);
    }

    public void stop(BundleContext context) throws Exception {
    }

    public void logged(LogEntry entry) {
        logger.log(getLog4jLevel(entry.getLevel()),
                    "[" + entry.getBundle().getSymbolicName() +
                    "] " + entry.getMessage());
    }

    protected static String getLevelName(int type) {
        switch (type) {
        case LogService.LOG_DEBUG:
            return "DEBUG";
        case LogService.LOG_INFO:
            return "INFO ";
        case LogService.LOG_ERROR:
            return "ERROR";
        case LogService.LOG_WARNING:
            return "WARN ";
        }
        return "";
    }
}
```

처음의 ConsoleLogger와 별로 다르지 않다. 다만 LogListener 인터페이스용 logged 함수에서 System.out을 사용하지 않고 Log4j의 Logger.log 함수를 사용하는 것이 다르다. 이렇게 호출함으로써 다시 log4j 설정에 따라 Console, File, Socket, Syslog 등으로 다양하게 로그메시지를 보낼 수 있다.

하지만 이클립스 환경에서 위 코드는 컴파일 에러가 난다. log4j가 해당 번들의 Classpath 내에 존재하지 않기 때문이다. 이를 해결하는 데는 다음과 같은 방법이 있다.

1. log4j jar 파일을 번들 안에 복사하여 내부 라이브러리처럼 사용한다.
2. log4j를 일반 OSGi 번들처럼 만들어서 Export-Package를 통해 Logger를 외부로 노출시킨다. 그리고 Workspace 또는 Target Runtime에 추가한다.

각각의 방법에 대해 자세히 알아보자.

5.4.1 라이브러리 JAR 파일을 번들 내에서 사용하기

Log4j 사이트에서 log4j 파일을 다운받는다. 이 책에서는 1.2.15 버전을 사용했다.

```
http://logging.apache.org/log4j/1.2/download.html [ http://durl.kr/i9c ]
```

배포하는 파일 안에는 다양한 파일이 들어있는데, 필요한 것은 안에 들어 있는 log4j-1.2.15.jar 파일 하나이다. 이 파일을 아래와 같이 Log4j Logger의 Workspace 내에서 New ▷ Folder를 선택하여 lib 이란 폴더를 하나 만들고 복사해 보자.

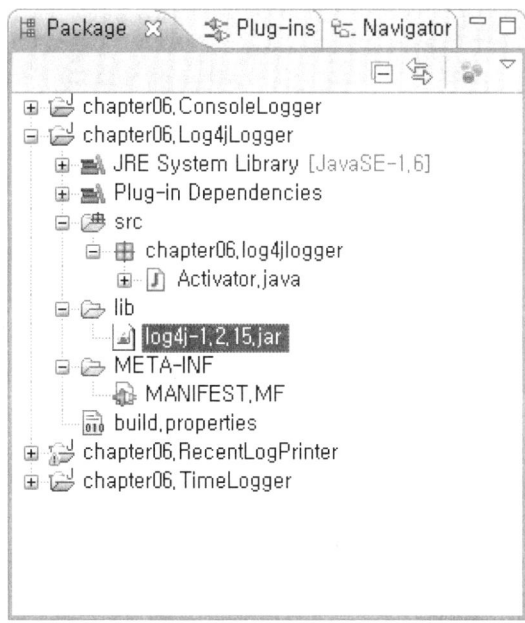

그림 6-4

그리고 프로젝트 이름 위에서 마우스 오른쪽 버튼을 클릭하여 프로젝트의 속성 창을 열어 보자.

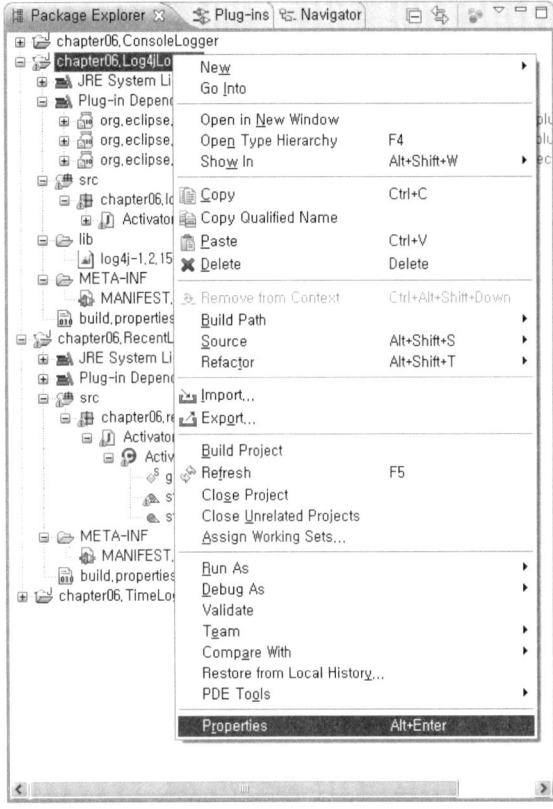

그림 6-5

오른쪽 그림 6-6과 같이 Java Build Path ▷ Libraries ▷ Add JARs... 를 선택해서 나오는 창에서, 이미 복사한 log4j-1.2.15.jar 파일을 선택하자.

여기까지 진행하면 오른쪽 그림 6-7과 같이 Referenced Libraries에 log4j-1.2.15.jar 파일이 추가되며 컴파일 에러는 사라진다.

즉, 이클립스 내에 지정된 자바 컴파일러가 log4j를 인식하고 이를 이용하여 컴파일할 수 있게 되었다는 것이다.

06 Log 서비스

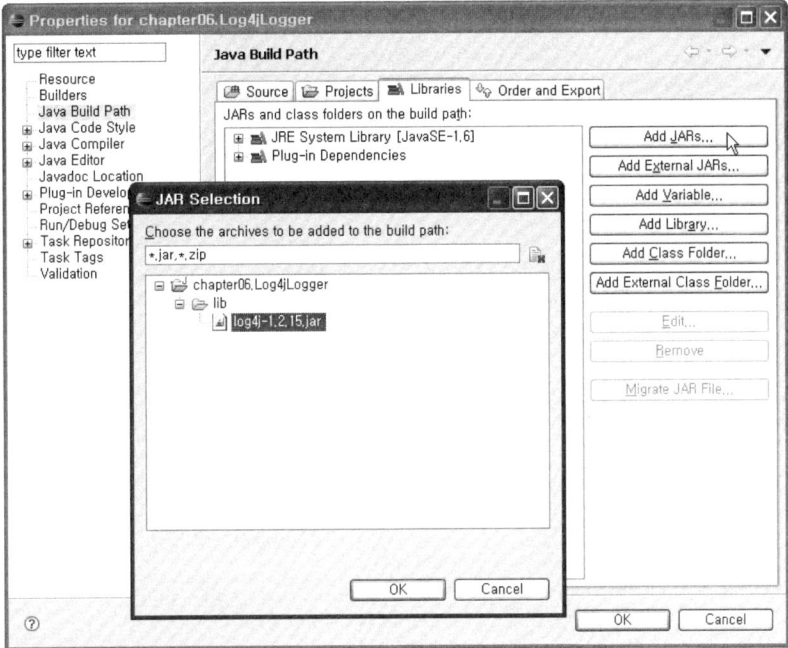

그림 6-6

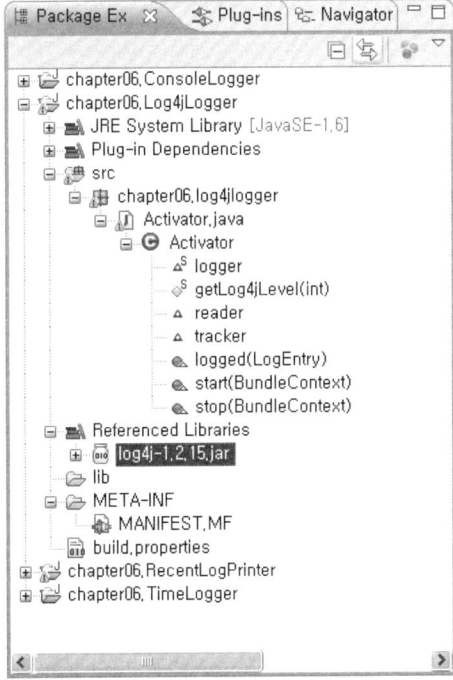

그림 6-7

하지만 이 상태로 실행하면 다음과 같은 상황이 발생한다.

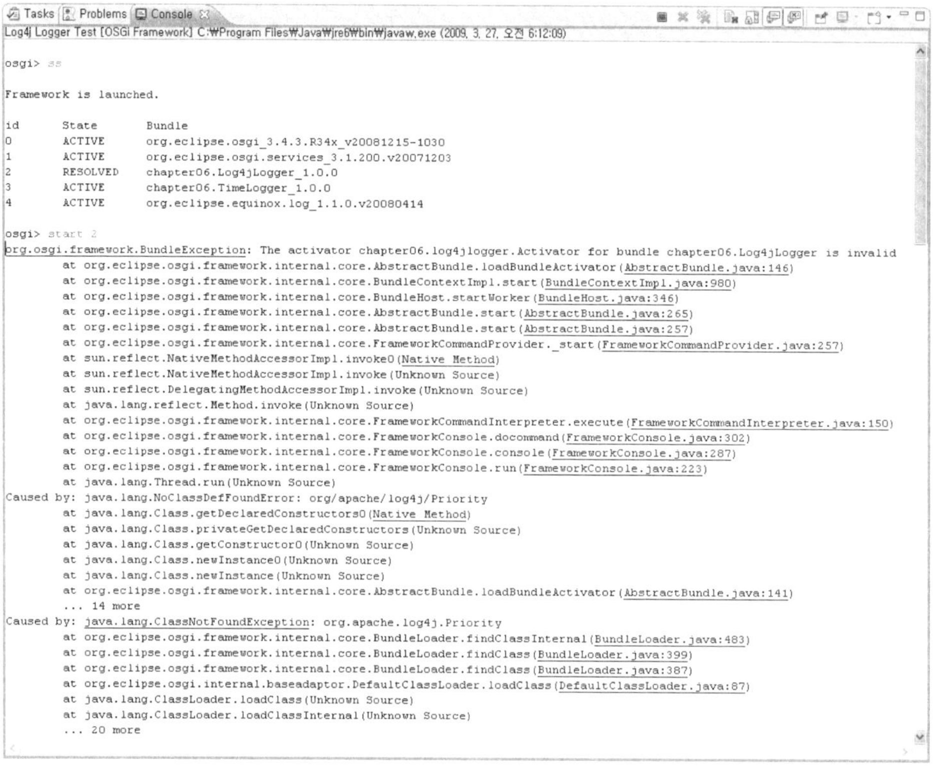

그림 6-8

    Log4jLogger 번들 자체가 시작되지 못하고 RESOLVED 상태로 남아있다. 이때 강제로 시작하면 위와 같은 에러가 발생한다. 귀중한 지면을 할애하여 에러 내용을 다 보여주는 이유는, OSGi 개발초기에는 위와 같은 에러를 계속 만날 수 있기 때문이다. 즉, 이클립스 환경 내에서는 컴파일이 잘 되어서 문제가 없어 보이지만, OSGi 환경에서 실행해보면 해당 라이브러리를 찾을 수 없는 경우가 종종 있다는 것이다. 그 이유는 3장에서 봤듯이 OSGi 프레임워크가 각 번들당 ClassLoader를 따로 생성하고 각 번들마다 ClassPath를 각각 관리하기 때문이다. 프로젝트가 복잡해져서 번들 개수가 늘어났을 때, 개발자들이 정말 조심하지 않는다면 NoClassDefFoundError (NCDFE) 에러를 정말 많이 만나게 될 것이다.

    이제 에러를 해결하기 위해 이 파일을 OSGi 번들 내에서 사용할 수 있도록 Manifest에 다음과 같은 항목을 추가하자.

06 Log 서비스

```
Manifest-Version: 1.0
Bundle-ManifestVersion: 2
Bundle-Name: Log4jLogger Plug-in
Bundle-SymbolicName: chapter06.Log4jLogger
Bundle-Version: 1.0.0
Bundle-Activator: chapter06.log4jlogger.Activator
Bundle-ActivationPolicy: lazy
Bundle-RequiredExecutionEnvironment: JavaSE-1.6
Import-Package: org.osgi.framework;version="1.3.0",
 org.osgi.util.tracker,
 org.osgi.service.log
Bundle-Classpath: .,
 lib/log4j-1.2.15.jar
```

3장에서 설명한 Bundle-Classpath 헤더는 번들 내의 Classpath를 결정하는 값으로, 기본 값은 첫 줄에 있는 "."(번들의 루트폴더)이다. 여기에 아까 복사한 lib/log4j-1.2.15.jar를 추가해 줌으로써, OSGi에서 번들을 실행할 때도 log4j 라이브러리 파일을 찾을 수 있게 하는 것이다. 만약 "."을 지우고 lib/log4j-1.2.15.jar만 적는다면, chapter06.log4jlogger.Activator 클래스 자체를 못 찾아서 에러가 나게 된다. 즉, 번들의 루트 폴더가 기본으로 클래스패스에 잡혀있으므로 번들 안에 있는 클래스들이 동작을 하게 되는 것이다.

자, 이제 이렇게 하고 실행해보자.

```
osgi> log4j:WARN No appenders could be found for logger (chapter06.log4jlogger.Activator).
log4j:WARN Please initialize the log4j system properly.

osgi> ss

Framework is launched.

id      State       Bundle
0       ACTIVE      org.eclipse.osgi_3.4.3.R34x_v20081215-1030
1       ACTIVE      org.eclipse.osgi.services_3.1.200.v20071203
2       ACTIVE      chapter06.Log4jLogger_1.0.0
3       ACTIVE      chapter06.TimeLogger_1.0.0
4       ACTIVE      org.eclipse.equinox.log_1.1.0.v20080414

osgi>
```

그림 6-9

일단 번들은 제대로 실행되었고, 액티베이터의 getLogger 함수를 통해 log4j 라이브러리를 찾아서 초기화 시도는 하고 있으나, log4j.properties 파일이 없어서 초기화는 하지 못하는 상태이다. 아래와 같은 간단한 내용의 log4j.properties 파일을 만들어 Workspace의 루트에 추가해 보자.

```
log4j.rootLogger=DEBUG, default
log4j.appender.default=org.apache.log4j.ConsoleAppender
log4j.appender.default.layout=org.apache.log4j.PatternLayout
log4j.appender.default.layout.ConversionPattern=%-4r %-5p [%t] %37c %3x - %m%n
```

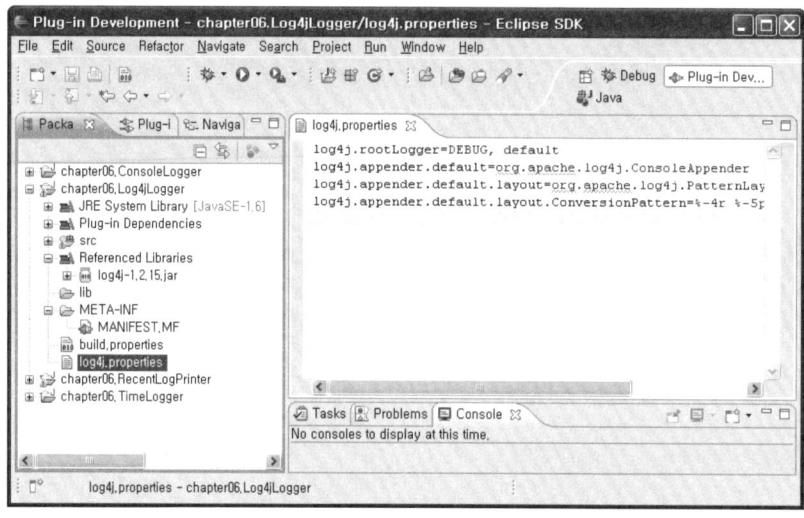

그림 6-10

Log4j는 초기화할 때 클래스패스를 뒤져서 log4j.properties 파일을 찾으므로, 앞에서 추가한 Bundle-Classpath에 있는 "." 항목 때문에 log4j.properties 파일을 찾을 수 있게 된다.

실행결과는 다음과 같다.

```
osgi> 0     INFO  [Log Event Dispatcher]          chapter06.log4jlogger.Activator
- [chapter06.Log4jLogger] BundleEvent STARTED

0    INFO  [Log Event Dispatcher]          chapter06.log4jlogger.Activator    -
[chapter06.TimeLogger] TimeLogger starting

0    INFO  [Log Event Dispatcher]          chapter06.log4jlogger.Activator    -
[chapter06.TimeLogger] BundleEvent STARTED

0    INFO  [Log Event Dispatcher]          chapter06.log4jlogger.Activator    -
[org.eclipse.osgi] FrameworkEvent STARTLEVEL CHANGED
```

```
0     INFO  [Log Event Dispatcher]          chapter06.log4jlogger.Activator   -
[chapter06.TimeLogger] [0] Fri Mar 27 06:43:51 KST 2009
3000  INFO  [Log Event Dispatcher]          chapter06.log4jlogger.Activator   -
[chapter06.TimeLogger] [1] Fri Mar 27 06:43:54 KST 2009
6000  INFO  [Log Event Dispatcher]          chapter06.log4jlogger.Activator   -
[chapter06.TimeLogger] [2] Fri Mar 27 06:43:57 KST 2009
9000  INFO  [Log Event Dispatcher]          chapter06.log4jlogger.Activator   -
[chapter06.TimeLogger] [3] Fri Mar 27 06:44:00 KST 2009
12000 INFO  [Log Event Dispatcher]          chapter06.log4jlogger.Activator   -
[chapter06.TimeLogger] [4] Fri Mar 27 06:44:03 KST 2009
15000 INFO  [Log Event Dispatcher]          chapter06.log4jlogger.Activator   -
[chapter06.TimeLogger] [5] Fri Mar 27 06:44:06 KST 2009
```

자, 이제 TimeLogger ▷ LogService ▷ LogReaderService ▷ Log4jLogger ▷ Log4j ConsoleAppender로 이어지는 다소 복잡한 Log 메시지 전달 체인이 완성되었다.

하지만, 아직 한 가지 남아있다. 여기까지만 수정하면 3장에서 했던 것처럼 File ▷ Export를 통해 현재 프로젝트를 JAR 파일로 만들었을 때, log4j 파일이 복사가 안 되므로 이클립스 환경에서는 아무 문제 없이 실행이 되었지만, 실제 실행환경인 커맨드 라인 상태에서는 NoClassDefFoundError가 발생한다. 이를 위해서는 build.properties 파일에도 아래와 같이 lib/log4j-1.2.15.jar 항목과 log4j.properties 항목을 추가하자.

```
source.. = src/
output.. = bin/
bin.includes = META-INF/,\
               .,\
               lib/log4j-1.2.15.jar,\
               log4j.properties
```

이렇게 하고 나면 이클립스가 익스포트할 때 이 파일을 참고해서, lib/log4j-1.2.15.jar 파일과 log4j.properties 파일을 번들 안에 포함시키게 된다.

> **TIP:**
>
> 위와 같이 log4j.properties 파일을 번들 내부에 넣게 되면 Log4j 설정 수정을 위해서는 번들 내부의 파일을 바꿔야 하므로 좋은 방법은 아니다. 다만 여기서는 OSGi 내부에서 파일을 사용하는 방법을 보이기 위해 이렇게 한 것이다. 실행할 때 로그 방식을 수정하기 위한 방법은 뒤에서 설명한다.

실제로 프로젝트를 개발할 때, 이클립스에서는 실행이 잘되지만 OSGi 독립실행으로 바꾸면 안 되는 경우가 매우 많은데, 보통은 Bundle-ClassPath 헤더를 제대로 확인 안 하기 때문이다. 외부 라이브러리를 사용한다면 꼭 주의해서 보도록 하자.

5.4.2 일반 JAR 파일을 OSGi화하기

앞에서 사용한 JAR 파일 자체를 자신의 번들 안에 넣고 클래스패스에 추가하는 방법은 자신 혼자만 사용하는 라이브러리인 경우에는 문제가 없다. 하지만 log4j 같이 여러 번들을 같이 사용하는 경우에 위의 방식으로 처리하게 되면 각각의 번들이 똑같은 log4j 파일을 내부에 가지고 있어야 하므로 공간이 낭비되고 각각의 클래스 로더가 따로 작업을 하게 되므로 성능상에도 문제가 있을 수 있다. 이제 좀 더 OSGi 적인 방식으로 문제를 해결하여 보자.

다운로드한 log4j-1.2.15.jar 파일을 그냥 OSGi 프레임워크에 설치해보면 아래와 같이 보인다.

```
osgi> ss

Framework is launched.

id     State        Bundle
0      ACTIVE       org.eclipse.osgi_3.4.3.R34x_v20081215-1030
2      ACTIVE       chapter03.AutoInstaller_1.0.0
4      ACTIVE       org.eclipse.osgi.services_3.1.200.v20071203
5      ACTIVE       org.eclipse.equinox.event_1.1.0.v20080225
6      ACTIVE       org.eclipse.equinox.log_1.1.0.v20080414
8      ACTIVE       chapter06.Log4jLogger_1.0.0
9      ACTIVE       D:\workspace\OSGi\.\bundles\log4j-1.2.15.jar [9]


osgi> bundle 9
D:\workspace\OSGi\.\bundles\log4j-1.2.15.jar [9]
    Id=9, Status=ACTIVE      Data Root=D:\workspace\OSGi\.metadata\.plugins\org.eclipse.pde.core\Event Test 1\org.eclipse.osgi\bundles\9\data
  No registered services.
  No services in use.
  No exported packages
  No imported packages
  No fragment bundles
```

```
      No named class spaces
      No required bundles

osgi>
```

"bundle 9"라는 명령을 통해 log4j 번들의 내용을 봤지만, 어떤 Package도 익스포트하고 있지 않는 것으로 나온다.

즉, 이 log4j-1.2.15.jar 파일 안에는 OSGi 번들이 가져야 하는 기본 헤더들인 Bundle-SymbolicName, Export-Package 등이 빠져 있어서 OSGi 위에다 설치해도 외부에서 사용이 불가능하다.

간단한 작업을 통해 이를 추가할 수 있다. File ▷ New 를 선택한 다음 나오는 New Project 창에서 아래와 같이 Plug-in from existing JAR archives를 선택하자.

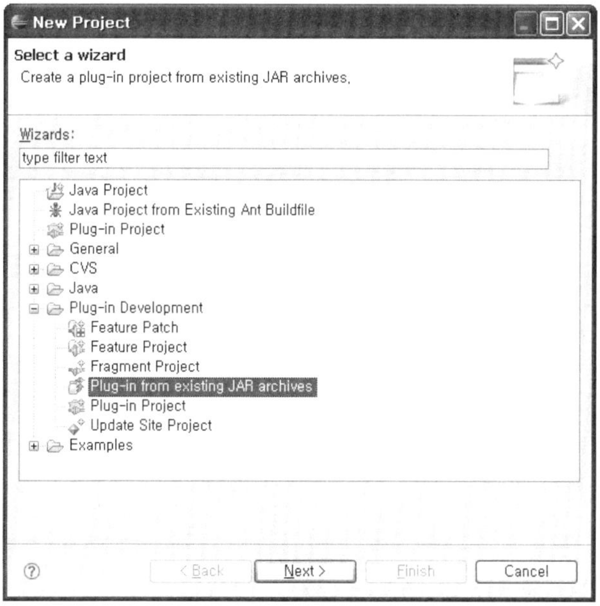

그림 6-11

'Add External...' 버튼을 선택해서 이미 받아놓았던 log4j-1.2.15.jar 파일을 선택하자. 물론 이미 chapter06.Log4jLogger의 lib 폴더 안에 복사해 놓았으므로, 현재 Workspace 내에서 파일을 찾는 'Add...' 버튼을 선택해도 상관은 없다. 다만 앞에서와 같이 Log4jLogger를 만드는 작업을 안 하고 시작하는 다른 라이브러리의 경우는 Add External을 이용하여 하드에 있는 JAR 파일을 선택해주면 된다.

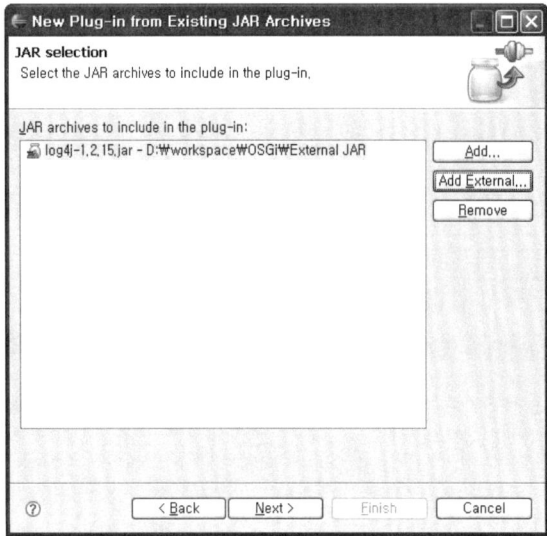

그림 6-12

그리고 Next를 선택하면 아래와 같이 새로운 Plugin에 대한 정보를 입력하는 창이 나온다.

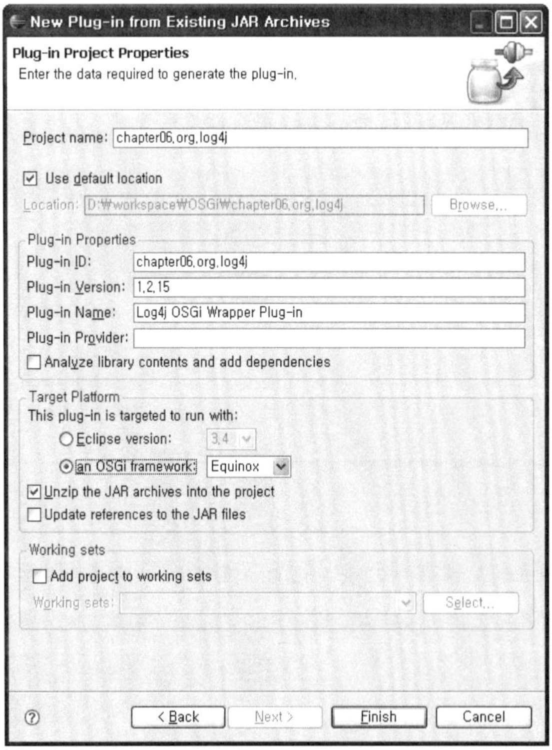

그림 6-13

이 플러그인은 기존의 log4j JAR 파일을 OSGi용으로 만드는 것이므로, 위와 같이 입력한다. Project name과 Plug-in ID에는 기존의 org.log4j 번들과 충돌을 피하기 위해 앞에 보통 org.springframework.org.log4j와 같이 변환을 수행한 자신의 도메인 프리픽스(Domain Prefix - 앞에서 볼 때 org.springframework)를 붙이지만, 여기서는 따로 지정할 값이 없으므로 chapter06이란 값을 사용했다. Plug-in Version은 안에서 사용할 Log4j의 버전 번호를 똑같이 붙여주자. 기존 플러그인과 마찬가지로 이쿼녹스용으로 생성할 것이며, 아래 Unzip the JAR archives into the project를 선택하면 앞에서 선택한 log4j-1.2.15.jar 파일의 압축을 풀어 새로 만드는 플러그인으로 복사한다. 이제 Finish를 선택하여 새로운 플러그인을 생성한다.

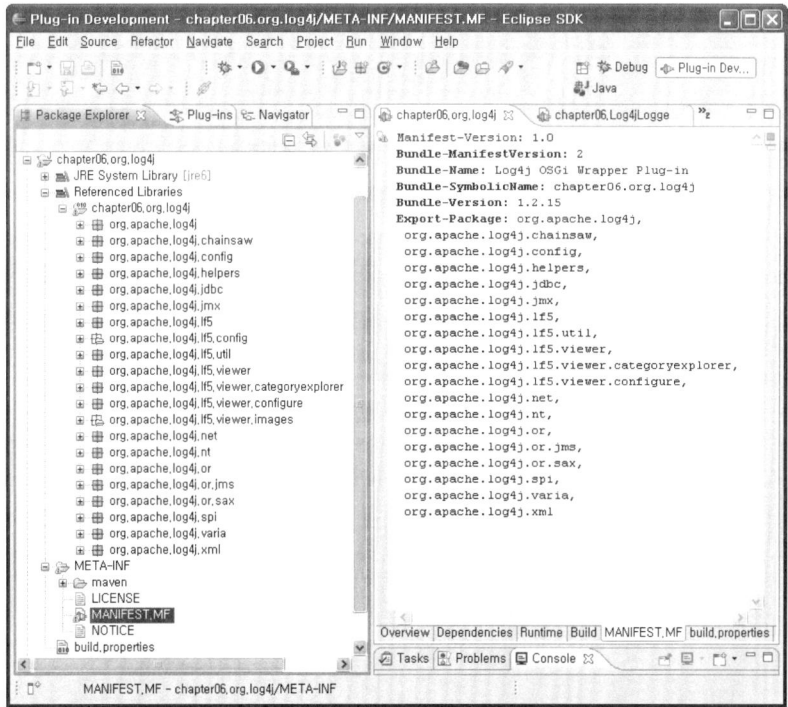

그림 6-14

만들어진 프로젝트는 위와 같은 모양을 가진다. 기존에 log4j-1.2.15.jar 안에 들어있던 모든 클래스파일을 가지고 있으며, Export-Package를 통해 외부에서 쓸 수 있도록 하고 있다.

이제 기존에 만들어진 Log4jLogger에서 안에 포함된 log4j 파일을 지우고 지금 만든 chapter06.org.log4j를 이용하도록 해보자. 앞에서 했던 Log4jLogger의 작업을 다 지워보자.

1. 프로젝트 속성의 Java Build Path에서 log4j가 연결된 것을 제거한다.

2. 프로젝트 폴더에서 lib/log4j-1.2.15.jar 파일과 log4j.properties 파일을 제거한다.

3. build.properties에 추가한 항목을 지운다.

4. Manifest에서 Bundle-Classpath: 항목을 제거하고 아래와 같이 Import-Package 항목에 org.apache.log4j를 추가한다

```
Manifest-Version: 1.0
Bundle-ManifestVersion: 2
Bundle-Name: Log4jLogger Plug-in
Bundle-SymbolicName: chapter06.Log4jLogger
Bundle-Version: 1.0.0
Bundle-Activator: chapter06.log4jlogger.Activator
Bundle-ActivationPolicy: lazy
Bundle-RequiredExecutionEnvironment: JavaSE-1.6
Import-Package: org.osgi.framework;version="1.3.0",
 org.osgi.util.tracker,
 org.osgi.service.log,
 org.apache.log4j
```

이렇게 바꾸고 실행해보자.

```
osgi> log4j:WARN No appenders could be found for logger (chapter06.
log4jlogger.Activator).
log4j:WARN Please initialize the log4j system properly.


osgi> ss

Framework is launched.

id    State       Bundle
0     ACTIVE      org.eclipse.osgi_3.4.3.R34x_v20081215-1030
1     ACTIVE      org.eclipse.equinox.log_1.1.0.v20080414
2     ACTIVE      chapter06.org.log4j_1.2.15
3     ACTIVE      org.eclipse.osgi.services_3.1.200.v20071203
```

```
4     ACTIVE        chapter06.TimeLogger_1.0.0
5     ACTIVE        chapter06.Log4jLogger_1.0.0
```

osgi>

처음에 Log4j를 실행했을 때와 거의 비슷한 메시지가 나왔다. Log4jLogger가 제대로 Import는 되었으나 log4j.properties 파일을 찾지 못해서 위와 같은 메시지가 다시 보이게 된다.

Log4jLogger 안에 log4j 라이브러리를 직접 넣었을 때는 Classpath 안에 log4j.properties를 넣어줘서 가능했지만, 이제는 log4j가 따로 한 개의 번들이 되었으니 그렇게 하는 것은 불가능하다. 물론 지금 만든 chapter06.org.log4j_1.2.15 번들 안에 log4j.properties를 넣어도 되긴 하지만, 앞서 말했듯이 그러면 로그레벨을 수정할 때 마다 번들 자체를 수정해야 하므로 좋은 방법이 아니다.

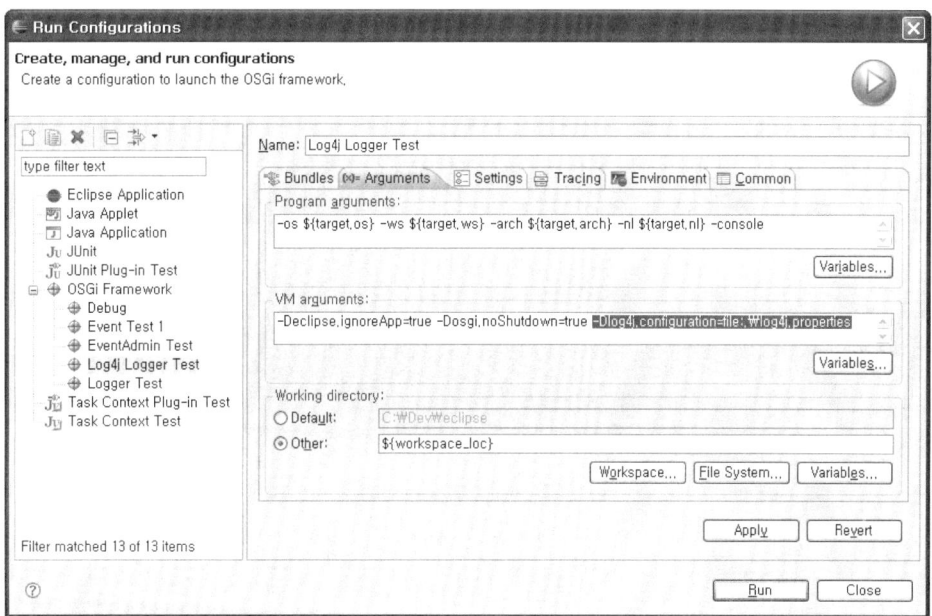

그림 6-15

Run Configuration 창에서 위와 같이 VM arguments에 log4j.properties 파일의 위치를 지정하자. 현재 디렉토리는 아래 Working Directory에 지정한 ${workspace_loc}의 위치이다. ${workspace_loc}은 이클립스에서 지원하는 변수로 현재 Workspace의 폴더명을 의미한

다. 이렇게 지정한 후 워크스페이스 루트에 log4j.properties를 복사하고 실행하면 아래와 같이 제대로 된 로그메시지를 볼 수 있다.

```
osgi> 0    INFO  [Log Event Dispatcher]      chapter06.log4jlogger.Activator
- [chapter06.Log4jLogger] BundleEvent STARTED
0    INFO  [Log Event Dispatcher]      chapter06.log4jlogger.Activator  -
[chapter06.org.log4j] BundleEvent STARTED
16   INFO  [Log Event Dispatcher]      chapter06.log4jlogger.Activator  -
[chapter06.TimeLogger] TimeLogger starting
16   INFO  [Log Event Dispatcher]      chapter06.log4jlogger.Activator  -
[chapter06.TimeLogger] BundleEvent STARTED
16   INFO  [Log Event Dispatcher]      chapter06.log4jlogger.Activator  -
[org.eclipse.osgi] FrameworkEvent STARTLEVEL CHANGED
16   INFO  [Log Event Dispatcher]      chapter06.log4jlogger.Activator  -
[chapter06.TimeLogger] [0] Sat Mar 28 07:50:48 KST 2009
3016 INFO  [Log Event Dispatcher]      chapter06.log4jlogger.Activator  -
[chapter06.TimeLogger] [1] Sat Mar 28 07:50:51 KST 2009
6016 INFO  [Log Event Dispatcher]      chapter06.log4jlogger.Activator  -
[chapter06.TimeLogger] [2] Sat Mar 28 07:50:54 KST 2009

osgi> ss

Framework is launched.

id    State       Bundle
0     ACTIVE      org.eclipse.osgi_3.4.3.R34x_v20081215-1030
1     ACTIVE      org.eclipse.equinox.log_1.1.0.v20080414
2     ACTIVE      chapter06.org.log4j_1.2.15
3     ACTIVE      org.eclipse.osgi.services_3.1.200.v20071203
4     ACTIVE      chapter06.TimeLogger_1.0.0
5     ACTIVE      chapter06.Log4jLogger_1.0.0

osgi>
```

이제 log4j 라이브러리를 사용하는 모든 번들은 단지 Manifest 파일에 Import-Package : org.apache.log4j와 같은 내용을 추가하는 것만으로 Logger의 사용이 가능하다.

> **NOTE:**
>
> 일반 자바 JAR 파일을 OSGi JAR 파일로 만드는 것은 그리 복잡하진 않지만, 여러 개의 라이브러리를 사용한다면 매우 귀찮은 작업이다. 위의 방법은 기존 Java JAR 파일이 이런 식으로 OSGi JAR 파일로 변경할 수 있다는 것을 알려주기 위해 설명한 것이며, 10장에서 소개할 bnd라는 툴을 사용하면 더욱 간단하게 변경이 가능하다. 그리고 SpringSource 웹사이트에서는 이렇게 자바 오픈소스 라이브러리들을 이미 OSGi화 해놓은 번들을 다운로드할 수 있도록 번들 저장소(Bundle Repository)를 운영하고 있다. 가장 최근에 만들어지고, 잘 관리되고 있어서 사용하기에 아주 편하다.
>
> - SpringSource Enterprise Bundle Repository (SSEBR) : http://www.springsource.com/repository/app/, [http://durl.kr/gsn]
>
> 또한 이와는 별도로 프로젝트를 통해 이미 만들어진 다양한 번들을 내려받을 수 있는 저장소들도 있다.
>
> - OSGi Alliance Bundle Repository(OBR) : http://www.osgi.org/Repository/HomePage, [http://durl.kr/gso]
> - Oscar Bundle Repository(OBR): http://oscar-osgi.sourceforge.net/, [http://durl.kr/gsp]
> - Knopflerfish Bundle Repository(OBR) : http://www.knopflerfish.org/repo/, [http://durl.kr/gsq]
>
> 이 OBR이라고 붙여진 저장소 들은 OSGi의 표준 규격인 RFC-0112 Bundle Repository(http://www.osgi.org/download/rfc-0112_BundleRepository.pdf, [http://durl.kr/gsr]) 형식을 따르고 있으며, 이 규격은 XML을 이용하여 번들의 정보를 기술하고 있어서 OSGi 프레임워크 내에서 자동으로 관련 번들을 다운로드할 수 있도록 하는 프로토콜을 제공하고 있다.
>
> OSGi Alliance에서 운영하는 OBR(http://www.osgi.org/Repository/HomePage, [http://durl.kr/gso])은 앞의 SSEBR과 마찬가지로 다양한 오픈소스 라이브러리를 OSGi화한 번들도 제공하고 있다. 필요로 하는 번들이 있다면 SSEBR과 이곳을 같이 이용하면 대부분 찾을 수 있을 것이다.
>
> 그리고 최근에는 다양한 오픈소스 자바 라이브러리들이 OSGi 지원 Manifest들을 기본으로 포함하고 있어, 일반 자바와 OSGi에서도 동시에 사용할 수 있도록 만들어지고 있다 (Apache Commons, Spring 프레임워크 등)

OSGi & SpringDM

07

Configuration Admin 서비스

애플리케이션을 개발하다 보면 특정한 상수 값들을 필요로 하는 경우가 있다. 예를 들어 웹 서버의 포트번호가 '80'이라든지, 로그 저장폴더의 위치가 '/var/log/data/'라고 지정하는 등의 값들은, 사용자가 설정하는 것에 따라 바뀔 수 있어야 한다. 이럴 경우를 위해 자신의 설정 정보를 저장하고 읽어오는 기능이 꼭 필요하다. 프로그램이 복잡해질수록 선택 가능한 옵션들을 추가하다 보면 이와 같은 다양한 설정 내용을 저장하고 읽어오는 기능이 필요해지기 마련이고, 또 똑똑한 애플리케이션은 현재 상태를 저장했다가 다음에 실행했을 때 그 설정을 기억하도록 하여 사용자가 좀 더 편하게 사용할 수 있도록 하는 기능을 제공할 수도 있다.

보통 윈도 운영체제에서 개발할 때는 OS 자체에서 지원하는 레지스트리 같은 서비스를 이용하여 이런 정보를 저장할 수 있다. 윈도 레지스트리는 시스템에서 관리하는 계층형 설정 데이터베이스로, 개발자는 간편한 함수 호출만으로 자신의 설정을 저장하고 읽어올 수 있다. 하지만 이것은 운영체제 종속적인 서비스이기 때문에 플랫폼 독립적인 자바 같은 언어에서는 활용하기가 난감하다. 그래서 보통은 하드디스크에 간단한 텍스트 파일 형태로 자신의 설정을 읽거나 쓰고 있으며, 자바에선 이를 편하게 사용할 수 있게 해주는 java.util.Properties라는 클래스가 JDK 1.0부터 지원되고 있다. Properties는 키/값 쌍으로 데이터를 저장할 수 있게 해주는 클래스로 많은 오픈소스에서도 사용되고 있다. 6장에서 살펴본 log4j 라이브러리도 log4j.properties라는 이름으로 복잡한 로깅 설정을 저장하고 읽어오는 데 사용하고 있다.

OSGi는 애플리케이션이 수행되는 데 필요한 많은 것들을 기본으로 제공하는 프레임워크이다. 당연히 이와 같은 설정정보를 저장하는 데 쉽게 사용할 수 있는 Configuration Admin

서비스를 제공한다. 이 장에서는 Configuration Admin 서비스의 사용방법을 알아볼 것이며, 예제로 이퀴녹스 콘솔의 커맨드 라인 명령을 확장시키는 방법을 배우고 이를 통해 Configuration을 동적으로 변경해 볼 것이다. 이퀴녹스 콘솔에 명령을 추가하는 것은 OSGi 실행 중에 동적으로 내부의 정보를 얻어올 때 사용할 수 있어서 개발이나 디버그할 때 매우 유용하다.

1 Configuration Admin 서비스

Configuration Admin 서비스는 OSGi R2부터 추가된 서비스이며, 이퀴녹스에서도 org.eclipse.equinox.cm이라고 하는 구현체를 제공하고 있다. 기존의 윈도 레지스트리나 자바 Properties 같은 간단한 서비스와는 달리 OSGi의 동적인 환경에서 사용할 수 있도록 다양한 객체를 제공한다. 여타 Configuration 저장 서비스에 비해 구성이 좀 복잡하긴 하지만 Configuration Admin 서비스를 정확히 이해하고 사용한다면, OSGi상에서 완벽하게 동적으로 설정이 변경될 수 있는(Dynamically configured) OSGi 애플리케이션을 작성할 수 있다.

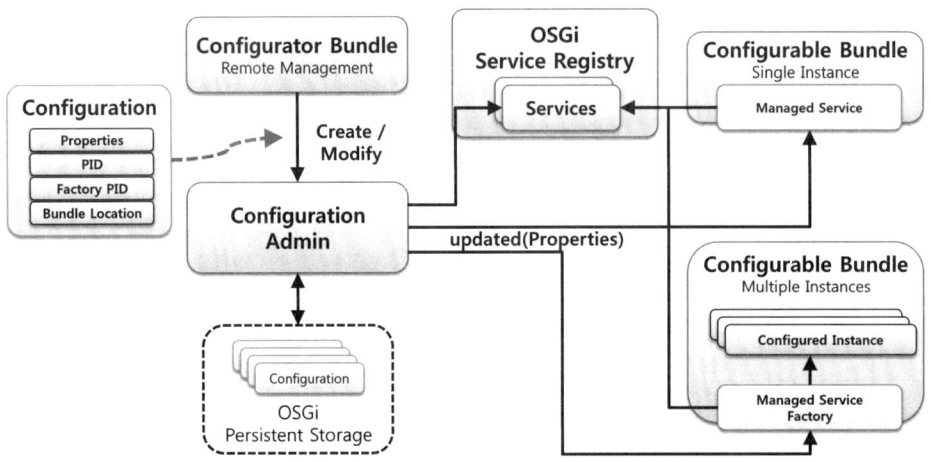

그림 7-1 | Configuration Admin 서비스

Configuration Admin도 다른 OSGi 서비스와 비슷한 구조이다. 설정을 읽기 원하는 번들(Configurable Bundle)이 Managed Service/Managed Service Factory 중 하나의 인터페이스를 구현하여 Service Registry에 등록한다. 그리고 설정을 수정하는 번들(Configurator

Bundle)이 Configuration Admin을 이용하여 설정을 변경하면 Configuration Admin은 해당 내용을 영구 저장소(Persistent Storage)에 저장한 후 서비스 레지스트리에서 알맞은 Managed 서비스를 검색하여 변경된 설정 정보를 보내주는 형태이다.

먼저 OSGi Configuration Admin을 이해하기 위한 몇 개의 개념들을 익히도록 하자.

1.1 Configuration

Configuration은 설정을 저장하고 전달하기 위해 사용하는 객체이다. 그리고 아래와 같은 중요 메서드들을 가지고 있다.

- public Dictionary getProperties() : Dictionary 타입의 객체로 설정된 키/값 쌍을 리턴한다.
- public String getPid() : 이 Configuration에 연결된 PID를 가져온다. 이 PID는 4장의 Service Layer에서 봤던 Constants.SERVICE_PID 값으로, Configuration 객체를 구분하기 위해 사용된다.
- public String getFactoryPid() : Managed Service Factory 타입일 때 사용하는 값으로, 한 번들 안에서 여러 개의 Configuration 값을 다룰 때 사용한다.
- public void update(Dictionary properties) : 새로운 설정 값으로 교체한다.
- getBundleLocation(), setBundleLocation(String) : 이 Configuration 객체를 해당 번들 Location에 바인드한다. 바인드되기 전엔 NULL을 리턴한다.

> **NOTE:**
>
> BundleLocation은 번들의 위치를 나타내는 값으로 보통은 URL로 된 경로 값이다. 이 Location과 Configuration이 Binding되면, 그 번들만이 해당 Configuration의 변경 이벤트를 받을 수 있다.

이 Configuration 객체는 설정 값을 읽어들이는 쪽(Configurable)에서는 사용하지 않고, 설정 값을 저장하려는 쪽(Configurator)만 사용하는 객체이다. 읽어들이는 쪽(받아들이는 쪽)은 단지 내부의 Properties 객체만 전달받게 된다.

1.2 Configurator vs. Configurable

- Configurable 번들: Configuration 값을 읽어서 자신의 설정을 변경할 수 있도록 작성된 번들
- Configurator 번들 : Configuration을 직접 수정하는 번들

그림 7-1에서도 볼 수 있지만, 간략화하면 아래와 같다.

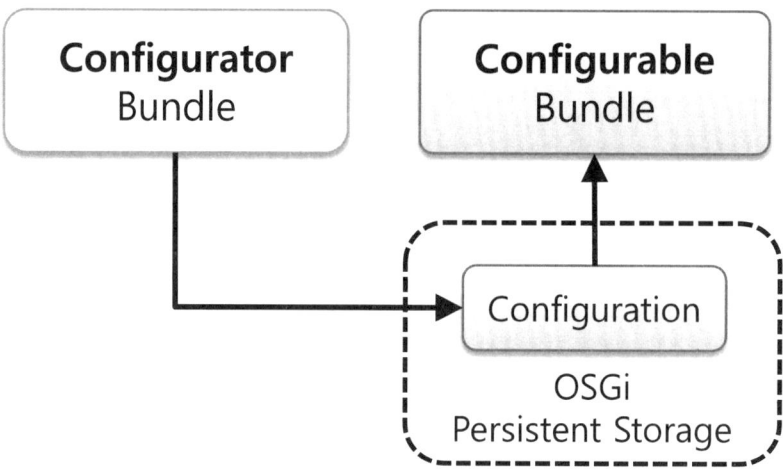

그림 7-2

일반적으로 UI 애플리케이션들은 설정창이라고 하는 인터페이스를 통해 직접 설정을 수정하고, 설정을 읽어올 수 있으므로 위의 Configurator/Configurable 2가지 속성을 다 가지고 있다. 하지만, 예를 들어 6장에서 본 것과 같이 log4j.properties를 사용하는 형태의 log4j 사용의 경우는 Configurable 하기만 한 라이브러리라고 볼 수 있다. 여기에 추가적으로 log4.properties 파일을 수정하기 위한 UI 애플리케이션을 만들었다면 이것은 단지 Log4j를 위한 Configurator로만 동작하게 되는 것이다.

OSGi 번들은 동적으로 Configuration을 변경할 수 있으므로, Configurator가 자신이 아니라 다른 번들이더라도 Configuration을 수정할 때 변경되었다는 이벤트가 Configurable 번들에 전달될 수 있다. 물론 일반 애플리케이션처럼 번들 하나가 두 가지 속성을 가지는 것도 가능하며, 이 경우에도 외부에서 변경한 것과 같이 이벤트를 받아 처리하면 된다.

1.3 Managed Service vs. Managed Service Factory

작성하고자 하는 번들의 종류에 따라 Configuration을 사용하는 방법이 2 가지가 있다. 만약 해당 번들이 한 개의 인스턴스만을 생성하는 번들이면 Managed Service를, 각각 다른 여러 개의 인스턴스를 생성해야 한다면 Managed Service Factory를 이용한다. 두 가지 다 Configuration Admin에서 제공하는 인터페이스이며, 번들이 이 인터페이스를 구현하여 OSGi Service Registry에 등록하면 Configuration Admin이 각 인터페이스의 updated(dictionary) 메서드를 호출하여 변경된 정보를 전달하여 준다.

- Managed Service : 한 개의 Configuration.
    - 싱글톤이나 외부 장치 같이 Unique 한 객체의 정보를 저장할 때 사용.
    - Configuration이 등록될 때, 수정되었을 때 updated 메서드 호출
- Managed Service Factory : 0~n개의 Configuration.
    - 다수의 인스턴스를 만들어 각각의 정보를 관리할 때 사용
    - Configuration 중 한 개라도 수정, 생성, 삭제될 때 updated 메서드 호출

한 개의 번들 안에 다수의 Managed Service를 만들 수도 있다.

2 Configuration Admin으로 Configuration 저장하기

Configuration Admin은 각 번들의 설정 값들을 저장하고 관리하기 위한 서비스이다. 이 설정 값들은 Configuration이라는 객체 단위로 관리되며 Configuration Admin은 이 객체들을 생성하고 수정하고 삭제하는 인터페이스를 제공하고 있으며, Managed Service와 Managed Service Factory를 위한 메서드가 따로 존재한다. Configuration Admin의 주요 메서드를 살펴보자.

- **getConfiguration(String pid)** : 해당 PID의 Configuration 객체를 가져온다. 만약 저장소에 없다면 새로운 Configuration 객체를 생성하여 리턴한다. 리턴하는 Configuration 객체의 Location이 null로 다른 번들과 바인딩되어 있지 않다면, 현재 번들의 Location으로 바인딩된다. 이 메서드는 자신의 ManagedService 객체를 설정하고자 할 때 사용한다.

- **getConfiguration(String pid, String location)** : 인자의 PID 값을 가지는 Configuration이 있다면 location은 무시되고 해당 Configuration 객체를 가져온다. 만약 저장소에 없다면 새로운 Configuration 객체를 생성하여 인자로 넘겨준 location과 바인딩한 후 리턴한다. 이 메서드는 관리자 번들이 다른 번들을 설정하기 위해 사용한다.

- **createFactoryConfiguration(String factoryPid)** : 해당 FactoryPID 값을 가지는 Configuration 객체를 생성한다. 이 메서드는 자신의 ManagedServiceFactory 객체를 설정하기 위해 사용한다.

- **createFactoryConfiguration(String factoryPid, String location)** : 해당 FactoryPID 값을 가지는 Configuration 객체를 생성하여 인자로 전달한 location에 Bind 한다. 이 메서드는 관리자 번들이 다른 번들을 설정하기 위해 사용한다.

- **listConfigurations(String filter)** : 120쪽에 있는 RFC2254 형태의 필터를 사용하여 해당하는 Configuration 객체의 배열을 가져온다.

자신의 설정을 변경하고자 하는 번들은 location 값을 사용하지 않고 호출하며, 자신의 설정이 아닌 다른 번들의 설정을 변경하고자 하는 관리자 번들은 location 인자를 사용하여 호출한다.

> **NOTE:**
> - Configurable이면서 Configurator인 번들: getConfiguration(String pid) 또는 createFactoryConfiguration(String factoryPid)을 사용
> - 단순 Configurator 번들(관리번들) : getConfiguration(String pid, String location) 또는 createFactoryConfiguration(String factoryPid, String location)을 사용

이 설명만 봐서는 어떤 식으로 사용하게 되는지 감이 잘 오지 않는다. Configuration을 활용하는 예제로 이퀴녹스의 콘솔 창을 확장하여, 쉽게 Configuration 값을 읽어오고 설정하는 커맨드라인 확장 번들을 만들어 보도록 하자. 먼저 이퀴녹스 콘솔 확장방법을 알아본다.

2.1 이퀴녹스 OSGi 콘솔 확장하기

이퀴녹스의 콘솔은 다음과 같은 다양한 명령들을 지원한다.

```
---Eclipse Runtime commands---
    diag - Displays unsatisfied constraints for the specified bundle(s).
    enableBundle - enable the specified bundle(s)
    disableBundle - disable the specified bundle(s)
    disabledBundles - list disabled bundles in the system
---Controlling the OSGi framework---
    launch - start the OSGi Framework
    shutdown - shutdown the OSGi Framework
    close - shutdown and exit
    exit - exit immediately (System.exit)
    init - uninstall all bundles
    setprop <key>=<value> - set the OSGi property
---Controlling Bundles---
    install - install and optionally start bundle from the given URL
    uninstall - uninstall the specified bundle(s)
    start - start the specified bundle(s)
    stop - stop the specified bundle(s)
    refresh - refresh the packages of the specified bundles
    update - update the specified bundle(s)
---Displaying Status---
    status [-s [<comma separated list of bundle states>] ↪
       [<segment of bsn>]] - display installed bundles and registered services
    ss [-s [<comma separated list of bundle states>] [<segment of bsn>]] - ↪
       display installed bundles (short status)
    services [filter] - display registered service details
    packages [<pkgname>|<id>|<location>] - ↪
       display imported/exported package details
    bundles [-s [<comma separated list of bundle states>] ↪
       [<segment of bsn>]] - display details for all installed bundles
    bundle (<id>|<location>) - display details for the specified bundle(s)
    headers (<id>|<location>) - print bundle headers
    log (<id>|<location>) - display log entries
---Extras---
```

〈다음 쪽에 예제 코드 계속〉

```
    exec <command> - execute a command in a separate process and wait
    fork <command> - execute a command in a separate process
    gc - perform a garbage collection
    getprop [ name ] - displays the system properties with the given name, ↪
        or all of them.
---Controlling Start Level---
    sl [<id>|<location>] - display the start level for the specified bundle, ↪
        or for the framework if no bundle specified
    setfwsl <start level> - set the framework start level
    setbsl <start level> (<id>|<location>) - set the start level for ↪
        the bundle(s)
    setibsl <start level> - set the initial bundle start level
---Controlling the Profiling---
    profilelog - Display & flush the profile log messages
---Controlling the Console---
    more - More prompt for console output
```

이클립스가 다양한 Extension을 통해 기능을 추가할 수 있듯이, 이 커맨드 라인에도 자신만의 명령을 추가할 수 있도록 확장을 지원하고 있다. 번들을 사용하여 동적으로 명령을 추가함으로써 개발자나 관리자가 사용할 수 있는 유용한 기능을 만들어 줄 수 있다.

새로운 명령어를 추가하기 위해선 간단한 인터페이스 하나만 구현하면 된다.

```
public interface CommandProvider {
    public String getHelp();
}
```

CommandProvider는 org.eclipse.osgi.framework.console에 선언된 인터페이스이다. 기본 멤버 함수인 getHelp()는 콘솔 창에서 help를 입력했을 때 나오는 문자열이다.

실제로 명령을 추가할 때는 아래와 같이 앞에 '_'를 붙여서 public 메서드를 추가하면 된다.

```
public void _hello(CommandInterpreter ci) {
    System.out.println("Hello " + ci.nextArgument());
}
```

이렇게 '_'가 붙은 모든 메서드는 자동으로 콘솔에 등록되어 명령으로 실행되며, 여러 개의 명령을 동시에 추가해도 된다. 이렇게 구현을 추가한 다음, 이 CommandProvider 구현체를 서비스 레지스트리에 등록한다. 전체 소스는 다음과 같다.

Manifest에는 org.eclipse.osgi.framework.console를 추가한다.

```
Manifest-Version: 1.0
Bundle-ManifestVersion: 2
Bundle-Name: ConfigurationConsole Plug-in
Bundle-SymbolicName: chapter07.ConfigurationConsole
Bundle-Version: 1.0.0
Bundle-Activator: chapter07.configurationconsole.Activator
Bundle-ActivationPolicy: lazy
Bundle-RequiredExecutionEnvironment: JavaSE-1.6
Import-Package: org.osgi.framework;version="1.3.0",
 org.eclipse.osgi.framework.console
```

간단하게 만들기 위해 액티베이터에 인터페이스 구현을 추가한다.

```java
public class Activator implements BundleActivator, CommandProvider {
    private BundleContext bundleContext;
    private ServiceRegistration registration;

    public void start(BundleContext context) throws Exception {
        bundleContext = context;
        // 커맨드 프로바이더로 등록
        context.registerService(CommandProvider.class.getName(), this, null);
    }

    public void stop(BundleContext context) throws Exception {
        registration.unregister();
    }

    public String getHelp() {
        return "\tHello - HelloWorld Command \n";
    }

    public void _hello(CommandInterpreter ci)  {
        System.out.println("Hello " + ci.nextArgument());
```

〈다음 쪽에 예제 코드 계속〉

            }
        }

위 소스는 자기 자신을 CommandProvider의 구현체로 선언하고 이를 서비스로 등록한다. 실행결과는 다음과 같다.

```
osgi> hello
Hello null

osgi> hello world
Hello world

osgi> help
    Hello - HelloWorld Command
---Eclipse Runtime commands---
    diag - Displays unsatisfied constraints for the specified bundle(s).
    enableBundle - enable the specified bundle(s)
    disableBundle - disable the specified bundle(s)
    disabledBundles - list disabled bundles in the system
```

hello 명령 이후의 문자열을 바로 출력해주는 명령이 완성되었다. 그리고 help를 입력하면 앞에서 봤던 이퀴녹스의 다른 명령들 앞에 HelloWorld의 도움말이 먼저 출력된다. 만약 여러 개의 명령어를 구현했다면 getHelp()에서 여러 줄로 된 도움말을 리턴하도록 작성하면 된다.

콘솔 명령어를 추가하는 것은 간단한 인터페이스 구현만으로 가능하기 때문에, 자신이 작성한 번들에 현재 상태를 출력하는 명령을 추가해 두면 차후 디버깅할 때 유용하게 사용할 수 있다.

2.2 Configuration 콘솔 예제

이제 앞에서 배운 커맨드 라인 확장기능을 통해 Configuration Admin에게 다양한 명령을 줄 수 있는 번들을 만들어보자. Configuration Admin이 마치 간단한 데이터베이스처럼 동작하기 때문에 이 예제는 mysql의 커맨드 라인 콘솔과 같이 사용이 가능하다. 앞에서 봤던

Hello 명령보다는 조금 복잡하기 때문에 따로 커맨드 처리 클래스를 만들 것이다.

먼저 Manifest에 org.eclipse.osgi.framework.console과 org.osgi.service.cm을 추가한다.

```
Manifest-Version: 1.0
Bundle-ManifestVersion: 2
Bundle-Name: ConfigurationConsole Plug-in
Bundle-SymbolicName: chapter07.ConfigurationConsole
Bundle-Version: 1.0.0
Bundle-Activator: chapter07.configurationconsole.Activator
Bundle-ActivationPolicy: lazy
Bundle-RequiredExecutionEnvironment: JavaSE-1.6
Import-Package: org.osgi.framework;version="1.3.0",
 org.eclipse.osgi.framework.console,
 org.osgi.service.cm
```

액티베이터의 소스는 기존의 것과 별로 다르지 않다.

```java
public class Activator implements BundleActivator, CommandProvider {
    private BundleContext bundleContext;
    private ServiceRegistration registration;

    public void start(BundleContext context) throws Exception {
        bundleContext = context;
        // 커맨드 프로바이더로 등록
        context.registerService(CommandProvider.class.getName(), this, null);
    }

    public void stop(BundleContext context) throws Exception {
        registration.unregister();
    }

    public String getHelp() {
        return "\tcm - Console command for Configuration Admin\n";
    }

    public void _cm(CommandInterpreter ci)
```

〈다음 쪽에 예제 코드 계속〉

```
        {
            List<String> args = new ArrayList<String>();
            String arg = null;
            while ((arg = ci.nextArgument()) != null) {
                args.add(arg);
            }
            
            new CmCommandProcessor(bundleContext).execute(args);
        }
    }
```

'cm'이라는 커맨드를 추가하여, 뒤에 붙은 모든 인자들을 리스트에 추가한 후 CmCommandProcessor라는 객체로 전달한다.

```
public class CmCommandProcessor {
    private BundleContext context;
    private ConfigurationAdmin cm;


    // http://blog.bpsite.net/item/71/Switch_on_String_in_Java.html ↩
        [ http://durl.kr/gst ]
    // Switch on String in Java - by Peter Boughton
    private enum Command
    { help, list, get, put, putv, del, create, nocmd ;
        public static Command fromString(String Str)
        {
            try {return valueOf(Str);}
            catch (Exception ex){return nocmd;}
        }
    };

    public CmCommandProcessor(BundleContext context) {
        this.context = context;

        ServiceReference serviceReference = ↩
            context.getServiceReference(ConfigurationAdmin.class.getName());
        if (serviceReference != null) {
```

```java
            cm = (ConfigurationAdmin) context.getService(serviceReference);
        }
    }

    public void execute(List<String> args) {
        if (args.size() >= 1) {
            String cmd = (String) args.get(0);

            switch (Command.fromString(cmd)) {
            case list:
                runCmdList(args);
                break;
            case get:
                runCmdGet(args);
                break;
            case put:
                runCmdPut(args,false);
                break;
            case putv:
                runCmdPut(args,true);
                break;
            case del:
                runCmdDel(args);
                break;
            case create:
                runCmdCreate(args);
                break;



            default:
                runHelp();
                break;
            }
        }
        else {
            runHelp();
```

〈다음 쪽에 예제 코드 계속〉

```java
            }
        }


        private void runCmdList(List<String> args) {
            try {
                Configuration[] configurations = cm.listConfigurations(null);
                out("Configuration List : PID | bundleLocation");
                printLine();
                if (configurations == null || configurations.length == 0) {
                    out("\t없음");
                } else {
                    for (Configuration c: configurations)
                        out(c.getPid() + "\t" + c.getBundleLocation());
                }
                printLine();
            } catch (Exception e) {
                e.printStackTrace();
            }
        }


        private void runCmdGet(List<String> args) {
            String pid = null;

            if (args.size() >= 2)
                pid = (String) args.get(1);
            else
                pid = "*";   // PID 지정 안 할 경우 모든 것을 찾아서 출력한다.

            // getConfiguration은 없을 경우 생성하는 기능이 있으므로 listConfiguration을
            // 이용하여 가져오도록 한다.
            int cfgCount = 0;
            try {
                Configuration[] cfgs = cm.listConfigurations("(service.pid=" +
                    pid + ")");

                for (Configuration cfg : cfgs) {
                    printConfiguration(cfg);
```

07 Configuration Admin 서비스

```java
                cfgCount++;
            }

        } catch (Exception e) {}

        if (cfgCount == 0)
            err("no configuration for pid '" + pid + ↵
                "' (use 'create' to create one)");
        else
            out("Total " + cfgCount + " Configurations");
    }

    private void printConfiguration(Configuration cfg)
    {
        String format = "%-20s %-40s" + " %s";
        printLine();
        out(String.format(format, "key", "value", "type"));
        out(String.format(format, "------", "------", "------"));

        Dictionary props = cfg.getProperties();
        Enumeration keys = props.keys();
        while (keys.hasMoreElements()) {
            String key = (String) keys.nextElement();
            Object value = props.get(key);
            out(String.format(format, key, value != null? value.toString(): ↵
                "<null>", value != null? value.getClass().getName(): ""));
        }
        printLine();
    }

    private void runCmdCreate(List<String> args) {
        String pid = null;
        if (args.size() >= 2) {
            pid = (String) args.get(1);
            try {
                if (args.size() == 3)
                    cm.getConfiguration(pid, (String) args.get(2));
```

〈다음 쪽에 예제 코드 계속〉

```java
                else
                    cm.getConfiguration(pid);
            } catch (Exception e) {
                e.printStackTrace();
            }
        } else
            err("PID missing");
    }

    private void runCmdDel(List<String> args) {
        String pid = null;
        if (args.size() >= 2) {
            pid = (String) args.get(1);

            try {
                cm.getConfiguration(pid).delete();
            } catch (IOException e) {
                e.printStackTrace();
            }
        } else
            err("PID missing");
    }

    private void runCmdPut(List<String> args,boolean parseValue) {

        if (args.size() >= 3) {
            String pid = (String) args.get(1);
            Object value = null;
            if (parseValue) {
                value = parseValue((String) args.get(3));
            }
            else {
                String stringValue = "";
                // 스트링 앞뒤에 "" 입력을 안한 경우 합쳐서 하나의 문자열로 만든다.
                for (int i = 3; i < args.size(); i++) {
                    if (i > 3)
```

```
                        stringValue += " ";
                    stringValue += (String) args.get(i);
                }
                value = stringValue;
            }
            if (value != null) {
                Configuration config;
                try {
                    config = cm.getConfiguration(pid);
                    Dictionary properties = config.getProperties();
                    if (properties == null)
                        properties = new Hashtable();

                    properties.put(args.get(2), value);
                    config.update(properties);
                } catch (Exception e) {
                    e.printStackTrace();
                }

            }
        }
        else
            err("cm put: missing argument(s), expected <pid> <key> <value>");

    }


    private Object parseValue(String rawValue) {
        Object value;

        try {
            if (rawValue.equalsIgnoreCase("true")) {
                return true;
            }
            else if (rawValue.equalsIgnoreCase("false")) {
                return false;
            }
```

〈다음 쪽에 예제 코드 계속〉

```java
            else if (rawValue.endsWith("l") || rawValue.endsWith("L")) {
                value = Long.parseLong(rawValue.substring(0,
                        rawValue.length() - 1));
            }
            else if (rawValue.endsWith("f") || rawValue.endsWith("F")) {
                value = Float.parseFloat(rawValue.substring(0,
                        rawValue.length() - 1));
            }
            else if (rawValue.endsWith("d") || rawValue.endsWith("D")) {
                value = Double.parseDouble(rawValue.substring(0,
                        rawValue.length() - 1));
            }
            else if (rawValue.endsWith("i") || rawValue.endsWith("I")) {
                value = Integer.parseInt(rawValue.substring(0,
                        rawValue.length() - 1));
            }
            else {
                value = Integer.parseInt(rawValue);
                if (value == null) {
                    err("cannot parse argument \"" + rawValue + "\"");
                }
            }
        } catch (NumberFormatException e) {
            err("invalid argument (\"" + rawValue + "\"), cannot parse");
            return null;
        }
        return value;
    }

    private void runHelp() {
        err("Usage for CM Command:");
        err(" cm help                Show help");
        err(" cm list                Show Configuration List");
        err(" cm get <pid>           Show Configuration for <PID>");
        err(" cm del <pid>           Delete Configuration for <PID>");
```

```
            err(" cm create <pid> [<loc>]  Create Configuration for <PID>
                    ( with optional bundle location )");
            err(" cm put <pid> key value   Set Configuration with Key &
                    Value to <PID>");
            err(" cm putv <pid> key value  Set \"simple\" value to <PID>.
                    Default is integer");
            err("                          true/false, i (Integer), l (Long),
                                    f (Float), d (Double)");
            err("                          Boolean Value : true or false");
            err("                          Integer Value : 43125 or 43125i");
            err("                          Double  Value : 43.123d");
        }

        protected void out(String line) {
            System.out.println(line);
        }

        private void printLine() {
            out("-----------------------------------------------------------------");
        }

        protected void err(String line) {
            System.err.println(line);
        }
    }
```

이 예제는 https://opensource.luminis.net/confluence/display/SITE/OSGi+Configuration+Admin+command+line+client, [http://durl.kr/gss]에 있는 피터 도른보쉬(Peter Doornbosch)의 예제코드를 좀 더 간결하게 구현해 본 것이다.

지금까지 사용한 예제 중 가장 긴 예제이기도 하지만, 이 코드는 실제로 개발 및 디버깅할 때 유용하게 사용할 수 있는 유틸리티 번들이다.

> **NOTE:**
>
> 코드 앞쪽에 있는 Command라는 Enumerator는 문자열(String)로 된 명령어를 switch 문으로 처리할 수 있게 해주는 트릭이다. 자바에서는 문자열을 이용한 switch가 불가능하기 때문에 보통은 if then else를 이용하지만, 아래와 같이 사용하면 쉽게 switch 문으로 바꿔서 사용이 가능하다.
>
> ```
> private enum Command
> { help, list, get, put, putv, del, create, nocmd ;
>     public static Command fromString(String Str)
>     {
>         try {return valueOf(Str);}
>         catch (Exception ex){return nocmd;}
>     }
> };
> ```
>
> Peter Boughton의 글인 "Switch on String in Java"를 참고하자.
>
> http://blog.bpsite.net/item/71/Switch on String in Java.html
> [http://durl.kr/gst]

앞의 소스를 통해 추가한 cm 코맨드에는 다음과 같은 명령 사용이 가능하다.

- cm [help]
    - 도움말을 보여준다. help는 생략가능.
- cm list
    - 전체 등록된 Configuration을 보여준다.
    - listConfigurations() 메서드를 호출하여 가져온 모든 Configuration의 PID와 BundleLocation을 출력한다.
- cm get <pid>
    - 해당 pid의 Configuration에 들어 있는 Properties를 출력한다.
    - 만약 pid를 입력하지 않으면 모든 등록된 Configuration의 Properties를 출력한다.

- getConfiguration() 함수를 사용하면 Configuration이 없으면 자동으로 생성하게 되므로, listConfiguration() 메서드에 (service.pid=<pid>)와 같이 LDAP 형식의 쿼리를 사용하여 원하는 Configuration을 가져와서 출력한다.
- cm del <pid>
  - 해당 pid의 Configuration을 삭제한다.
- cm put <pid> key value
  - 해당 pid에 Key / Value 값을 추가한다.
  - Value는 공백을 포함한 문자열이다.
- cm putv <pid> key value
  - 해당 pid에 String 이외 형식의 Key / Value 값을 추가한다.
  - true/false로 Boolean 값 추가
  - 숫자의 뒤에 I, L, F, D와 같이 붙여서 Integer, Long, Float, Double 지정
- cm create <pid> [<loc>]
  - 해당 pid의 Configuration을 생성한다. BundleLocation을 추가로 지정할 수 있다.
  - 생성하더라도 properties가 null인 상태이기 때문에 바로 list나 get에서 출력되지 않는다. put/putv를 이용해서 하나라도 값을 입력하여야 한다.

Configuration Admin이 제공하는 listConfiguration과 getConfiguration을 활용한 예제이다. 사용 결과는 다음과 같다.

```
osgi> cm
Usage for CM Command:
 cm help                     Show help
 cm list                     Show Configuration List
 cm get <pid>                Show Configuration for <PID>
 cm del <pid>                Delete Configuration for <PID>
 cm create <pid> [<loc>]     Create Configuration for <PID> ↵
   ( with optional bundle location )
 cm put <pid> key value      Set Configuration with Key & Value to <PID>
```

〈다음 쪽에 예제 코드 계속〉

```
cm putv <pid> key value   Set "simple" value to <PID>. Default is integer
                          true/false, i (Integer), l (Long), f (Float), ↪
                              d (Double)
                          Boolean Value : true or false
                          Integer Value : 43125 or 43125i
                          Double  Value : 43.123d
```

```
// 현재는 아무런 Configuration이 없다.
osgi> cm list
Configuration List : PID | bundleLocation
--------------------------------------------------------------------------------
    없음
--------------------------------------------------------------------------------


osgi> cm get mypid
no configuration for pid 'mypid' (use 'create' to create one)

// configuration은 Create 하지 않아도 put을 위해 getConfiguration 할 때 자동으로 생성된다.
osgi> cm put mypid mykey my string value

// "my string value"가 스트링 타입으로 추가되었다.
osgi> cm get mypid
--------------------------------------------------------------------------------
key                     value                           type
------                  ------                          ------
mykey                   my string value                 java.lang.String
service.pid             mypid                           java.lang.String
--------------------------------------------------------------------------------
Total 1 Configurations


// Integer와 Boolean 타입의 Value를 추가한다.
osgi> cm putv mypid mykey_int 12345


osgi> cm putv mypid mykey_bool true
```

```
osgi> cm get mypid
--------------------------------------------------------------------------------
key                    value                       type
------                 ------                      ------
mykey                  my string value             java.lang.String
mykey_bool             true                        java.lang.Boolean
mykey_int              12345                       java.lang.Integer
service.pid            mypid                       java.lang.String
--------------------------------------------------------------------------------
Total 1 Configurations
```

// 위에서 그냥 cm put을 호출하면 Configuration을 생성할 때 아무런 인자도 안 들어간 것이 되므로, 이 configuration은

// 현재의 ConfigurationConsole 번들에 바인드되었다. 즉 ConfigurationConsole에 해당 PID의 Configuration으로 저장된 것이다.

```
osgi> cm list
Configuration List : PID | bundleLocation
--------------------------------------------------------------------------------
mypid     initial@reference:file:D:/workspace/OSGi/chapter07.
ConfigurationConsole/
--------------------------------------------------------------------------------
```

// 다른 번들을 위해서 configuration을 생성하려면 새로운 pid를 만들면서 번들 location을 지정한다.

// 실제로 이런 bundlelocation 값은 없다. 예를 들어 입력해본 것이다.

```
osgi> cm create mynewpid mybundlelocation
```

// 새로 만든 mynewpid는 properties가 null이라서 보이지 않는다.

```
osgi> cm list
Configuration List : PID | bundleLocation
--------------------------------------------------------------------------------
mypid     initial@reference:file:D:/workspace/OSGi/chapter07.
ConfigurationConsole/
--------------------------------------------------------------------------------
```

```
osgi> cm put mynewpid mykey my new string value
```

〈다음 쪽에 예제 코드 계속〉

```
osgi> cm get mynewpid
--------------------------------------------------------------------------------
key                     value                           type
------                  ------                          ------
mykey                   my new string value             java.lang.String
service.pid             mynewpid                        java.lang.String
--------------------------------------------------------------------------------
```

// 이제 새로운 키/값이 들어가서 mynewpid가 보인다. bundlelocation이 다르다는 것을 확인하자.

```
osgi> cm list
Configuration List : PID | bundleLocation
--------------------------------------------------------------------------------
mynewpid    mybundlelocation
mypid       initial@reference:file:D:/workspace/OSGi/chapter07.
ConfigurationConsole/
--------------------------------------------------------------------------------
```

// cm get 호출할 때 pid를 지정하지 않으면 모든 configuration의 Properties를 다 출력한다.

```
osgi> cm get
--------------------------------------------------------------------------------
key                     value                           type
------                  ------                          ------
mykey                   my new string value             java.lang.String
service.pid             mynewpid                        java.lang.String
--------------------------------------------------------------------------------
--------------------------------------------------------------------------------
key                     value                           type
------                  ------                          ------
mykey                   my string value                 java.lang.String
mykey_bool              true                            java.lang.Boolean
mykey_int               12345                           java.lang.Integer
service.pid             mypid                           java.lang.String
--------------------------------------------------------------------------------
Total 2 Configurations

osgi>
```

이렇게 저장된 Configuration 값은 OSGi 프레임워크가 제공하는 각 번들의 사적인 저장 영역(Private Persistent Storage, Configuration Area)에 저장되어, 다시 실행되어도 항상 기억되어 있다(앞으로 각 실행을 하나의 세션이라고 부르자). 혹시 값이 저장되지 않는다면 아래 Run Configuration을 확인하자.

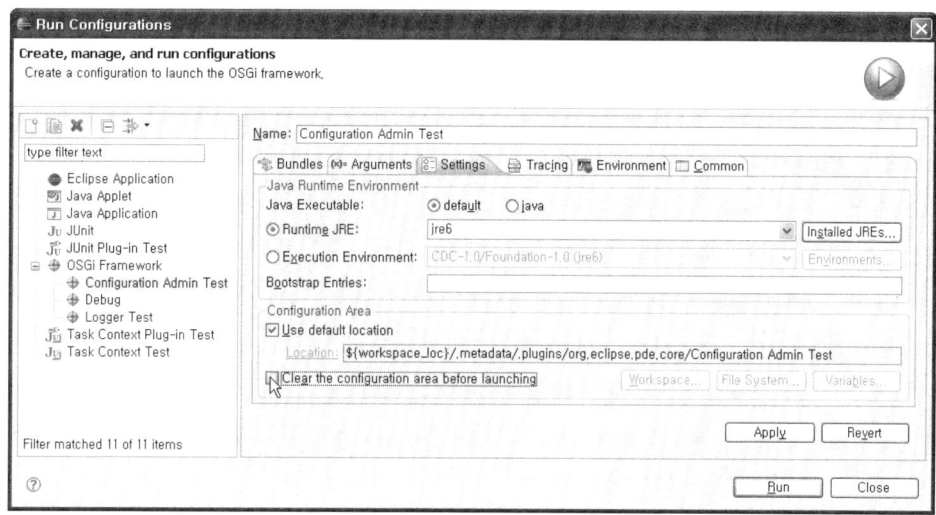

그림 7-3

마우스가 있는 위치의 Clear the configuration area before launching이 켜져 있다면 매번 실행할 때마다 이 영역을 지우므로 저장이 되지 않는다. 매 세션마다 같은 Configuration을 유지하려면 이 옵션을 꺼두도록 하자.

앞의 예제를 통해 실제로 저장한 내용은 다음과 같이 하드에 기록되어 있다.

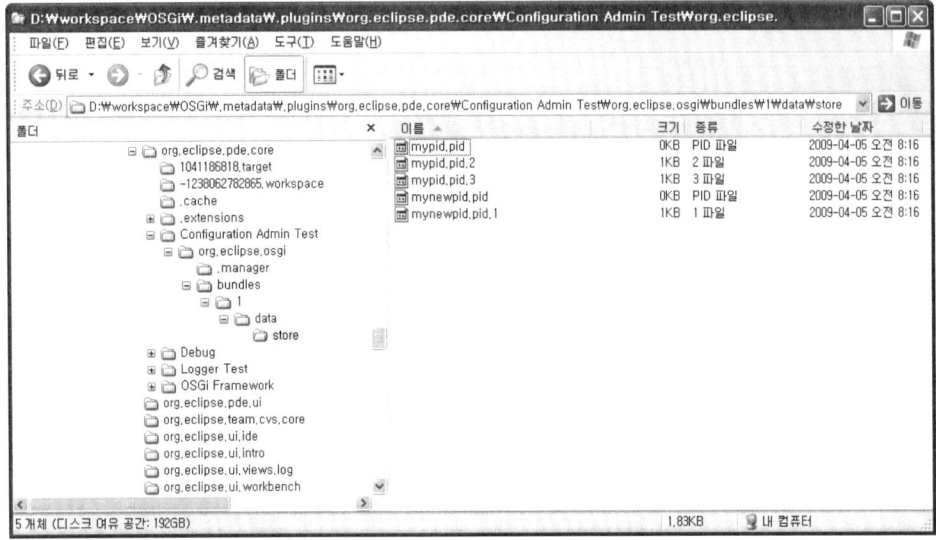

그림 7-4

각 pid별로 파일이 생성되어 관리된다. 앞의 설명에서 create만 수행한 후에는 list 명령으로 보이지 않는다고 했는데, 이때는 아직 해당 파일이 생성되지 않는다. 키/값 쌍이 하나라도 추가가 되어야 파일이 생성되고 기록으로 남게 된다. 즉, 이전 세션에서 cm create <pid> <BundleLocation>만 하고 다음 세션에서 cm put을 해도 앞의 bundlelocation은 적용되지 않는다.

CM Console 번들은 다기능 Configurator로 동작이 가능하므로, 다른 번들의 Configuration을 수정하는 데 사용할 수 있다. 이제 Configurable 번들을 만들어 보자.

3 Configurable 번들 만들기

앞에서 보았듯이 자신이 만들 서비스가 Single Instance로 동작할지, Multiple Instance로 동작할지에 따라 ManagedService와 ManagedServiceFactory 두 가지 중에서 하나를 선택하면 된다.

3.1 Configurable with Managed Service

ManagedService는 아래와 같이 간단하게 정의된 인터페이스로, 이 인터페이스를 구현한 번들은 자신이 Configuration 데이터가 필요하다는 것을 의미한다.

```
public interface ManagedService {
    public void updated(Dictionary properties) throws ConfigurationException;
}
```

Configuration 데이터가 필요한 번들은 이 ManagedService 인터페이스를 구현하고 아래와 같이 서비스 레지스트리에 등록하는 간단한 코드를 추가하면, 동적으로 해당 설정이 바뀔 때마다 이벤트를 받게 된다(실제로는 updated 함수가 호출되는 것이지만, 마치 이벤트를 받는 것과 같다).

```
Dictionary<String, Object> props = new Hashtable<String, Object>();
props.put(Constants.SERVICE_PID, "My_PID");
context.registerService(ManagedService.class.getName(), this, props);
```

updated 메서드는 다음과 같을 때 호출된다.

- 처음에 ManagedService를 등록했을 때
- 해당 PID의 Configuration이 생성/변경되었을 때
- Configuration.delete()를 호출했을 때

만약 ManagedService가 먼저 등록되고, 그 이후에 Configuration Admin이 실행되더라도 Configuration Admin이 시작될 때 updated 메서드를 호출한다.

설정이 사용자 또는 관리자에 의해 변경되는 서비스이거나, 설정에 따라 독립 스레드를 생성하여 실행하는 Daemon 타입의 번들이라면, 이렇게 Configuration Admin을 통해 쉽게 동적으로 설정을 변경 가능하도록 작성할 수 있다.

ManagedService를 사용한 Configurable 번들을 만들기 위해, 6 장에서 만들었던 TimeLogger를 좀 더 확장하여 ConfigurableTimeLogger를 만들어 보자. 기존 프로젝트

를 재활용해도 되지만, 6장에서는 너무 간단하게 만들었으므로, ConfigurableTimeLogger 라는 이름으로 새 프로젝트를 만들어보자. MANIFEST에 먼저 아래와 같은 항목들을 추가한다.

```
Manifest-Version: 1.0
Bundle-ManifestVersion: 2
Bundle-Name: ConfigurableTimeLogger Plug-in
Bundle-SymbolicName: chapter07.ConfigurableTimeLogger
Bundle-Version: 1.0.0
Bundle-Activator: chapter07.configurabletimelogger.Activator
Bundle-ActivationPolicy: lazy
Bundle-RequiredExecutionEnvironment: JavaSE-1.6
Import-Package: org.osgi.framework;version="1.3.0",
 org.osgi.util.tracker,
 org.osgi.service.log,
 org.osgi.service.cm
```

6장에서 이미 사용했던 ServiceTracker와 Log 서비스를 포함하여 Configuration Admin을 사용하기 위해 org.osgi.service.cm 항목을 추가한다.

```
public class Activator implements BundleActivator, ManagedService {
    private ServiceTracker tracker;
    private LogService logger;

    private TimeThread timeThread = null;
    static int timeInterval = 3000;

// TimeLogger를 위한 PID를 지정한다.
    private static final String TIMELOGGER_PID = ⮐
        "chapter07.ConfigurableTimeLogger";

    public void start(BundleContext context) throws Exception {
        tracker = new ServiceTracker(context,
                org.osgi.service.log.LogService.class.getName(),null);
        tracker.open();

        logger = (LogService) tracker.getService();
```

07 Configuration Admin 서비스

```java
        logger.log(LogService.LOG_INFO, "Starting ConfigurableTimeLogger");

        // TimeLogger PID를 속성으로 지정하여 Managed Service 등록
        Dictionary<String, Object> props = new Hashtable<String, Object>();
        props.put(Constants.SERVICE_PID, TIMELOGGER_PID);
        context.registerService(ManagedService.class.getName(), this, props);
    }

    public void stop(BundleContext context) throws Exception {
    }

    public void updated(Dictionary properties) throws ConfigurationException
    {
        logger.log(LogService.LOG_INFO, "Updated with Properties");

        // 기존에 실행 중인 TimeThread를 종료한다. 단순히 속성 값만 변경해도 되지만,
        // 실제로 구현할 때는 서비스 속성에 따라 재시작하는 경우가 많아서 예제에서도 재시작하게
        //    만들었다.
        if (timeThread != null) {
            logger.log(LogService.LOG_INFO, "Terminating Timer Thread");
            try {
                timeThread.interrupt();
                timeThread.join();
            } catch (InterruptedException e) {
                e.printStackTrace();
            }
        }

        // properties가 null이라도 updated가 호출되므로 이를 막아둔다.
        if (properties == null) {
            logger.log(LogService.LOG_ERROR, "Properties is null");
            return;
        }

        // 스레드 동작에 필요한 timeInterval 속성이 포함되어 있는지 확인하여 읽어온다.
        if (properties.get("timeInterval") != null)
            timeInterval = (Integer) properties.get("timeInterval");
```

〈다음 쪽에 예제 코드 계속〉

```
        else {
            logger.log(LogService.LOG_ERROR,
                        "timeInterval is not set. Can't start time thread");
            return;
        }

        // 새로운 스레드를 생성하고 설정한 timeInterval 값을 이용한다.
        timeThread = new TimeThread(logger,timeInterval);

        logger.log(LogService.LOG_INFO, "Starting Timer Thread with ↪
            Interval : " + timeInterval);
        timeThread.start();
    }
}
```

그리고 새로운 TimeThread 클래스 파일을 만들자.

```
public class TimeThread extends Thread {

    private LogService logger;
    int timeInterval;

    public TimeThread(LogService logger,int timeInterval) {
        this.logger = logger;
        this.timeInterval = timeInterval;
    }

    public void run() {
        int count = 0;
        while (true) {
            logger.log(LogService.LOG_INFO, "[" + count++ + "] " +
                                            (new Date()).toString());
            try {
                sleep(timeInterval);
            } catch (InterruptedException e) {
                break;
            }
```

            }
        }
    }

이 예제는 Configuration으로 timeInterval을 입력받아서 그 값만큼 딜레이를 주고 현재 시간을 출력하는 ConfigurableTimeLogger이다. 실행결과를 보자. 결과 내부에 설명을 달아 두었으니 자세히 보기 바란다.

```
// 시작하면서 updated가 한 번 호출되는 것을 볼 수 있다. properties가 null이라 그냥 종료된다.
osgi> [INFO ] [chapter06.ConsoleLogger] BundleEvent STARTED
[INFO ] [chapter07.ConfigurableTimeLogger] Starting
[INFO ] [chapter07.ConfigurableTimeLogger] ServiceEvent REGISTERED
[INFO ] [chapter07.ConfigurableTimeLogger] Updated with Properties
[ERROR] [chapter07.ConfigurableTimeLogger] Properties is null
[INFO ] [chapter07.ConfigurableTimeLogger] BundleEvent STARTED
[INFO ] [chapter07.ConfigurationConsole] ServiceEvent REGISTERED
[INFO ] [chapter07.ConfigurationConsole] BundleEvent STARTED
[INFO ] [org.eclipse.osgi] FrameworkEvent STARTLEVEL CHANGED

// 아직은 아무런 configuration도 없다.
osgi> cm list
Configuration List : PID | bundleLocation
--------------------------------------------------------------------------------
        없음
--------------------------------------------------------------------------------

osgi> ss

Framework is launched.

id    State       Bundle
0     ACTIVE      org.eclipse.osgi_3.4.3.R34x_v20081215-1030
1     ACTIVE      org.eclipse.equinox.cm_1.0.1.R34x_v20090107-1200
2     ACTIVE      chapter07.ConfigurableTimeLogger_1.0.0
3     ACTIVE      chapter06.ConsoleLogger_1.0.0
4     ACTIVE      org.eclipse.osgi.services_3.1.200.v20071203
```

〈다음 쪽에 예제 코드 계속〉

```
5    ACTIVE      chapter07.ConfigurationConsole_1.0.0
6    ACTIVE      org.eclipse.equinox.log_1.1.0.v20080414
```

// BundleLocation을 알기 위해 bundle 명령으로 ConfigurableTimeLogger의 속성을 읽어보자.

```
osgi> bundle 2
initial@reference:file:D:/workspace/OSGi/chapter07.ConfigurableTimeLogger/ [2]
  Id=2, Status=ACTIVE      Data Root=D:\workspace\OSGi\.metadata\.plugins\org.eclipse.pde.core\Configuration Admin Test\org.eclipse.osgi\bundles\2\data
  Registered Services
    {org.osgi.service.cm.ManagedService}={service.pid=chapter07.ConfigurableTimeLogger, service.id=28}
  Services in use:
    {org.osgi.service.log.LogService}={service.description=OSGi Log Service - IBM Implementation, service.pid=org.eclipse.equinox.log.LogServiceImpl, service.vendor=IBM, service.id=25}
  No exported packages
  Imported packages
    org.osgi.framework; version="1.4.0"<System Bundle [0]>
    org.osgi.util.tracker; version="1.3.3"<System Bundle [0]>
    org.osgi.service.log; version="1.3.0"<initial@reference:file:plugins/org.eclipse.osgi.services_3.1.200.v20071203.jar/ [4]>
    org.osgi.service.cm; version="1.2.0"<initial@reference:file:plugins/org.eclipse.osgi.services_3.1.200.v20071203.jar/ [4]>
  No fragment bundles
  Named class space
    chapter07.ConfigurableTimeLogger; bundle-version="1.0.0"[provided]
  No required bundles
```

// ConfigurableTimeLogger의 BundleLocation은 "initial@reference:file:D:/workspace/OSGi/chapter07.ConfigurableTimeLogger/"이다.

// 소스에서 지정한 PID인 "chapter07.ConfigurableTimeLogger"와 함께 Configuration을 생성한다.

```
osgi> cm create "chapter07.ConfigurableTimeLogger" "initial@reference:file:D:/workspace/OSGi/chapter07.ConfigurableTimeLogger/"
```

// 이제 timeInterval 값을 지정하자.

```
osgi> cm putv "chapter07.ConfigurableTimeLogger" timeInterval 5000
```

// Configuration이 수정되자 바로 updated가 호출되면서 5000 이란 Integer 값이 전달되었다.

```
[INFO ] [chapter07.ConfigurableTimeLogger] Updated with Properties
```

07 Configuration Admin 서비스

```
[INFO ] [chapter07.ConfigurableTimeLogger] Starting Timer Thread with Interval
: 5000
[INFO ] [chapter07.ConfigurableTimeLogger] [0] Sun Apr 05 10:47:41 KST 2009
[INFO ] [chapter07.ConfigurableTimeLogger] [1] Sun Apr 05 10:47:46 KST 2009
[INFO ] [chapter07.ConfigurableTimeLogger] [2] Sun Apr 05 10:47:51 KST 2009
[INFO ] [chapter07.ConfigurableTimeLogger] [3] Sun Apr 05 10:47:56 KST 2009
[INFO ] [chapter07.ConfigurableTimeLogger] [4] Sun Apr 05 10:48:01 KST 2009

// 한 번 더 3000으로 변경해본다. 기존 스레드를 중단하고 새로운 스레드가 시작된다.
osgi> cm putv "chapter07.ConfigurableTimeLogger" timeInterval 3000

[INFO ] [chapter07.ConfigurableTimeLogger] Updated with Properties
[INFO ] [chapter07.ConfigurableTimeLogger] Terminating Timer Thread
[INFO ] [chapter07.ConfigurableTimeLogger] Starting Timer Thread with Interval
: 3000
[INFO ] [chapter07.ConfigurableTimeLogger] [0] Sun Apr 05 10:48:04 KST 2009
[INFO ] [chapter07.ConfigurableTimeLogger] [1] Sun Apr 05 10:48:07 KST 2009
[INFO ] [chapter07.ConfigurableTimeLogger] [2] Sun Apr 05 10:48:10 KST 2009
[INFO ] [chapter07.ConfigurableTimeLogger] [3] Sun Apr 05 10:48:13 KST 2009

// Configuration이 제대로 생성되었는지 확인한다.
osgi> cm list
Configuration List : PID | bundleLocation
--------------------------------------------------------------------------------
chapter07.ConfigurableTimeLogger    initial@reference:file:D:/workspace/OSGi/
chapter07.ConfigurableTimeLogger/
--------------------------------------------------------------------------------

osgi> cm get "chapter07.ConfigurableTimeLogger"

--------------------------------------------------------------------------------
key                 value                              type
------              ------                             ------
service.pid         chapter07.ConfigurableTimeLogger   java.lang.String
timeInterval        3000                               java.lang.Integer
--------------------------------------------------------------------------------

Total 1 Configurations
```

〈다음 쪽에 예제 코드 계속〉

```
// Configuration을 지운다.
osgi> cm del chapter07.ConfigurableTimeLogger
[INFO ] [chapter07.ConfigurableTimeLogger] Updated with Properties
[INFO ] [chapter07.ConfigurableTimeLogger] Terminating Timer Thread
[ERROR] [chapter07.ConfigurableTimeLogger] Properties is null

osgi> cm list
Configuration List : PID | bundleLocation
--------------------------------------------------------------------------------
    없음
--------------------------------------------------------------------------------

osgi>
```

간단한 예제이지만, 앞에서 만든 ConfigurationConsole과 같이 사용하면 Configuration Admin의 동적인 설정 변경 알림 기능을 확인할 수 있다.

> **TIP:**
>
> 위의 예제소스는 여러분이 내부구조를 이해하도록 하기 위해 조금 불편하게 코딩한 부분이 있다.
>
> 다른 번들의 Configuration을 만들기 위해서는 그 번들의 BundleLocation을 입력해야 한다.
>
> ```
> osgi> cm create "chapter07.ConfigurableTimeLogger"
> "initial@reference:file:D:/workspace/OSGi/chapter07.
> ConfigurableTimeLogger/"
> ```
>
> 예제로 입력한 내용에서 볼 수 있듯이, cm create를 호출할 때 필요한 bundleLocation을 알아내기 위해 bundle ⟨bundleID⟩를 호출해서 번들의 정보를 읽어내어 BundleLocation 문자열을 복사해야 했지만, 번들컨텍스트를 활용한다면 이 복사 & 붙여넣기 동작을 줄일 수 있다.
>
> ConfigurationConsole의 runCmdCreate를 다음과 같이 수정하자.

```java
private void runCmdCreate(List<String> args) {
    String pid = null;
    if (args.size() >= 2) {
        pid = (String) args.get(1);

        try {
            if (args.size() == 3) {
                cm.getConfiguration(pid,
                    getBundleLocation((String) args.get(2)));
            } else
                cm.getConfiguration(pid);
        } catch (Exception e) {
            e.printStackTrace();
        }
    } else
        err("PID missing");
}


// 인자로 받은 BundleLocation 값이 Long 값인지를 판별하여
// 숫자로된 BundleID라면 그 ID에 해당하는 번들의 bundleLocation을 읽어서
   리턴한다.
private String getBundleLocation(String arg){
    Long bundleId = -1L;
    try {
        bundleId = Long.parseLong(arg);
    } catch (Exception e) {
    }
```

〈다음 쪽에 팁 계속〉

```
            if (bundleId != -1L) {
                for (Bundle bd : context.getBundles()) {
                    if (bd.getBundleId() == bundleId)
                        return bd.getLocation();
                }
            }
            return arg;
        }
```

이렇게 하면 ss 명령으로 해당 번들의 ID만 알아낸 후

cm create <PID> <bundle ID>

와 같이 번들의 ID를 입력만 하는 것으로 쉽게 해당 번들에 대한 Configuration을 생성할 수 있다.

osgi> ss

Framework is launched.

id	State	Bundle
0	ACTIVE	org.eclipse.osgi_3.4.3.R34x_v20081215-1030
1	ACTIVE	org.eclipse.equinox.cm_1.0.1.R34x_v20090107-1200
2	ACTIVE	chapter07.ConfigurableTimeLogger_1.0.0
3	ACTIVE	chapter06.ConsoleLogger_1.0.0
4	ACTIVE	org.eclipse.osgi.services_3.1.200.v20071203
5	ACTIVE	chapter07.ConfigurationConsole_1.0.0
6	ACTIVE	org.eclipse.equinox.log_1.1.0.v20080414

osgi> cm create "chapter07.ConfigurableTimeLogger" 2

07 Configuration Admin 서비스

```
osgi> cm put "chapter07.ConfigurableTimeLogger" key value


osgi> cm list

Configuration List : PID | bundleLocation
------------------------------------------------------------------
chapter07.ConfigurableTimeLogger    initial@reference:file:D:/
workspace/OSGi/chapter07.ConfigurableTimeLogger/
------------------------------------------------------------------


osgi> cm get "chapter07.ConfigurableTimeLogger"
------------------------------------------------------------------
key                   value                              type
------                ------                             ------
key                   value
java.lang.String
service.pid           chapter07.ConfigurableTimeLogger
java.lang.String
------------------------------------------------------------------

Total 1 Configurations


osgi>
```

액티베이터에서 넘겨받은 번들컨텍스트는 OSGi에 있는 모든 번들의 정보를 읽어올 수 있으므로, 다양하게 활용될 수 있다.

3.2 Configurable with Managed Service Factory

ManagedServiceFactory는 여러 개의 인스턴스에 대해 Configuration이 따로 필요할 경우 구현하는 인터페이스이다.

```
public interface ManagedServiceFactory {
    public String getName(); //이 Factory의 이름
    public void updated(String pid, Dictionary properties) throws ConfigurationException;
    public void deleted(String pid);
}
```

ManagedService와 다르게 updated가 호출될 때, 해당되는 pid를 인자로 받는다. 그리고 특정 PID의 Configuration이 지워지면 deleted 메서드가 호출된다. 서비스에 등록하는 방법은 ManagedService와 동일하다.

```
Dictionary<String, Object> props = new Hashtable<String, Object>();
props.put(Constants.SERVICE_PID, "My_Factory_PID");
context.registerService(ManagedService.class.getName(), this, props);
```

하지만 위의 설정에서 보듯이 SERVICE_PID에 지정하는 문자열은 Factory PID이다. 즉, 해당 ManagedServiceFactory 인터페이스에서 처리할 모든 PID를 대표하는 Factory의 ID를 지정하는 것이다. 이 장의 처음에서 보았듯이, Configuration 객체는 PID와 FactoryPID 두 개의 값을 가지고 있다. ManagedService에서는 PID 값만 사용하지만, ManagedServiceFactory에서는 여러 개의 PID를 대표하는 FactoryPID 값을 같이 사용한다.

ManagedServiceFactory는 다음과 같은 순서로 동작한다.

1. createFactoryConfiguration(factoryPid) 또는 createFactoryConfiguration(factoryPid,bundleLocation) 함수를 호출하여 해당 FactoryPID에 맞는 Configuration을 생성한다.

    - 생성된 Configuration의 PID에는
      factoryPid + "-" + new Date().getTime() + "-" + createdPidCount
      형태의 자동으로 생성된 PID 값이 지정된다.

2. Configuration 객체는 ManagedService에서 생성된 것과 똑같이 관리된다.

3. 변경/삭제 시 지정된 FactoryPID와 똑같은 값을 등록한 ManagedServiceFactory 구현객체를 찾아서 updated 또는 deleted 메서드를 호출한다.

앞에서 만들었던 ConfigurableTimeLogger 프로젝트를 복사해서 ConfigurableTimeLoggerFactory 프로젝트를 생성하자. 이클립스의 Package Explorer 창 에서 ConfigurableTimeLogger 프로젝트를 선택하고 Ctrl-C, Ctrl-V를 누르면 다음과 같은 창이 나타난다.

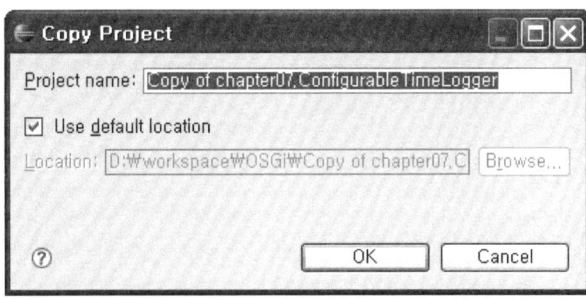

그림 7-5

위의 프로젝트 명을 ConfigurableTimeLoggerFactory로 변경하자.

Manifest 내용을 프로젝트에 맞게 고쳐준다.

```
Manifest-Version: 1.0
Bundle-ManifestVersion: 2
Bundle-Name: ConfigurableTimeLoggerFactory Plug-in
Bundle-SymbolicName: chapter07.ConfigurableTimeLoggerFactory
Bundle-Version: 1.0.0
Bundle-Activator: chapter07.configurabletimeloggerfactory.Activator
Bundle-ActivationPolicy: lazy
Bundle-RequiredExecutionEnvironment: JavaSE-1.6
Import-Package: org.osgi.framework;version="1.3.0",
 org.osgi.util.tracker,
 org.osgi.service.log,
 org.osgi.service.cm
```

Activator의 Package도 알맞게 변경하고 아래와 같이 소스를 수정하자.

```
package chapter07.configurabletimeloggerfactory;

// import 부분 생략

public class Activator implements BundleActivator, ManagedServiceFactory {
    private ServiceTracker tracker;
    private LogService logger;

    // 이제 여러 개의 스레드를 생성해야 하므로 Map으로 관리한다.
    private Map<String,TimeThread> timeThreads =
        new HashMap<String,TimeThread>();

    static int timeInterval = 3000;

    // 로그를 깨끗하게 보기 위해 간단한 PID로 변경하였다.
    private static final String TIMELOGGER_PID = "MyFactory";

    public void start(BundleContext context) throws Exception {
        tracker = new ServiceTracker(context,
                    org.osgi.service.log.LogService.class.getName(),null);
        tracker.open();

        logger = (LogService) tracker.getService();
        logger.log(LogService.LOG_INFO, "Starting");

        // Managed Service 등록
        Dictionary<String, Object> props = new Hashtable<String, Object>();
        props.put(Constants.SERVICE_PID, TIMELOGGER_PID);
        context.registerService(ManagedServiceFactory.class.getName(),
                        this, props);
    }

    public void stop(BundleContext context) throws Exception {
    }
```

07 Configuration Admin 서비스

```java
    public String getName() {
        return "My Configurable Time Logger Factory";
    }

    public void updated(String pid, Dictionary properties) ↵
        throws ConfigurationException {
        logger.log(LogService.LOG_INFO, "Updated for PID : " + pid);

        if (properties == null) {
            logger.log(LogService.LOG_ERROR, "Properties is null");
            return;
        }

        if (properties.get("timeInterval") != null)
            timeInterval = (Integer) properties.get("timeInterval");
        else {
            logger.log(LogService.LOG_ERROR, "timeInterval is not set. ↵
                Can't update time thread");
            return;
        }

// 기존에 생성한 스레드가 있으면 맵에서 스레드 객체를 가져온다.
        TimeThread t = timeThreads.get(pid);

        if (t == null) {
            // 기존에 생성된 스레드가 없다면 새로운 스레드를 생성하고 시작한다.
            t = new TimeThread(logger,pid,timeInterval);
            logger.log(LogService.LOG_INFO, "Starting Timer Thread ["
                    + pid + "] with Interval : " + timeInterval);
            t.start();

            // Map에 해당 PID의 Thread로 추가한다.
            timeThreads.put(pid,t);
        } else {
            // 기존에 생성된 스레드라면 interval 값을 업데이트한다.
            logger.log(LogService.LOG_INFO, "Updating Timer Thread ["
                    + pid + "] with Interval : " + timeInterval);
```

〈다음 쪽에 예제 코드 계속〉

```
                t.setTimeInterval(timeInterval);
        }
    }

    public void deleted(String pid) {
        logger.log(LogService.LOG_INFO, "Deleted for PID : " + pid);
        // 해당 PID의 스레드를 가져온다.
        TimeThread t = timeThreads.remove(pid);

        if (t != null) {
            logger.log(LogService.LOG_INFO, "Terminating Timer Thread for PID
                : " + pid);
            try {
                t.interrupt();
                t.join();
            } catch (InterruptedException e) {
                e.printStackTrace();
            }
        }

    }
}
```

TimeThread 클래스도 로그 확인을 위해 다음과 같이 수정하자.

```
public class TimeThread extends Thread {

    private LogService logger;
    private int timeInterval;
    private String pid;

    public TimeThread(LogService logger, String pid, int timeInterval) {
        this.logger = logger;
        this.pid = pid;
        this.timeInterval = timeInterval;
    }
```

```java
    public void setTimeInterval(int timeInterval) {
        this.timeInterval = timeInterval;
    }

    public void run() {
        int count = 0;
        while (true) {
            // PID 값도 같이 출력한다.
            logger.log(LogService.LOG_INFO, "[" + count++ +
                "] [" + pid + "] " + (new Date()).toString());
            try {
                sleep(timeInterval);
            } catch (InterruptedException e) {
                break;
            }
        }
    }
}
```

이제 실행해봐야 하지만, 아직 FactoryConfiguration을 생성하는 기능이 없다. ConfigurationConsole에도 Factory 객체를 생성할 수 있는 기능을 추가해야 한다.

Command enum에 createf라는 새로운 명령을 추가하자.

```java
private enum Command
{ help, list, get, put, putv, del, create, createf,  nocmd ;
    public static Command fromString(String Str)
    {
        try {return valueOf(Str);}
        catch (Exception ex){return nocmd;}
    }
};
```

execute 함수의 switch 문에 createf를 호출하는 부분을 추가하자.

```java
public void execute(List<String> args) {
    if (args.size() >= 1) {
```

〈다음 쪽에 예제 코드 계속〉

```
            String cmd = (String) args.get(0);

            switch (Command.fromString(cmd)) {
            case list:
                runCmdList(args);
                break;
            case get:
                runCmdGet(args);
                break;
            case put:
                runCmdPut(args,false);
                break;
            case putv:
                runCmdPut(args,true);
                break;
            case del:
                runCmdDel(args);
                break;
            case create:
                runCmdCreate(args, false);
                break;
            case createf:
                runCmdCreate(args, true);
                break;

            default:
                runHelp();
                break;
            }
        }
        else {
            runHelp();
        }
    }
```

기존의 runCmdCreate에 isFactory 인자를 추가하여 FactoryConfiguration도 생성이 가능하도록 변경할 것이다.

```java
private void runCmdCreate(List<String> args, boolean isFactory) {
    String pid = null;
    if (args.size() >= 2) {
        pid = (String) args.get(1);

        try {
            Configuration config;
            if (isFactory) {
                if (args.size() == 3)
                    config = cm.createFactoryConfiguration(pid,
                        getBundleLocation((String) args.get(2)));
                else
                    config = cm.createFactoryConfiguration(pid);

                out("FactoryConfiguration created with PID : " +
                    config.getPid());
            } else {
                if (args.size() == 3)
                    cm.getConfiguration(pid,
                        getBundleLocation((String) args.get(2)));
                else
                    cm.getConfiguration(pid);
            }

        } catch (Exception e) {
            e.printStackTrace();
        }
    } else
        err("PID missing");
}
```

변경된 runCmdCreate 메서드에서는 isFactory 인자에 따라 일반 Configuration과 FactoryConfiguration을 구별하여 생성하도록 하였다.

다만 주의해야 하는 것은 FactoryConfiguration의 경우는 꼭 Configuration.getPid()를 호출해서 자동으로 생성된 PID 값을 출력하도록 해야 한다.

실행결과는 다음과 같다.

```
osgi> [INFO ] [chapter06.ConsoleLogger] BundleEvent STARTED
[INFO ] [chapter07.ConfigurableTimeLoggerFactory] Starting
[INFO ] [chapter07.ConfigurableTimeLoggerFactory] ServiceEvent REGISTERED
[INFO ] [chapter07.ConfigurableTimeLoggerFactory] BundleEvent STARTED
[INFO ] [chapter07.ConfigurationConsole] ServiceEvent REGISTERED
[INFO ] [chapter07.ConfigurationConsole] BundleEvent STARTED
[INFO ] [org.eclipse.osgi] FrameworkEvent STARTLEVEL CHANGED

osgi> ss

Framework is launched.

id    State      Bundle
0     ACTIVE     org.eclipse.osgi_3.4.3.R34x_v20081215-1030
1     ACTIVE     org.eclipse.equinox.cm_1.0.1.R34x_v20090107-1200
2     ACTIVE     chapter07.ConfigurableTimeLoggerFactory_1.0.0
3     ACTIVE     chapter06.ConsoleLogger_1.0.0
4     ACTIVE     org.eclipse.osgi.services_3.1.200.v20071203
5     ACTIVE     chapter07.ConfigurationConsole_1.0.0
6     ACTIVE     org.eclipse.equinox.log_1.1.0.v20080414

// MyFactory라는 FactoryPID로 2번 ID 인 ConfigurableTimeLoggerFactory 번들에
FactoryConfiguration을 생성한다.
osgi> cm createf MyFactory 2
FactoryConfiguration created with PID : MyFactory-1238912318789-0
// 또 다른 FactoryConfiguration을 생성한다. 맨 뒤의 createdPidCount 값이 1로 바뀌었다.
osgi> cm createf MyFactory 2
FactoryConfiguration created with PID : MyFactory-1238912327508-1

// 첫 번째 FactoryConfiguration에 timeInterval 값을 지정한다.
osgi> cm putv MyFactory-1238912318789-0 timeInterval 10000
```

07 Configuration Admin 서비스

```
osgi> [INFO ] [chapter07.ConfigurableTimeLoggerFactory] Updated for PID :
MyFactory-1238912318789-0
```

[INFO] [chapter07.ConfigurableTimeLoggerFactory] service.factoryPid = MyFactory

[INFO] [chapter07.ConfigurableTimeLoggerFactory] service.pid = MyFactory-1238912318789-0

[INFO] [chapter07.ConfigurableTimeLoggerFactory] timeInterval = 10000

[INFO] [chapter07.ConfigurableTimeLoggerFactory] Starting Timer Thread [MyFactory-1238912318789-0] with Interval : 10000

[INFO] [chapter07.ConfigurableTimeLoggerFactory] [0] [MyFactory-1238912318789-0] Sun Apr 05 15:19:24 KST 2009

[INFO] [chapter07.ConfigurableTimeLoggerFactory] [1] [MyFactory-1238912318789-0] Sun Apr 05 15:19:34 KST 2009

// 두 번째 FactoryConfiguration에 timeInterval 값을 지정한다.
```
osgi> cm putv MyFactory-1238912327508-1 timeInterval 20000
```

[INFO] [chapter07.ConfigurableTimeLoggerFactory] Updated for PID : MyFactory-1238912327508-1

[INFO] [chapter07.ConfigurableTimeLoggerFactory] service.factoryPid = MyFactory

[INFO] [chapter07.ConfigurableTimeLoggerFactory] service.pid = MyFactory-1238912327508-1

[INFO] [chapter07.ConfigurableTimeLoggerFactory] timeInterval = 20000

[INFO] [chapter07.ConfigurableTimeLoggerFactory] Starting Timer Thread [MyFactory-1238912327508-1] with Interval : 20000

[INFO] [chapter07.ConfigurableTimeLoggerFactory] [0] [MyFactory-1238912327508-1] Sun Apr 05 15:19:43 KST 2009

[INFO] [chapter07.ConfigurableTimeLoggerFactory] [2] [MyFactory-1238912318789-0] Sun Apr 05 15:19:44 KST 2009   <== 기존 0번 Configuration도 아직 실행되고 있다.

// 두 번째 Configuration의 timeInterval 값을 30000으로 변경한다.
```
osgi> cm putv MyFactory-1238912327508-1 timeInterval 30000
```

```
osgi> [INFO ] [chapter07.ConfigurableTimeLoggerFactory] Updated for PID :
MyFactory-1238912327508-1
```

[INFO] [chapter07.ConfigurableTimeLoggerFactory] service.factoryPid = MyFactory

[INFO] [chapter07.ConfigurableTimeLoggerFactory] service.pid = MyFactory-1238912327508-1

[INFO] [chapter07.ConfigurableTimeLoggerFactory] timeInterval = 30000

〈다음 쪽에 예제 코드 계속〉

```
[INFO ] [chapter07.ConfigurableTimeLoggerFactory] Updating Timer Thread
[MyFactory-1238912327508-1] with Interval : 200000

[INFO ] [chapter07.ConfigurableTimeLoggerFactory] [3] [MyFactory-1238912318789-0]
Sun Apr 05 15:19:54 KST 2009

[INFO ] [chapter07.ConfigurableTimeLoggerFactory] [1] [MyFactory-1238912327508-1]
Sun Apr 05 15:20:03 KST 2009

[INFO ] [chapter07.ConfigurableTimeLoggerFactory] [4] [MyFactory-
1238912318789-0] Sun Apr 05 15:20:04 KST 2009

[INFO ] [chapter07.ConfigurableTimeLoggerFactory] [5] [MyFactory-1238912318789-0]
Sun Apr 05 15:20:14 KST 2009

[INFO ] [chapter07.ConfigurableTimeLoggerFactory] [6] [MyFactory-
1238912318789-0] Sun Apr 05 15:20:24 KST 2009

[INFO ] [chapter07.ConfigurableTimeLoggerFactory] [2] [MyFactory-1238912327508-1]
Sun Apr 05 15:20:33 KST 2009

[INFO ] [chapter07.ConfigurableTimeLoggerFactory] [7] [MyFactory-
1238912318789-0] Sun Apr 05 15:20:34 KST 2009

[INFO ] [chapter07.ConfigurableTimeLoggerFactory] [8] [MyFactory-
1238912318789-0] Sun Apr 05 15:20:44 KST 2009

[INFO ] [chapter07.ConfigurableTimeLoggerFactory] [9] [MyFactory-
1238912318789-0] Sun Apr 05 15:20:54 KST 2009


osgi> cm del MyFactory-1238912327508-1


[INFO ] [chapter07.ConfigurableTimeLoggerFactory] Deleted for PID : MyFactory-
1238912327508-1

[INFO ] [chapter07.ConfigurableTimeLoggerFactory] Terminating Timer Thread
for PID : MyFactory-1238912327508-1


osgi> cm list

Configuration List : PID | bundleLocation
----------------------------------------------------------------------------
MyFactory-1238912318789-0    initial@reference:file:D:/workspace/OSGi/
chapter07.ConfigurableTimeLoggerFactory/
----------------------------------------------------------------------------
```

Configuration Admin은 동적으로 변경되는 설정에 따라 번들의 실행옵션을 바꿔줄 수 있는 OSGi 기본 서비스이다. 사용이 아주 쉬운 서비스인데도 OSGi 기본 매뉴얼에서조차 설명이 너무 어렵게 되어 있어 개발자들이 잘 쓰지 않는 경향이 있다. 이 장에서 소개한 Configuration 콘솔을 이용한다면 아주 쉽게 사용이 가능하므로, 개발 초기부터 번들의 각종설정을 Configuration Admin을 이용하여 저장한다면 차후에 동적인 변경이 필요할 때도 쉽게 대응할 수 있을 것이다.

08

Preferences 서비스

애플리케이션을 개발하다 보면 자신이 사용하는 데이터를 저장해야 할 경우가 있다. 7장에서 살펴본 Configuration Admin은 각 번들이 자신의 설정을 저장하고 이 설정을 외부에서 변경이 가능하게 한 다음, 이 설정의 변경에 따라 동적으로 대응하는 것에 중점을 둔 서비스이다. 하지만, 이런 것과는 달리 애플리케이션 내부에서만 사용하는 데이터를 간단히 저장하거나, 각각의 사용자별로 다른 설정 값을 저장해야 하는 경우에 사용할 수 있는 것이 Preferences 서비스이다.

일반적으로 이런 애플리케이션 내부 데이터들의 경우는, 자체적인 저장방식을 개발하거나 내부/외부 데이터베이스 같은 것을 이용해서 저장하는 방식을 이용한다. 7장에서 얘기했던 java.util.Properties도 사용할 수 있지만, 간단한 텍스트 파일에서 데이터를 읽어오기 위해서 사용하는 방식이므로, 복잡한 기능은 지원하지 못한다. 외부 데이터베이스나 내장 데이터베이스를 사용하게 된다면 요구하는 기능에 비해 구현할 내용이 많아진다. OSGi의 Preferences 서비스는 트리구조의 데이터를 지원하므로 다양한 용도로 애플리케이션의 데이터를 저장하는 데 사용할 수 있다.

1 Persistent Area에 저장하기

OSGi는 각 번들이 자신의 데이터를 저장할 수 있는 영구 저장 영역을 제공한다. Configuration Area 또는 Persistent Area라고 부르는데, 이클립스에서 개발 중이라면 아래 폴더가 이 영역을 의미한다.

```
${workspace_loc}/.metadata/.plugins/org.eclipse.pde.core/<Run Configuration 이름>
```

2장과 7장에서, 'Run Configuration' 항목에서 아래와 같이 Configuration Area를 지우는 옵션을 켜고 끄는 것을 설명했다. 이 영역은 OSGi가 자신의 번들정보 및 각 번들의 데이터를 포함하는 영역이다. 이 영역에 저장된 데이터를 삭제하지 않는다면, 다음에 실행할 때도 OSGi와 각 번들은 똑같은 환경을 보장받을 수 있다. 개발할 때는 테스트를 위해 종종 지워야 하겠지만, 실제 환경에서 실행할 때는 지우지 않는다.

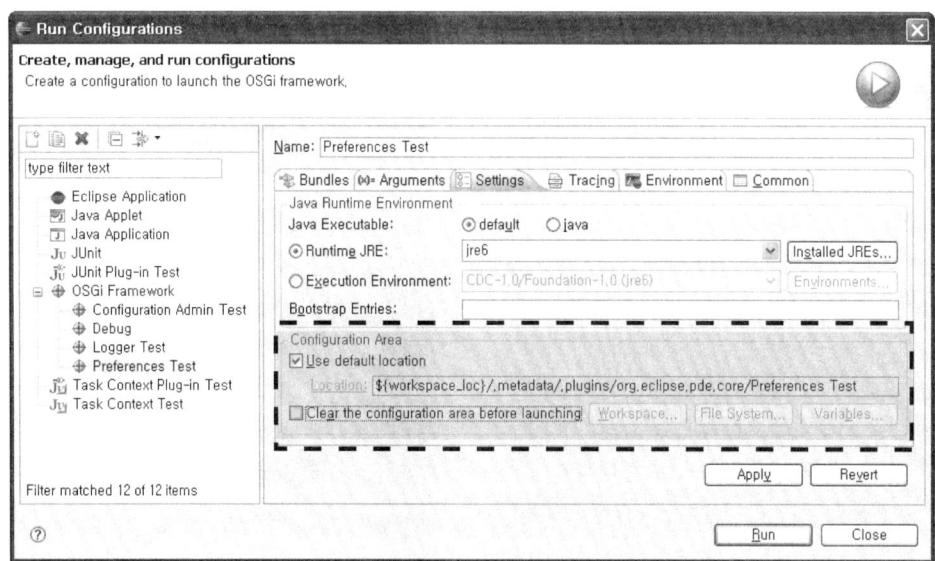

그림 8-1

이클립스 내부가 아닌 콘솔모드에서 OSGi를 실행한다면 아래 폴더가 기본 Configuration Area 영역으로 사용된다.

```
실행폴더\configuration\org.eclipse.osgi
```

이 위치는 JVM을 실행할 때 '-Dosgi.configuration.area' 또는 '-configuration'과 같은 인자를 전달하여 변경이 가능하다.

그럼 해당 폴더는 번들이 어떻게 알아낼 수 있을까? 실제로는 폴더 위치를 바로 알려주지는 않는다. 액티베이터에서 전달받은 번들컨텍스트의 getDataFile() 메서드가 이 역할을 수행한다.

```
public java.io.File getDataFile(java.lang.String filename)
```

이 함수는 전달받은 파일이름을 가지고 위의 영구 저장 영역에 파일을 생성한 후 그 File 객체를 리턴한다.

- 만약 사용 중인 OSGi 프레임워크가 저장영역을 제공하지 않는다면 Null을 리턴한다.
- 파일이름을 빈 문자열로 지정하면 현재 번들이 저장할 수 있는 폴더에 대한 File 객체를 리턴한다. 이를 통해 해당 폴더에 대한 정보도 얻어낼 수 있다.

간단히 저장 함수를 만들어보면 다음과 같다.

```
public void start(BundleContext context) throws Exception {
    File f = context.getDataFile("my.properties");
    FileOutputStream fos = new FileOutputStream(f);
    Properties props = new Properties();
    props.store(fos,"my comment");
}
```

이렇게 호출하면 아래와 같이 저장 영역에 파일이 생성된다.

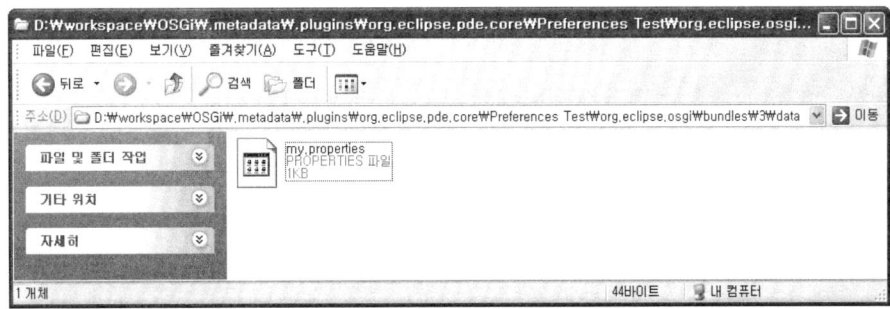

그림 8-2

이렇게 저장된 파일은 간단한 코드로 매번 실행할 때마다 읽을 수 있다.

```
Properties props = new Properties();
props.load(new FileInputStream(context.getDataFile("my.properties")));
```

실제로 이 getDataFile 함수는 번들 내에서 바이너리 데이터를 저장해야 될 필요가 있을 경우 종종 사용된다. 각종 XML, 이미지, 캐시데이터 같이 번들 실행에 필요한 저장소로 사용할 수 있다.

Preferences 서비스는 이 Properties의 몇 가지 단점을 보완하여 OSGi 서비스화한 것이라고 볼 수 있다.

2 Preferences 서비스

Preferences 서비스는 3개의 메서드만을 가지는 매우 간단한 형태의 서비스이다.

```
public interface PreferencesService {
    public Preferences getSystemPreferences();  // 번들의 System Preferences
    public Preferences getUserPreferences(String name); // 각 유저의 Preferences
    public String[] getUsers();  // 값이 저장된 유저들의 배열
}
```

메서드에서 보듯이 각 번들에게 SystemPreference와 UserPreference로 구분하여 각 Preferences들은 Tree 구조의 데이터 형태를 제공한다. 다시 말해서, 각 Preferences들은 일반적인 Tree 구조에서 보는 한 개의 노드(Node)와 같다. getUserPreferences()에 인자를 빈 문자열로 주면 User의 루트 노드를 가져온다.

만약 여러분이 만드는 게임 서버 번들이 Preferences를 사용한다고 가정해보면 오른쪽 그림 8-3과 같은 형태의 구성이 가능하다.

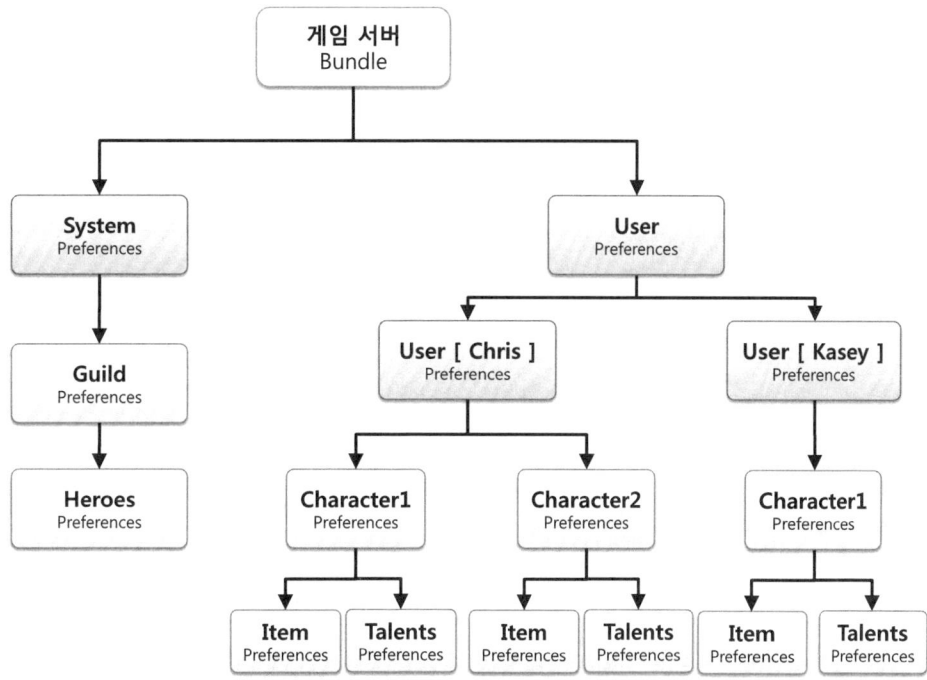

그림 8-3

System과 User는 각각의 Root Preferences로 동작하며, 각 Preferences는 하위 노드의 Preferences를 가질 수 있다. Preferences는 다음과 같은 인터페이스로 구성되어 있다.

```
public interface Preferences {
    public void put(String key, String value);
    public void putInt(String key, int value);
    public void putLong(String key, long value);
    public void putBoolean(String key, boolean value);
    public void putFloat(String key, float value);
    public void putDouble(String key, double value);
    public void putByteArray(String key, byte[] value);

    public String get(String key, String default);
    public int getInt(String key, int default);
    public long getLong(String key, long default);
    public boolean getBoolean(String key, boolean default);
    public float getFloat(String key, float default);
```

〈다음 쪽에 예제 코드 계속〉

```
    public double getDouble(String key, double default);
    public byte[] getByteArray(String key, byte[] default);

    public void remove(String key);
    public void clear() throws BackingStoreException;
    public String[] keys() throws BackingStoreException;

    public String name();
    public String absolutePath();

    public Preferences node(String pathName);
    public String[] childrenNames() throws BackingStoreException;
    public Preferences parent();
    public boolean nodeExists(String pathName) throws BackingStoreException;
    public void removeNode() throws BackingStoreException;

    public void flush() throws BackingStoreException;
    public void sync() throws BackingStoreException;
}
```

- put과 get은 String, Integer, Long, Boolean, Float, Double, ByteArray을 지원하도록 분리되어 있다. Properties가 문자열 값만을 지원하는 데 반해 조금 편리하게 되어 있으나, 실제로 이 데이터 형을 저장하는 게 아니라 put할 때는 Integer.toString()을 호출하여 스트링 형태로 저장하고, get할 때 Integer.parseInt()를 호출하여 다시 Integer 값으로 변경하는 형태로 되어 있다. ByteArray의 경우는 Base64.Encode()와 Decode() 함수를 사용한다.
- get할 때는 모두 default 값을 지정할 수 있어서, 혹시 해당 키 값이 없을 때 이 기본값을 리턴하도록 할 수 있다.
- remove(key)는 키에 해당하는 값만 지우고, clear()는 모든 값을 삭제한다.
- keys() 메서드는 현재 값이 지정된 모든 키 값의 배열을 리턴한다. 만약 한 개의 값도 저장되어 있지 않다면 NULL 이 아닌 사이즈 0의 스트링 배열 객체가 리턴된다.

- 각 Preference는 이름을 가지며 name() 메서드를 통해 가져올 수 있다.
  - 이름에는 "/"를 제외한 모든 유니코드 문자열이 사용 가능하며, 대·소문자가 구분된다.
  - 루트노드는 이름이 없는 빈 문자열이며 이 빈 문자열 이름은 루트노드를 위해서 예약되어 있다. 즉, 여러분이 만든 노드는 무조건 한 글자 이상의 값을 가져야 한다.
- 트리구조이므로 각 노드의 absolutePath() 함수는 "/"로 분리된 절대 경로값을 리턴한다.
  - 루트노드는 "/"의 값을 가진다.
  - 다른 모든 노드는 "/"로 끝나지 않고 자신의 이름으로 끝난다.
- node(pathname)는 자신의 하위에 해당 경로의 이름을 가지는 노드를 가져온다.
  - 만약 해당경로에 노드가 없으면 자동으로 생성된다.
  - 절대 경로(absoulte path)와 상대 경로(relative path)를 지원한다.
  - 경로는 "abc/def/ghi"와 같이 여러 개의 "/"를 가질 수 있으며, 중간의 노드들까지 자동으로 생성된다. 마지막에 "/"가 있으면 Exception이 발생하므로 조심한다.
  - 경로가 "/"로 시작한다면 자신부터가 아닌 루트 노드부터의 절대경로를 의미한다.
  - 즉, 절대 경로가 "/abc"인 노드에서 "def/ghi/jkl"을 만들면 그 노드의 절대 경로는 "/abc/def/gji/jkl"이며, "/def/ghi/jkl"을 만들면 절대 경로는 "/def/ghi/jkl" 자체가 된다.
  - 경로를 " "와 같이 빈 문자열로 주면, 자기자신을 리턴한다.
- childrenNames()는 모든 하위 노드의 이름 배열을 리턴한다. 하위 노드가 없다면 NULL이 아닌 사이즈 0의 스트링 배열 객체가 리턴된다.
- parent()는 상위 노드를 가져온다. 루트 노드의 경우는 NULL을 리턴한다.
- nodeExists(pathname)는 해당 노드가 있는지 확인한다.
  - 절대 또는 상대 경로를 이용한다.

- removeNode()는 해당 노드와 그 모든 하위 노드를 삭제한다.
  - removeNode()가 호출되어도 모든 하위 Preferences 객체들에 대해서 name(), absolutePath(), nodeExists() 함수는 호출이 가능하다.
  - 즉, removeNode()를 호출한 노드에 대해서 nodeExists()를 호출하면 true가 리턴된다.
- flush()를 호출하면 해당 노드와 그 하위 노드에 대해서 저장소에 강제로 저장한다. 즉, flush()를 호출하지 않은 상태라면 현재 저장소에 저장이 되었는지 안 되었는지 사용자는 알 수가 없다. 작성하는 프로그램이 종료버튼이 없는 임베디드 기기용 애플리케이션이라면, 정확히 저장되었는지를 확인하기 위해 Preferences 수정 후 flush()를 호출해주는 것이 안전하다.
  - 언제 저장소에 각 노드의 정보를 저장할지는 Preferences Service 구현체에 따라서 다르다.
- sync() 메서드는 현재 노드정보와 저장소의 정보를 일치시킨다. flush()를 호출한 후에 다시 저장소에서 읽어오는 것과 같은 역할을 한다.

2.1 Preferences 데이터 저장하기

그림 8-3에서 예를 들어 설명한 게임 서버의 정보 일부분을 저장하는 코드를 간단히 작성해 보자.

```java
public void start(BundleContext context) throws Exception {
    tracker = new ServiceTracker(context,
                PreferencesService.class.getName(), null);
    tracker.open();
    service = (PreferencesService) tracker.getService();

    // 시스템 루트 Preferences를 가져온다.
    Preferences prefs = service.getSystemPreferences();
    prefs.put("ServerName", "Gul'dan");

    // 하위노드를 한 번에 생성한다.
```

```
prefs = prefs.node("Guild/Heroes");
prefs.put("Master","Chris");

// 유저 루트 Preferences를 가져온다.
prefs = service.getUserPreferences("");
prefs.putInt("DefaultLife",12000);

// 유저 Chris의 루트 Preferences를 가져온다.
prefs = service.getUserPreferences("Chris");
prefs = prefs.node("Character1");
prefs.put("Name","Warrior");
prefs.putInt("Life",18900);

// 하위 아이템 노드를 생성한다.  "Item/Knife"라고 지정하여 한 번에 생성해도 된다.
prefs = prefs.node("Item");
prefs = prefs.node("Knife");
prefs.putInt("Max Damage",353);
prefs.putInt("Min Damage",235);
prefs.putFloat("Damage per Second", 163.3F);

prefs.node("/Character1/Talents");
prefs.putInt("Combat", 25);
prefs.putInt("Assassination", 20);
// 모든 데이터를 강제 저장하기 위해 각 루트 노드에서 flush()를 수행한다.
try {
    service.getSystemPreferences().flush();
    service.getUserPreferences("").flush();
} catch (BackingStoreException e) {
    e.printStackTrace();
}
}
```

위의 코드를 실행하면, 저장 영역에는 다음과 같은 내용의 파일이 생성된다.

이쿼녹스의 Preferences Service는
"org.eclipse.core.runtime.preferences.OSGiPreferences.<번들ID>.prefs"와 같은 형태의 파일을 만든다. 이 파일은 각 Launch 폴더 밑의 .settings 안에 들어있다.

```
#Sun Apr 12 01:35:37 KST 2009
eclipse.preferences.version=1
system/ServerName=Gul'dan
system/Guild/Heroes/Master=Chris
user/DefaultLife=12000
user/Chris/Character1/Name=Warrior
user/Chris/Character1/Life=18900
user/Chris/Character1/Item/Knife/Max\ Damage=353
user/Chris/Character1/Item/Knife/Min\ Damage=235
user/Chris/Character1/Item/Knife/Damage\ per\ Second=163.3
user/Chris/Character1/Talents/Combat=25
user/Chris/Character1/Talents/Assassination=20
```

데이터에서 볼 수 있듯이, **Preferences** 서비스는 각 노드 객체를 저장하지 않고, 각 노드가 가지고 있는 속성만을 저장한다.

2.2 Preferences 데이터 읽어오기

앞에서 저장한 데이터를 읽어서 출력하는 번들을 생성해보자. 데이터가 트리구조이므로 간단한 함수로 재귀호출을 수행하면 쉽게 출력이 가능하다.

```java
public void start(BundleContext context) throws Exception {
    tracker = new ServiceTracker(context,
                PreferencesService.class.getName(), null);
    tracker.open();
    service = (PreferencesService) tracker.getService();

    System.out.println("Printing System Preferences -----");
    printPreferences(service.getSystemPreferences());

    System.out.println("Printing User Preferences -----");
    printPreferences(service.getUserPreferences(""));
}

private void printPreferences(Preferences prefs) {
```

```
        try {
            // 속성 출력
            for (String key : prefs.keys()) {
                System.out.println("[" + prefs.absolutePath() + " ] " +
                    key + " : " + prefs.get(key, ""));
            }

            // 모든 하위노드 출력
            for (String child : prefs.childrenNames())
                printPreferences(prefs.node(child));

        } catch (BackingStoreException e) {
            e.printStackTrace();
        }

    }
```

이렇게 호출하면 출력한 결과는 다음과 같다.

```
Printing System Preferences -----
[/ ] ServerName : Gul'dan
[/Guild/Heroes ] Master : Chris
Printing User Preferences -----
[/ ] DefaultLife : 12000
[/Chris/Character1 ] Name : Warrior
[/Chris/Character1 ] Life : 18900
[/Chris/Character1/Talents ] Assassination : 20
[/Chris/Character1/Talents ] Combat : 25
[/Chris/Character1/Item/Knife ] Damage per Second : 163.3
[/Chris/Character1/Item/Knife ] Max Damage : 353
[/Chris/Character1/Item/Knife ] Min Damage : 235
```

이제 여러분의 번들도 Preferences 서비스를 사용하여 Tree 구조의 데이터를 쉽게 저장하고 읽을수 있게 되었다.

09

HTTP 서비스

여러분이 집에서 사용하는 인터넷 공유기 같은 작은 기기들이 웹 브라우저를 통해 원격 관리되는 것을 보았을 것이다. 작은 장치를 외부에서 웹을 이용하여 관리하게 하는 것은 매우 빠르고 사용자 친화적인 방법이다. OSGi는 R1부터 인터넷과 같은 네트워크를 통해 원격으로 서비스에 접근 가능하도록 하기 위해 HTTP 서비스를 제공하고 있다. 이 HTTP 서비스를 이용하여 원격 관리 툴을 만든다면, 언제라도 여러분의 프로그램을 외부에서 관리할 수 있으며, OSGi의 동적인 기능을 이용하여 새로운 번들을 추가하고 특정 번들의 동작을 중지시키는 등의 작업을 수행할 수 있게 된다.

1 HTTP 서비스

HTTP 서비스는 사용자가 웹 브라우저를 통해 서버에 특정 URI(Uniform Resource Identifier)의 리소스(Resource)를 요청하면 이 HTTP Request를 받아서 사용자가 요청한 리소스를 넘겨주는 역할을 하는 것이다. OSGi에서는 기본적으로 서블릿과 각종 리소스 타입을 지원한다.

- 서블릿(Servlet) - 자바 서블릿 API를 이용하여 구현된 자바 클래스. 웹 서버를 확장하는 방법 중의 하나로, 서버에서 실행되는 자바 애플릿의 일종이다. 이 서블릿을 등록하는 것은 특정 URI 요청에 대해서 서블릿에게 동작을 위임한다는 것이다.

    http://java.sun.com/products/servlet/ [http://durl.kr/h7a]

- 리소스(Resource) - HTML 파일, CSS 파일, 이미지 파일 또는 JSP 파일과 같이 정적인 파일

이 서블릿과 리소스를 등록하기 위해, OSGi의 HTTP 서비스는 다음과 같은 메서드를 가진다.

```
public interface HttpService {

    // 서블릿을 등록한다.
    public void registerServlet(
        String alias,       // 서블릿의 Alias로 외부에서 서블릿을 요청할 URI 값과 매핑
        Servlet servlet,    // 서블릿 객체
        Dictionary initparams,  // 서블릿을 초기화할 때 전달할 인자
        HttpContext context)    // 서블릿을 등록할 HttpContext
            throws ServletException, NamespaceException;


    // 리소스(이미지,HTML..)을 등록한다.
    public void registerResources(
        String alias, // 리소스의 Alias
        String name,  // 리소스의 내부 파일명
        HttpContext context) // 리소스를 등록할 HttpContext
            throws NamespaceException;
```

```
    // 해당 Alias의 서블릿/리소스를 등록해지한다.
    public void unregister(String alias);

    // 기본 HttpContext를 생성하여 리턴한다.
    public HttpContext createDefaultHttpContext();
}
```

alias는 외부에서 해당 서블릿/리소스를 보게 되는 주소이다. alias의 맨 앞은 무조건 "/"로 시작해야 하며, 마지막에는 "/"가 올 수 없다.

```
httpService.registerServlet( "/admin", new AdminServlet(), null, null );
```

registerServlet과 registerResource의 마지막 인자는 HttpContext로, 이 객체는 리소스나 서블릿이 실제로 등록되는 객체이다. HTTP 서비스는 이 HTTP Context에게 서블릿이나 리소스를 요청하는 작업을 하게 된다. 만약 이 인자가 Null이면 자동으로 createDefaultHttpContext()를 호출하여 생성한 후 사용하게 된다. 이 HttpContext는 다음과 같은 메서드를 가지며, 사용자 인증 등을 처리하거나 새로운 타입의 MIME을 등록해야 한다면 직접 구현해야 한다.

```
public interface HttpContext {

    // 사용자로부터 요청된 request에 대해 먼저 호출되는 함수로 사용자 인증을 통해 이 요청을 처리할지
    // 등을 결정할 수 있다.
    public boolean handleSecurity(HttpServletRequest request,
            HttpServletResponse response) throws IOException;

    // 해당 리소스의 URL을 리턴한다.
    public URL getResource(String name);

    // 특정 리소스 이름에 대해 MIME type을 리턴한다.
    public String getMimeType(String name);
}
```

이 HttpContext의 내부 내용까지 구현하는 것은 이 책의 범위를 벗어나므로, 여기선 DefaultHttpContext()를 사용하도록 하자.

1.1 HelloWorld 서블릿

이제 기존까지 사용해왔던 콘솔 UI를 버리고, 새로운 웹 UI를 만나기 전에 다시 한 번 HelloWorld를 만들어 보자. 먼저 Manifest에 HTTP 서비스에 필요한 org.osgi.service.http, javax.servlet과 javax.servlet.http 패키지를 추가한다.

```
Manifest-Version: 1.0
Bundle-ManifestVersion: 2
Bundle-Name: HelloWorldWeb Plug-in
Bundle-SymbolicName: chapter09.HelloWorldWeb
Bundle-Version: 1.0.0
Bundle-Activator: chapter09.helloworldweb.Activator
Bundle-ActivationPolicy: lazy
Bundle-RequiredExecutionEnvironment: JavaSE-1.6
Import-Package: org.osgi.framework;version="1.3.0",
 org.osgi.util.tracker,
 org.osgi.service.http,
 javax.servlet,
 javax.servlet.http
```

그리고 오른쪽 그림 9-1에서처럼 HelloWorldServlet 클래스를 만들어 보자.

만들어진 서블릿에는 HttpServlet의 주 메서드인 doGet()에 대한 구현을 추가하자.

```java
public class HelloWorldServlet extends HttpServlet {
    protected void doGet(HttpServletRequest request,
            HttpServletResponse response)
        throws ServletException, IOException {
        PrintWriter pw = response.getWriter();
        pw.print("Hello, World on Web");
    }
}
```

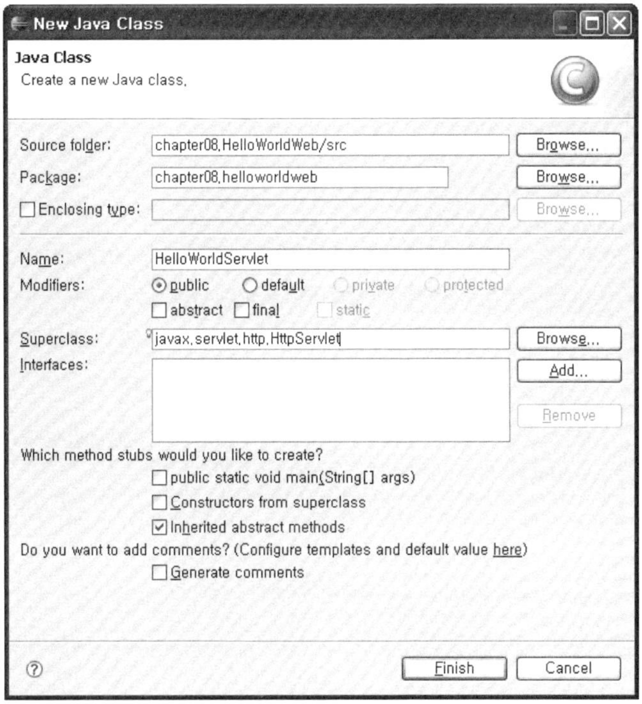

그림 9-1

이제 생성된 서블릿을 HTTP Service에 등록하자

```java
public class Activator implements BundleActivator {
    private ServiceTracker tracker;
    private HttpService service;

    public void start(BundleContext context) throws Exception {
        tracker = new ServiceTracker(context, HttpService.class.getName(), null);
        tracker.open();
        service = (HttpService) tracker.getService();

        service.registerServlet("/hello", new HelloWorldServlet(), null, null);
    }

    public void stop(BundleContext context) throws Exception {
    }
}
```

그리고 실행을 위해서 필요한 번들을 Run Configuration에 추가하자.

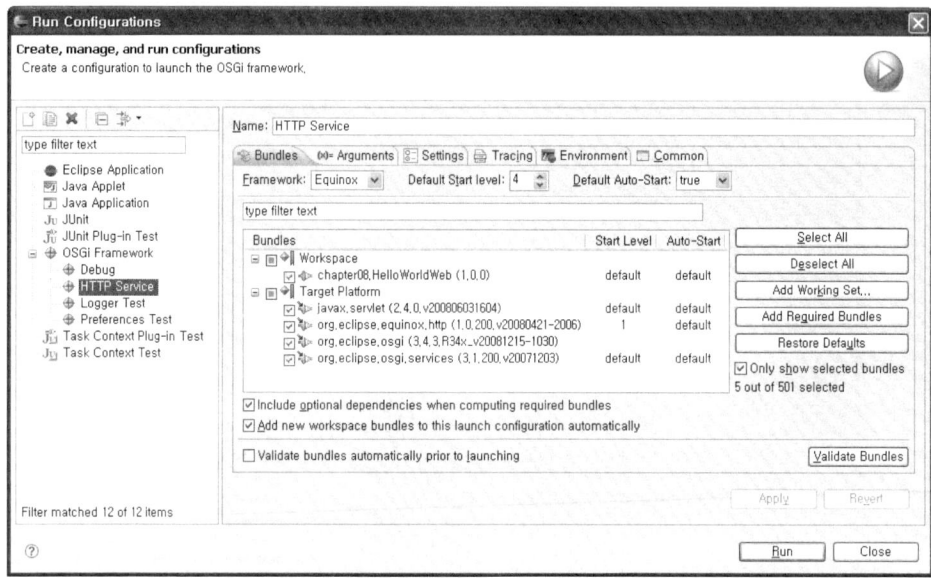

그림 9-2

org.eclipse.equinox.http가 이퀴녹스의 Http Service 구현 번들이다. tracker에서 waiting 하는 루틴을 넣지 않았기 때문에, registerServlet할 때 에러가 없도록 Start Level을 1로 세팅했다. 이제 실행하면 아무런 메시지도 보이지 않지만, 웹 서비스가 실행되고 있는 것이다. 브라우저를 열어서 아래 주소로 접속해보자.

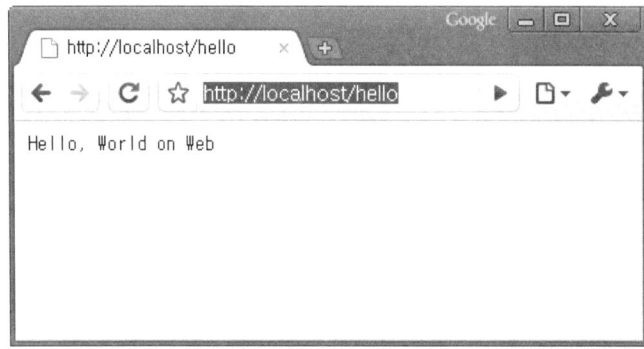

그림 9-3

서블릿을 등록할 때 Alias를 "/hello"라고 주었기 때문에 http://localhost/hello를 요청하면 HelloWorldWeb 서블릿이 동작한다.

1.2 리소스 추가하기

일반적인 웹 애플리케이션은 이미지나 CSS 같은 정적인 파일들도 가지고 있으므로 만들어진 HelloWorldWeb 서블릿에 리소스를 추가해보자.

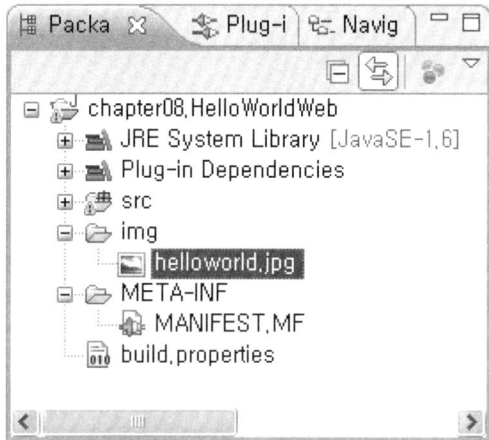

그림 9-4

위와 같이 img 폴더를 만들고 이미지 파일을 하나 추가하자. 이제 액티베이터에서 이 파일을 리소스로 등록한다.

```
service.registerServlet("/hello", new HelloWorldServlet(), null, null);
service.registerResources("/hello/hello.jpg", "/img/helloworld.jpg", null);
```

실제 번들 내부의 경로에는 "/img/helloworld.jpg"로 되어 있지만, 외부에서 볼 때는 "/hello/hello.jpg"로 보이도록 alias를 지정했다. 이제 hello 페이지에서 이미지 파일이 보이도록 수정하자.

```
protected void doGet(HttpServletRequest request,↵
        HttpServletResponse response)
    throws ServletException, IOException {

    response.setContentType("text/html");
    PrintWriter pw = response.getWriter();

    pw.print("<html><head><title>Hello, World</title></head><body>");
```

〈다음 쪽에 예제 코드 계속〉

```
            pw.print("<h1>Hello, World on Web</h1>");
            pw.print("<img src='/hello/hello.jpg' alt='Hello world Image'>");
            pw.print("</body></html>");
    }
```

기존에 작성했던 doGet() 메서드는 단순히 텍스트만 출력하고 있으므로, html 출력이 가능하도록 setContentType을 호출한다. 그리고 HTML 코드를 직접 소스 내에 입력한 코드가 보인다. 재사용하기가 힘든 코드지만, 여기서 서블릿의 단점을 논할 것은 아니므로 그냥 넘어가도록 하자. OSGi는 서블릿과 정적인 HTML 파일만 기본으로 지원하고 있다. JSP를 이용하여 좀 더 쉽게 개발하려면 이퀴녹스의 JSP 지원부분을 참고하기 바란다.

> **NOTE:**
>
> OSGi based JSP Support
>
> http://www.eclipse.org/equinox/server/jsp_support.php
> [http://durl.kr/h83]

이렇게 입력하고 실행하면 다음과 같은 화면을 볼 수 있다.

그림 9-5

물론, 이미지는 여러분의 것으로 보일 것이다. 위 이미지는 http://durl.me/hj2에서 다운로드할 수 있다.

2 OSGi용 웹 관리자 툴 만들기

이제 기존에 배운 부분을 활용해서 OSGi Administrator를 웹 용으로 만들어보자. 이 웹 관리자(Web Administrator)는 콘솔에서 실행하던 ss, start, stop, install, uninstall 등의 동작을 원격으로 웹에서 할 수 있게 해주는 유틸리티다.

그림 9-6

WebAdmin이라는 새로운 프로젝트를 만들고, WebAdminServlet 클래스를 생성한다. Manifest의 Import-Packet 부분은 앞에서 만든 HelloWorldServlet과 동일하다.

```
public class WebAdminServlet extends HttpServlet {

    private BundleContext bundleContext;
    private String contextPath;

    // HTML 페이지의 헤더 부분이다. MessageFormat 클래스를 사용하기 위해 인자를 {0}과 같이
      처리한다.
```

```java
private static final String HTML_HEADER =
    "<!DOCTYPE html PUBLIC \"-//W3C//DTD XHTML 1.0 Transitional//EN\" ➥
        \"xhtml1-transitional.dtd\">"
    + "<html xmlns=\"http://www.w3.org/1999/xhtml\">"
    + "<head>"
    + "<meta http-equiv=\"Content-Type\" content=\"text/html; ➥
        charset=utf-8\">"
    + "<title>Web Administrator for OSGi</title>"
    + "<link href=\"{0}/res/admin.css\" rel=\"stylesheet\" type=\"text/➥
        css\">"
    + "</head>"
    + "<body>"
    + "<h1>Web Administrator for OSGi</h1>" ;
// 번들 리스트를 보여줄 테이블의 헤더 문자열
private static final String TABLE_HEADER = "<table width='100%'><tr>"
    + "<th width='20px'>Id</th>"
    + "<th width='*'>Bundle Name</th>"
    + "<th width='80px'>Status</th>"
    + "<th width='200px'>Action</th></tr>";
// 각 번들을 나타내는 테이블 Row 문자열. MessageFormat용 인자를 사용한다.
private static final String TABLE_ROW = "<tr>"
    + "<td>{0}</td>"
    + "<td class=tdname>{1}</td>"
    + "<td>{2}</td>"
    + "<td>"
    + "<form name=\"form_{0}\" method='post'>"
    + "<input type='hidden' name='action' value='start' />"
    + "<input type='hidden' name='bundleId' value=\"{0}\" />"
    + "<input class='submit' type='submit' value='Start' {3}/>"
    + "</form>"
    + "<form name=\"form_{0}\" method='post'>"
    + "<input type='hidden' name='action' value='stop' />"
    + "<input type='hidden' name='bundleId' value=\"{0}\" />"
    + "<input class='submit' type='submit' value='Stop' {4}/>"
    + "</form>"
    + "<form name=\"form_{0}\" method='post'>"
    + "<input type='hidden' name='action' value='uninstall' />"
```

```java
        + "<input type='hidden' name='bundleId' value=\"{0}\" />"
        + "<input class='submit' type='submit' value='Uninstall' />"
        + "</form>"
        + "</td>"
        + "</tr>";
// 번들 Install을 위한 FORM 태그
private static final String TABLE_INSTALL = "<tr><td colspan=4>"
        + "<form method='post' enctype=\"multipart/form-data\">"
        + "<input type='hidden' name='action' value='install' />"
        + "<input class='input' type='file' name='bundlefile' ↳
            style='width:500px; background:#EFEFEF'>   "
        + "<input class='submit' type='submit' value='Install Bundle' />"
        + "</form>"
        + "</td>"
        + "</tr>";
// HTML Footer 문자열
private static final String HTML_FOOTER = "<h4> Copyright ⓒ Good Company </h4>"
        + "</div>"
        + "</body>"
        + "</html>";
// 이 서블릿은 OSGi의 번들 정보를 읽어야 하므로, 생성자에서 BundleContext를 받아 저장한다.
// ContextPath는 이 서블릿이 등록되는 경로명이다.
public WebAdminServlet(BundleContext bundleContext, String contextPath) {
    this.bundleContext = bundleContext;
    this.contextPath = contextPath;
}
// GET 메서드로 이 서블릿을 호출하면 전체 번들 정보를 보여주는 페이지를 생성한다.
protected void doGet( HttpServletRequest request, ↳
    HttpServletResponse response ) throws ServletException, IOException
{
    response.setContentType( "text/html" );
    PrintWriter pw = response.getWriter();

    // java.text.MessageFormat 클래스를 사용하여 문자열내부의 인자를 치환한다.
    String header = MessageFormat.format( HTML_HEADER, ↳
        new Object[] { contextPath } );
```

〈다음 쪽에 예제 코드 계속〉

```
            pw.println( header );
            renderContent(request, response, pw);
            pw.println ( HTML_FOOTER );
    }
    // POST로 입력받는 Action에 대한 Enum
    private enum Command
    { start, stop, uninstall, install, nocmd ;
        public static Command fromString(String Str)
        {
            try {return valueOf(Str);}
            catch (Exception ex){return nocmd;}
        }
    };

    protected void doPost(HttpServletRequest request, ↪
       HttpServletResponse response ) throws ServletException,  IOException
    {
        String action = request.getParameter("action");
        String bundleId = request.getParameter("bundleId");
        try {
            switch (Command.fromString(action)) {
            case start:
                bundleContext.getBundle(Long.parseLong(bundleId)).start();
                break;
            case stop:
                bundleContext.getBundle(Long.parseLong(bundleId)).stop();
                break;
            case uninstall:
                bundleContext.getBundle(Long.parseLong(bundleId)).uninstall();
                break;
            case install:
                // TBD
                break;
            case nocmd:
                break;
            }
```

09 HTTP 서비스

```
        } catch (BundleException e) {
            e.printStackTrace();
        }

        doGet(request,response);
    }

    // 번들 리스트를 출력한다.
    private void renderContent(HttpServletRequest request, ↵
            HttpServletResponse response, PrintWriter pw) {
        pw.println(TABLE_HEADER);

        for (Bundle bnd : bundleContext.getBundles()){

            pw.println(MessageFormat.format(TABLE_ROW, new Object[] {
                bnd.getBundleId(),
                bnd.getSymbolicName(),
                getStateName(bnd.getState()),
                (bnd.getState() == Bundle.ACTIVE) ? "disabled" : "",
                (bnd.getState() == Bundle.RESOLVED) ? "disabled" : ""
            }));
        }
        pw.println(TABLE_INSTALL);
        pw.println("</table>");
    }
    // 번들의 상태정보를 문자열로 표시한다.
    private String getStateName(int state) {
        switch (state) {
            case Bundle.INSTALLED :
                return "INSTALLED";

            case Bundle.ACTIVE :
                return "ACTIVE";

            case Bundle.RESOLVED :
                return "RESOLVED";
```

```
            case Bundle.STARTING :
                return "STARTING";

            case Bundle.STOPPING :
                return "STOPPING";

            default :
                return Integer.toHexString(state);
        }
    }
}
```

그리고 액티베이터에서 이 서블릿을 등록한다.

```
public class Activator implements BundleActivator {
    private ServiceTracker tracker;
    private HttpService service;
    // Web Admin의 접속 URL은 "/admin"이다.
    private final String CONTEXT_PATH = "/admin";

    public void start(BundleContext context) throws Exception {
        tracker = new ServiceTracker(context, HttpService.class.getName(), null);
        tracker.open();
        service = (HttpService) tracker.getService();

        service.registerServlet("/admin", new WebAdminServlet(context, CONTEXT_PATH ), null, null);
        // 서블릿에서 사용할 CSS 파일을 리소스로 등록한다.
        service.registerResources("/admin/res/admin.css", "/res/admin.css", null);
    }
    public void stop(BundleContext context) throws Exception {
    }
}
```

서블릿에서 사용할 CSS 파일의 내용은 다음과 같다.

```
BODY { font-family: Tahoma;font-size:12px;padding 5px }
H1,H4 { text-align:center; }


TABLE { border: 1px solid grey;}
TH { padding : 5px; background-color:#EFEFEF; font-weight:bold }
TD { padding : 5px; border-bottom: 1px solid #EFEFEF ; text-align:center }
.tdname { text-align : left; color: blue }
FORM { margin: 0; padding: 0; clear: left; display:inline }
.file { background:#EFEFEF;border: 1px solid grey }
```

여기까지 완성된 프로젝트의 형태는 아래와 같다.

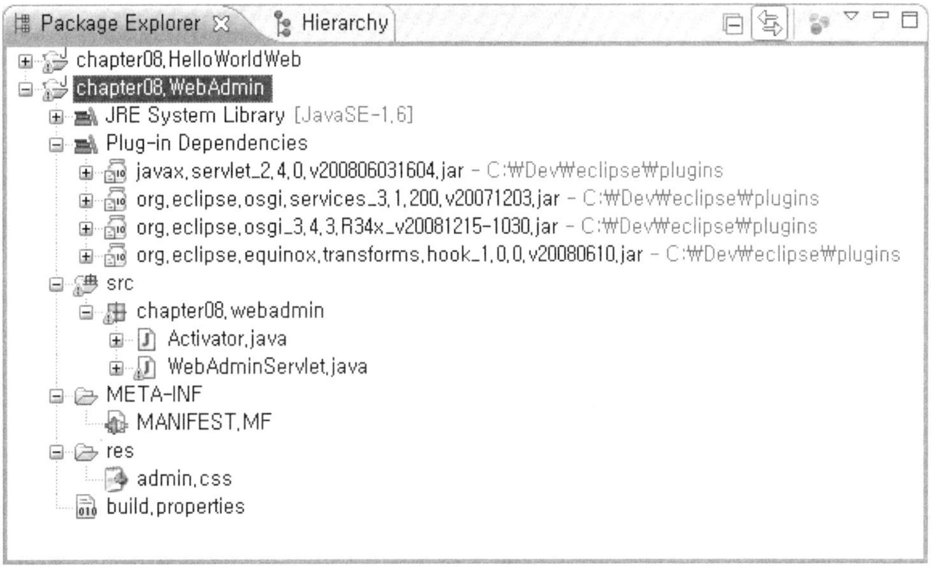

그림 9-7

여기까지 작성하면 기본적인 Start/Stop/Uninstall 기능까지 동작되는 웹 관리자가 실행된다.

그림 9-8

모든 번들에 대해 Start/Stop/Uninstall이 실행되지만, 위의 0, 1, 2, 4, 10번 번들은 모두 이 웹 관리자가 실행되는 데 필수 번들이므로, 이 중 하나라도 Stop/Uninstall시킬 경우 이 Web Admin이 제대로 동작되지 않게 된다. 그러므로 앞에서 생성한 8번 HelloWorldWeb으로만 테스트하자. 실제로 이런 Admin 번들을 만든다면, 필수 번들은 리스트에 보여주지 않도록 하는 작업이 필요하다.

나머지 한 가지 기능인 번들 설치 기능은 HTTP를 이용하여 파일을 업로드해야 하므로, 쉽게 하기 위해서 외부 유틸리티 클래스를 이용하도록 하겠다. 자바에서 HTTP 방식으로 파일을 업로드하기 위해서는 다양한 공개 클래스가 존재하나 여기서는 Apache-Commons(http://commons.apache.org/)에 들어있는 FileUpload를 사용하겠다.

먼저 SpringSource Enterprise Bundle Repository(http://www.springsource.com/repository/app/, [http://durl.kr/gsn])에서 OSGi용으로 변환된 commons-fileupload와 commons-io, 그리고 javax.servlet 2.5.0을 다운로드한다.

- com.springsource.org.apache.commons.fileupload
    - http://www.springsource.com/repository/app/bundle/version/detail?name=com.springsource.org.apache.commons.fileupload&version=1.2.0
    - 짧은 파일주소 : http://tinyurl.com/dlbdhq

- com.springsource.org.apache.commons.io
  - http://www.springsource.com/repository/app/bundle/version/detail?name=com.springsource.org.apache.commons.io&version=1.4.0
  - 짧은 파일주소 : http://tinyurl.com/d46kn3
- com.springsource.javax.servlet
  - http://www.springsource.com/repository/app/bundle/version/detail?name=com.springsource.javax.servlet&version=2.5.0
  - 짧은 파일주소 : http://tinyurl.com/cexprn

javax.servlet은 이클립스에 이미 2.4.0 버전이 포함되어 있지만, fileupload 1.2.0이 2.5.0 이상을 필요로 하기 때문이다. 다운받은 3개의 파일을 원하는 폴더에 복사한다.

❋ NOTE:

> 이렇게 다운로드한 번들은 계속 쓰이게 될 것이므로 이클립스 아래에 DownloadedBundles라는 폴더를 만들고 거기다 복사하는 것을 추천한다.

그리고 이클립스의 Window-Preferences를 선택하여 Target-Platform 항목을 선택한다.

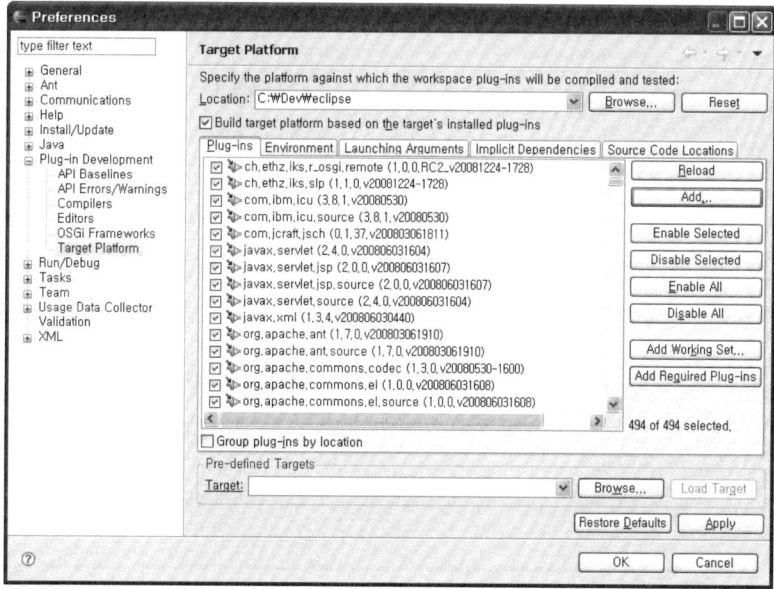

그림 9-9

Add 버튼을 선택해서 File System에서 Eclipse\DownloadedBundles 폴더를 추가한다.

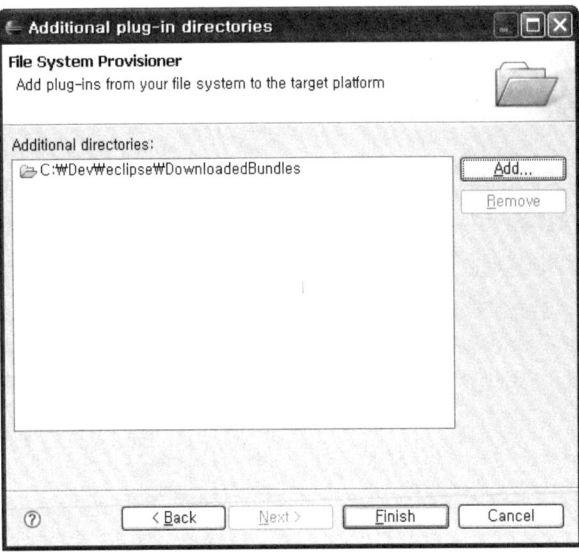

그림 9-10

Finish를 선택하면 3개의 번들이 추가되는 것을 볼 수 있다.

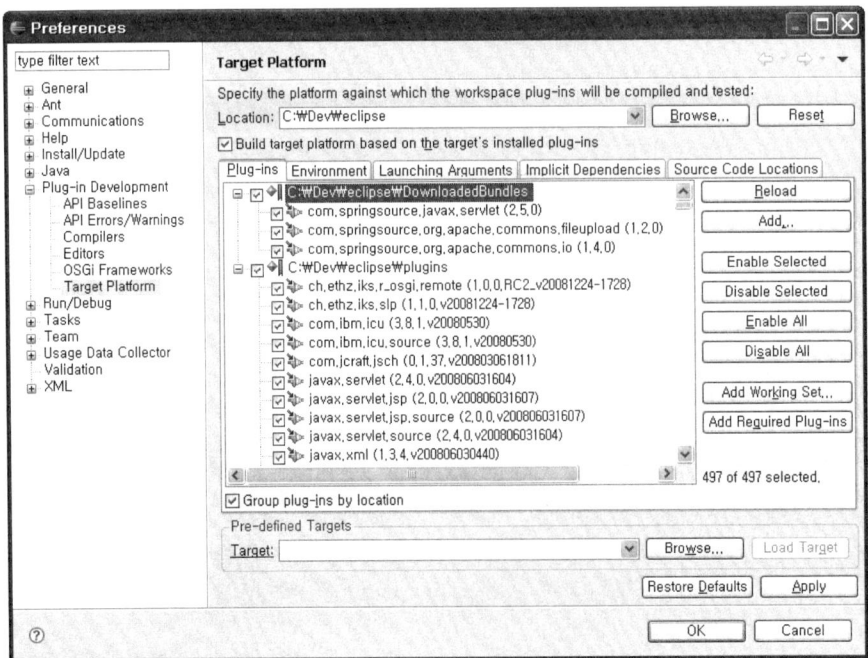

그림 9-11

위처럼 Group plug-ins by location을 선택하면 폴더별로 분류되므로, 추가한 번들만 따로 확인이 가능하다. 이제 Manifest에 필요한 패키지를 추가한다.

```
Manifest-Version: 1.0
Bundle-ManifestVersion: 2
Bundle-Name: WebAdmin Plug-in
Bundle-SymbolicName: chapter09.WebAdmin
Bundle-Version: 1.0.0
Bundle-Activator: chapter09.webadmin.Activator
Bundle-ActivationPolicy: lazy
Bundle-RequiredExecutionEnvironment: JavaSE-1.6
Import-Package: org.osgi.framework;version="1.3.0",
 org.osgi.util.tracker,
 org.osgi.service.http,
 org.apache.commons.io,
 org.apache.commons.fileupload,
 org.apache.commons.fileupload.servlet,
 javax.servlet,
 javax.servlet.http
```

그리고 WebAdminServlet의 doPost 함수를 다음과 같이 변경한다.

```java
    protected void doPost(HttpServletRequest request,
        HttpServletResponse response ) throws ServletException, IOException
    {
        String action = null;
        String bundleId = null;
        // 현재로선 Multipart 명령은 install 밖에 없으므로 install 액션으로 고정한다.
        if (ServletFileUpload.isMultipartContent(request)) {
            action = "install";
        } else {
            action = request.getParameter("action");
            bundleId = request.getParameter("bundleId");
        }

        try {
            switch (Command.fromString(action)) {
```

〈다음 쪽에 예제 코드 계속〉

```
            case start:
                bundleContext.getBundle(Long.parseLong(bundleId)).start();
                break;
            case stop:
                bundleContext.getBundle(Long.parseLong(bundleId)).stop();
                break;
            case uninstall:
                bundleContext.getBundle(Long.parseLong(bundleId)).uninstall();
                break;
            case install:
                ServletFileUpload upload = new ServletFileUpload();

                try {
                    FileItemIterator iter = upload.getItemIterator(request);
                    while (iter.hasNext()) {
                        FileItemStream item = iter.next();
                        String name = item.getFieldName();
                        if (name.equals("bundlefile")) {
                            // 번들파일을 스트림으로 읽어서 설치한다.
                            bundleContext.installBundle(item.getName(), ↩
                                item.openStream());
                        }
                    }
                } catch(Exception e) {

                }
                break;
            case nocmd:
                return ;
            }
        } catch (BundleException e) {
            e.printStackTrace();
        }

        doGet(request,response);
    }
```

Run Configuration을 아래와 같이 수정한다.

그림 9-12

javax.servlet이 2.5.0 버전으로 바뀐 것을 확인해두자. fileupload 1.2.0은 Javax.servlet 2.5.0을 필요로 한다.

이제 실행하면 제대로 install 동작이 수행된다. 3장에서 Bundle Auto Installer를 위해 만들었던 HelloOSGi 파일을 설치해보자.

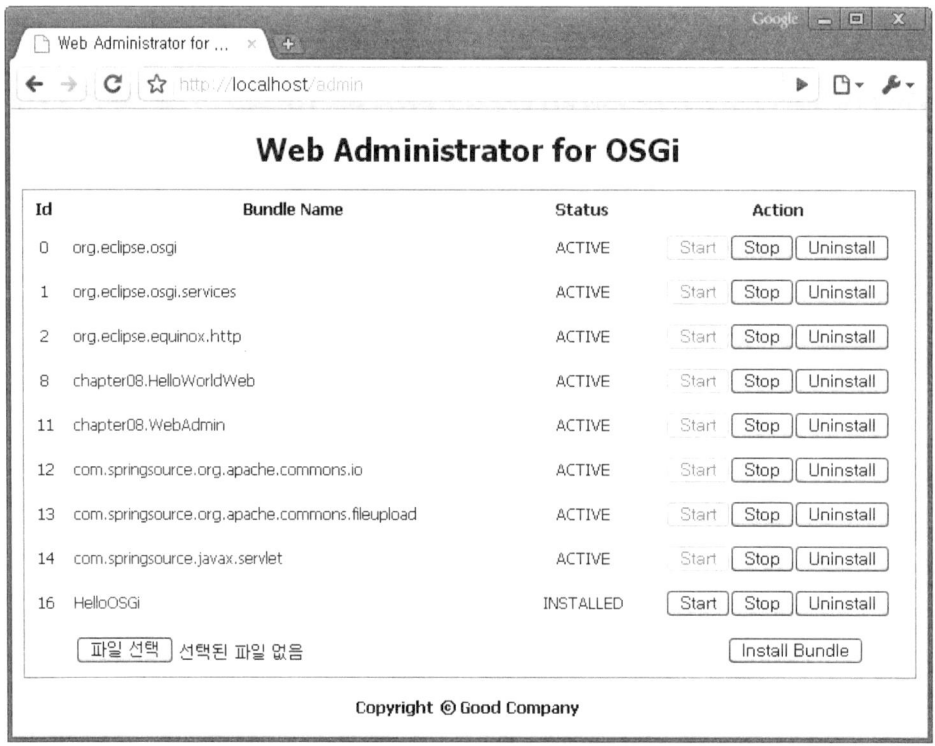

그림 9-13

이제 외부에서도 웹을 이용하여 새로운 번들을 추가할 수 있는 원격 관리자 기능이 완성되었다.

10

OSGi 콘솔

지금까지 이클립스 개발환경에서 OSGi 환경을 실행하고 그 안에서 번들을 개발하고 실행했다. 여러분이 작성할 시스템이 어떤 시스템인지는 모르지만, 개발이 끝나면 이제 OSGi를 이클립스와 상관없이 독립적(Standalone)으로 실행할 수 있게 만들어야 할 것이다. 이번 장에서는 여러분이 작성한 번들을 JAR 파일로 손쉽게 만드는 방법과 OSGi를 이클립스 없이 단독으로 실행하는 방법에 대해 알아보자.

1 JAR 번들파일로 만들기

번들을 OSGi에 설치하는 방법은 2가지가 있다.

- 하나의 JAR 파일로 만들어 필요한 모든 파일(소스, 리소스, Manifest 등)을 안에다 넣고 JAR 파일의 위치를 지정하여 설치
- 한 폴더에다 번들의 내용을 복사한 후, 해당 폴더를 지정하여 설치

둘 다 같은 API인 BundleContext.installBundle(String Location) 메서드를 이용한다. 이 Location 파라미터가 JAR 파일의 경로와 폴더경로로 두 가지로 다 사용될 수 있는 것이다.

위 방법의 차이는 압축 후 한 개의 JAR파일로 묶어서 설치하는 것과 압축을 하지 않고 설치하는 것 두 가지의 차이라고 볼 수 있다. 두 가지 방법의 차이는 크지 않다. 만약 여러분이 타겟으로 하는 시스템이 CPU 속도가 느린 임베디드용 기기이거나, JAR 파일 내에 매우 많은 리소스 파일을 가진다면 두 번째 방법이 초기화할 때 압축을 풀지 않아도 되므로 성능에 대

한 약간의 이득을 볼 수 있다. 다만 이럴 경우 번들을 동적으로 업데이트하거나 할 때 불편할 수 있으므로, 자신의 환경에 따라 선택하면 된다.

일반적으로 편리하게 관리하기 위해서는 첫 번째 방법인 JAR 파일로 만드는 것이 좋다. JAR 파일로 만들면 8장에서 보았듯이 원격에서 JAR 파일 하나만 업로드 함으로써 간단히 설치 및 업데이트가 가능하다.

1.1 번들로 Export 하기

3장에서 이미 번들을 만드는 방법을 배웠다. 바로 이클립스의 기본 기능 중 하나인 Export 기능을 이용하여 번들을 JAR 파일로 만드는 방법이다. 3장에서는 아주 간단한 JAR 파일을 만들었으므로 추가적인 작업이 거의 없었다. 그러나 8장에서 만들었던 WebAdmin 번들은 리소스를 포함하고 있으므로 약간의 작업이 더 필요하다. 이 번들을 JAR 파일로 만들어 보자. 이 WebAdmin 번들은 한 번만 만들어두면 여러분이 개발 중인 시스템에 쉽게 설치하여 간단한 OSGi 웹 관리자 프로그램으로 사용할 수 있다.

File ▷ Export 또는 Package Explorer의 프로젝트에서 마우스 오른쪽 버튼을 눌러 Export를 선택하면 다음과 같은 화면이 나온다.

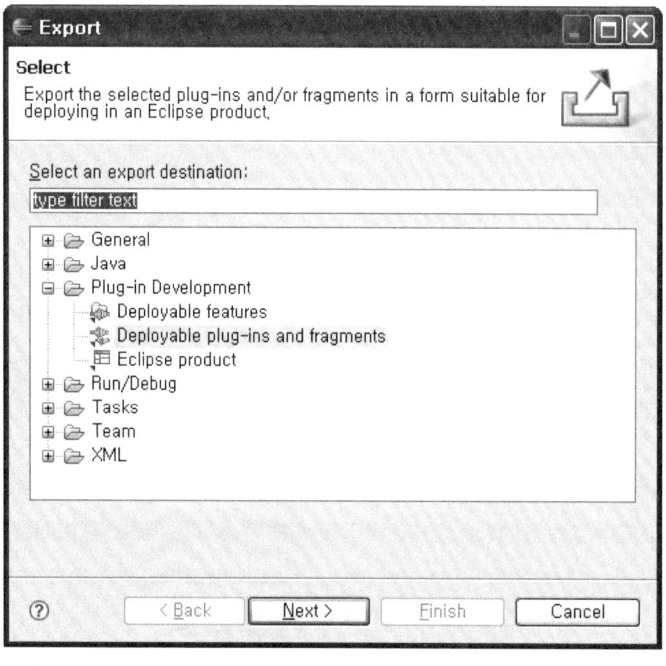

그림 10-1

Deployable plug-ins and fragments를 선택하자.

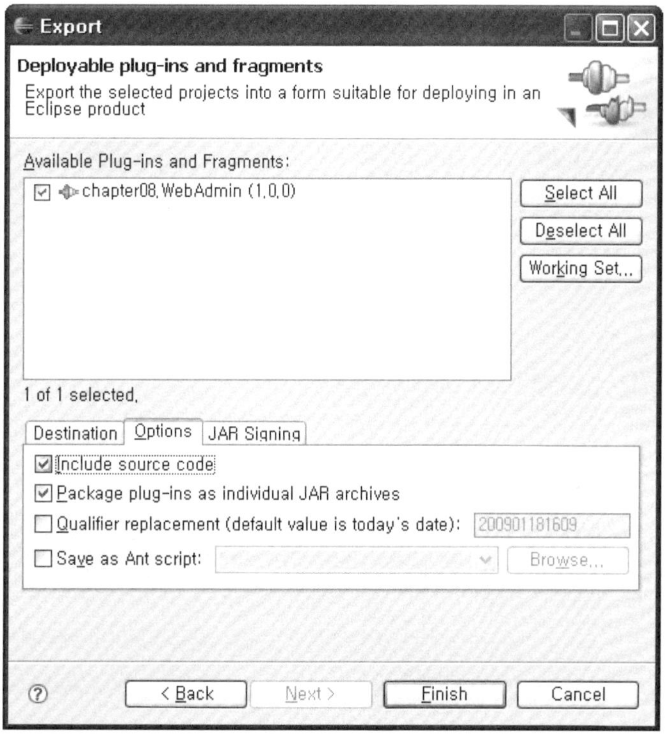

그림 10-2

　여기서 볼 수 있듯이 선택할 수 있는 옵션은 이 번들의 소스코드를 포함할 것인가에 대한 것밖에 없고, 각 번들에서 사용하는 리소스 파일들을 포함하는 옵션은 없다. 즉, 현재 상태로 Finish를 선택하면 리소스 파일을 포함하지 않은 JAR 파일이 생성된다. 하지만 8장에서 만든 WebAdmin의 구성을 다시 한 번 보자.

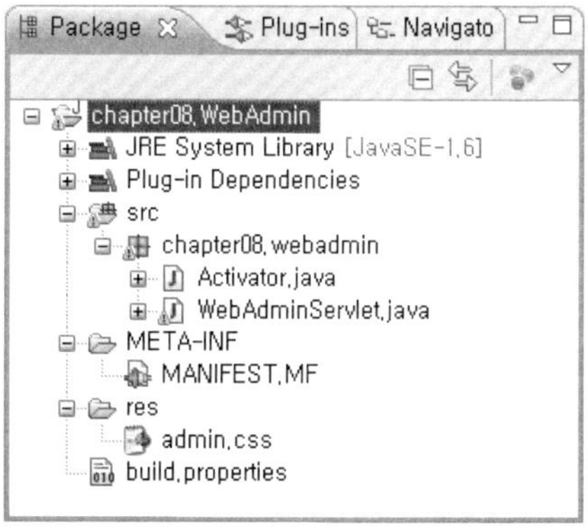

그림 10-3

WebAdmin 프로젝트는 실제 소스코드 외에 res 폴더에 admin.css라는 리소스 파일을 가지고 있다. 이 파일을 JAR 파일 내에 포함시켜야만 번들을 설치하고 사용할 때 에러가 없다 (포함하지 않고 사용해보면 아마도 CSS가 적용되지 않아서 화면 레이아웃이 깨져서 보일 것이다). Export에서 자동으로 이 파일을 추가하게끔 설정을 변경하여 보자. Manifest.MF 파일을 선택하면 Manifest Editor가 열리는데 4번째 탭인 Build는 다음과 같다.

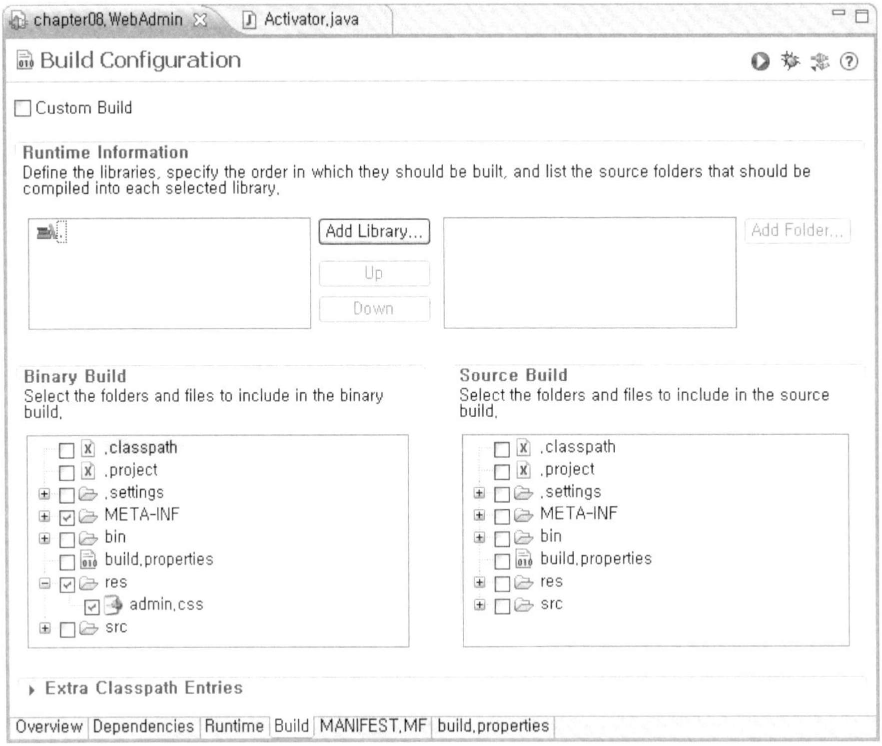

그림 10-4

이 탭은 6번째 있는 build.properties 탭의 GUI 편집기이다. 여기서 선택한 내용이 바로 build.properties에 반영된다. 위와 같이 번들로 익스포트할 때, 추가할 항목인 META-INF 폴더와 res 폴더를 선택하면 build.properties는 다음과 같이 변경된다.

```
source.. = src/
output.. = bin/
bin.includes = META-INF/,\
               .,\
               res/
```

이제 File ▷ Export를 통해 다시 한 번 Deployable plug-ins and fragments를 선택하여 JAR 파일로 만들어보자.

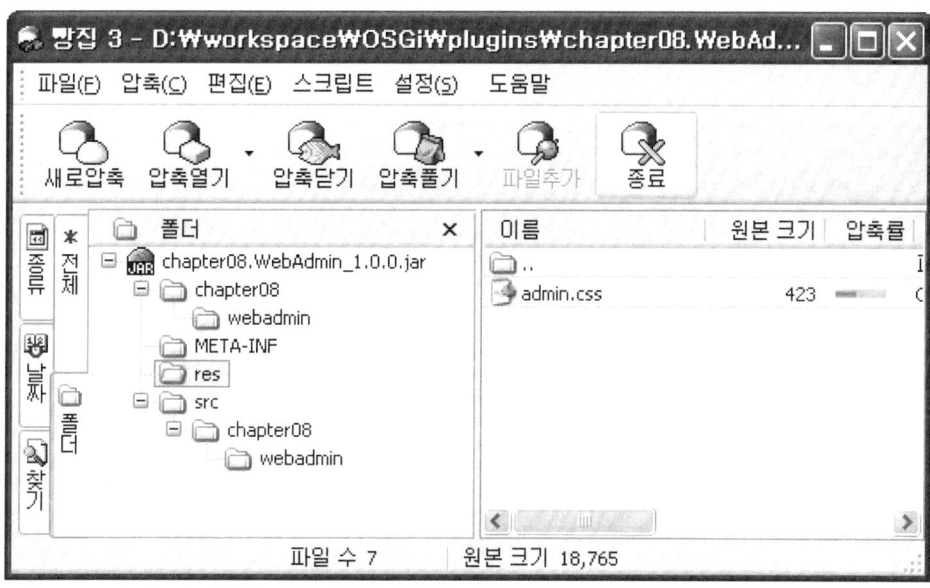

그림 10-5

res 폴더가 제대로 추가되었다. 위의 Export 옵션에서 Include source code를 선택했기 때문에 소스코드도 같이 포함되었다. Build 탭에서 src 폴더를 체크해도 결과는 같다. 만약 자신이 만든 번들이 이런 리소스 외에 다른 JAR 파일을 lib 형태로 사용한다면 그것도 역시 추가해 주어야 한다.

이제 만들어진 이 WebAdmin JAR 파일은 손쉽게 다른 시스템에 설치가 가능하다.

1.2 BND

이제 번들을 만드는 데 사용할 수 있는 다른 툴을 하나 소개하려고 한다.
BND는 OSGi Alliance의 Director of Technology인 Peter Kriens에 의해 개발된 툴이다 (http://www.aqute.biz/Code/Bnd, [http://durl.kr/hj5]).

Bnd는 OSGi 번들을 생성하고 분석하는 데 사용할 수 있는 툴로서, 매우 작은 파일이지만 다음과 같이 다양한 곳에서 동작하도록 작성되었다.

- 커맨드 라인 툴로 사용
    - java -jar bnd-0.0.313.jar와 같이 실행한다.
    - wrap, print, build, eclipse, xref, view 등의 명령을 지원한다.
- 이클립스 플러그인으로 설치가능
    - Eclipse/plugins 폴더에 복사하면 이클립스의 확장 플러그인으로 동작한다.
    - .bnd 파일 위에서 마우스 오른쪽 버튼을 클릭하면 Make Bundle이라는 메뉴가 생긴다.
    - .JAR 파일 위에서 마우스 오른쪽 버튼을 클릭하면 Install Bundle, Wrap Bundle, Verify Bundle과 같은 메뉴가 생긴다.
- Ant 플러그인 : Ant의 build.xml 내부에서 Task로 동작
    - 여러분의 프로젝트가 Ant를 이용해서 빌드하고 있다면, Ant 안에서 Task로 bnd를 호출하여 번들을 생성할 수 있다.
- Maven 플러그인 : Maven에서도 build 가능
    - Maven 이용자도 이 bnd를 이용하여 번들을 생성할 수 있다.
    - http://felix.apache.org/site/apache-felix-maven-bundle-plugin-bnd.html, [http://durl.kr/hj7]

BND를 이용하여 번들을 생성하려면 .bnd라는 텍스트 파일을 생성하여야 한다. 간단히 .bnd 파일에 대해 알아보자.

1.2.1 .bnd 파일

bnd 파일은 어떻게 JAR 파일이 작성되어야 하는지를 기술하는 파일이다. 보통 chapter08.WebAdmin.bnd와 같이 번들의 SymbolicName을 파일이름으로 사용하고, 그 뒤에 bnd 확장자를 붙이면 된다.

bnd 파일의 내용은 MANIFEST와 비슷하며, 똑같이 Properties 형태를 사용하지만 몇 개의 기능이 확장되어 있다.

- Header : 대문자로 시작하는 모든 문자열은 Manifest의 헤더와 마찬가지로 인식되며 모두 Manifest.MF 파일로 복사된다.

- variable : 소문자로 시작하는 모든 문자열은 변수로 인식되어 매크로에서 사용된다.
- -directive : -로 시작하는 모든 문자열은 bnd의 특수기능으로 인식된다.
  자세한 내용은 아래 사이트를 참고한다.
  http://www.aqute.biz/Code/Bnd#directives
  [http://durl.kr/hv6]

주로 사용하는 헤더는 다음과 같다.

- Export-Package : 번들에서 익스포트할 패키지를 지정한다.
  - Regular Expression을 이용한 패턴을 지원한다. *은 모든 패키지를 포함하며, !는 해당 패키지를 제외한다. 앞에서부터 순차적으로 적용되므로, " ! "를 사용한 구문은 앞쪽에 위치하는 게 좋다.

    ```
    Export-Package: chapter08.*
    // chapter08의 모든 패키지를 익스포트한다.
    Export-Package: !com.*, *
    // com.으로 시작하는 모든 패키지는 제외하고, 그 외의 모든 패키지를 익스포트한다.
    ```

- Private-Package : 익스포트하지 않고 내부적으로만 사용할 패키지를 지정한다. Export-Package와 Private-Package 양쪽에 값이 있다면 Export-Package가 우선한다.

- Include-Resource : 번들에 추가적으로 포함할 리소스 파일들을 지정한다. 여러 개의 파일이라면 ", "로 분리한다. 지정하는 모든 값은 경로 또는 파일의 이름이다.
  - PATH_A : 클래스패스 내의 PATH_A 파일(경로 또는 파일)을 번들의 Root 폴더에 포함한다(프로젝트의 클래스패스 내에 있다면 검색해서 찾는다).
    > Include-Resource: log4j.jar : 프로젝트 내의 클래스패스에서 log4j.jar 파일을 찾아서 이 파일을 번들의 루트에 포함한다.
  - PATH_A = PATH_B : PATH_B 파일을 PATH_A 위치의 파일이름으로 포함한다.
    > Include-Resource: res/css/admin.css = res/admin.css // 프로젝트 내의 "res/admin.css" 파일을 번들의 "res/css/admin.css" 경로로 포함한다.
    > Include-Resource: lib/log4j.jar = log4j.jar //프로젝트 내의 클래스패스에서 log4j.jar 파일을 찾아서 이 파일을 "/lib/log4j.jar" 경로로 포함한다.

- @FILE_A : 해당 파일(ZIP 또는 JAR)의 내용을 압축을 풀어서 번들에 포함한다. Export-Package와 같이 사용하면 내부의 라이브러리 파일을 자동으로 압축을 풀어 내부 클래스처럼 포함시킨 후 익스포트할 수 있다

    ➢ Include-Resource: @log4j-1.2.15.jar // log4j-1.2.15.jar 파일의 내용을 번들에 포함한다.

- { FILE_A } : 해당 파일을 임포트하면서 매크로를 수행하여 파일 내부의 내용을 교체한다.

    ➢ Include-Resource: {LICENSE.TXT} // LICENSE.TXT 파일의 내용을 Macro로 한 번 전처리한 후 번들에 포함한다.

bnd 파일의 헤더와 Include-Resource의 {} 명령에서 사용할 수 있는 매크로는, 소문자로 시작하는 헤더를 사용하여 변수를 생성하고, 그것을 뒤의 헤더에서 사용하는 형태이다.

```
version=1.3.1

package=chapter08

name=WebAdmin
Bundle-Version: ${version}

Bundle-SymbolicName: ${package}.${name}
Bundle-Description: This bundle is ${name} ${version} . ${name} is a web
administration tool for OSGi.

Include-Resource: {LICENSE.TXT}
```

이것은 bnd에 의해 아래와 같이 변경된다.

```
Bundle-Version: 1.3.1

Bundle-SymbolicName: chapter08.WebAdmin
Bundle-Description= This bundle is WebAdmin 1.3.1 . WebAdmin is a web
administration tool for OSGi.
```

```
Include-Resource: {LICENSE.TXT}    // License.TXT 내에 들어있는 ${version}, ${name},
${package} 내용이 위의 값들로 치환된다.
```

자, 이제 앞에서 익스포트할 때 사용한 WebAdmin의 bnd 파일을 만들어 보자.

1. 먼저 bnd를 eclipse/plugins 폴더에 복사한 후 이클립스를 재시작하면 설치가 완료된다.

2. 프로젝트에 New File을 선택하여 chapter08.WebAdmin.bnd 파일을 생성한다.

3. bnd 파일의 내용을 작성한다.

    3-1. Private-Package: chapter08.*

    Include-Resource: res/admin.css=res/admin.css

    3-2. WebAdmin은 아무런 서비스도 익스포트하지 아니므로 Private-Package에 포함하면 된다.

    3-3. admin.css 파일은 프로젝트에서 위치대로 번들 안에 포함되어야 하므로 위와 같이 작성한다.

4. bnd 파일에 마우스 오른쪽 버튼을 눌러 Make Bundle을 클릭한다.

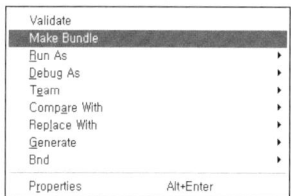

그림 10-6

번들의 Symbolic-Name을 지정하지 않았으므로, 파일의 이름을 이용해서 번들이 만들어진다.

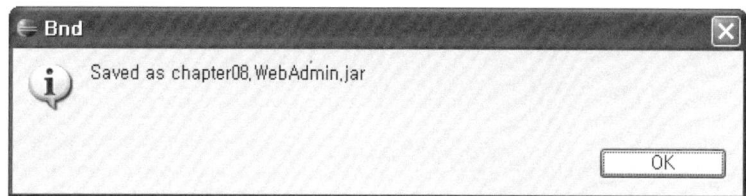

그림 10-7

bnd는 매우 간단하지만, 강력한 툴이다. 여러분도 한번 2장에서 9장까지 만들었던 다양한 예제들에 대한 .bnd 파일을 만들어보기 바란다.

1.2.2 bnd를 커맨드 라인에서 사용하기

bnd는 커맨드 라인 툴로도 활용이 가능하다. 앞에서 만든 WebAdmin의 bnd 파일이 있다면, 커맨드라인에서 다음과 같이 입력하면 이클립스에서와 똑같이 JAR 파일을 만들 수 있다.

```
D:\workspace\OSGi\chapter08.WebAdmin>java -jar c:\dev\eclipse\plugins\bnd-
0.0.313.jar build chapter08.WebAdmin.bnd
chapter08.WebAdmin.jar 4 6724
```

이렇게 만들어진 chapter08.WebAdmin.jar 파일은 4개의 파일을 포함하며 6724 바이트라는 결과 값만을 프린트하고 있다.

주로 사용하는 명령은 3가지이다.

- print (-verify | -manifest | -list | -all) <jar file>
    - JAR 파일의 내용을 인쇄한다. 기본값은 -all이다.

    ```
    D:\workspace\OSGi\chapter08.WebAdmin>java -jar c:\dev\eclipse\
    plugins\bnd-0.0.313.jar print chapter08.WebAdmin.jar
    [MANIFEST chapter08.WebAdmin.jar]
    Bnd-LastModified                    1240696174662
    Bundle-Activator                    chapter08.webadmin.
    Activator
    Bundle-ManifestVersion              2
    Bundle-Name                         chapter08.WebAdmin
    Bundle-SymbolicName                 chapter08.WebAdmin
    Bundle-Version                      0
    Created-By                          1.6.0_12 (Sun
    Microsystems Inc.)
    Import-Package                      javax.servlet,javax.
    servlet.http,org.apache.commons.fileupload,org.apache.commons.
    fileupload
    .servlet,org.osgi.framework,org.osgi.service.http,org.osgi.util.
    tracker
    Include-Resource                    res/admin.css=res/admin.
    css
    Manifest-Version                    1.0
    ```

```
Private-Package                          res,chapter08.webadmin
Tool                                     Bnd-0.0.313

[IMPEXP]
Import-Package
  javax.servlet
  javax.servlet.http
  org.apache.commons.fileupload
  org.apache.commons.fileupload.servlet
  org.osgi.framework
  org.osgi.service.http
  org.osgi.util.tracker


[USES]
chapter08.webadmin                       javax.servlet
                                         javax.servlet.http
                                         org.apache.commons.
fileupload
                                         org.apache.commons.
fileupload.servlet
                                         org.osgi.framework
                                         org.osgi.service.http
                                         org.osgi.util.tracker
```

- build(-classpath LIST | -eclipse <file> | -noeclipse | -output <file|dir>) <bnd file>
  - 해당 bnd 파일을 이용하여 번들을 생성한다.
  - 기본적으로 이클립스의 .classpath 파일을 분석하여 사용하지만, -classpth, -eclipse, -noeclipse 옵션을 이용하여 오버라이드할 수 있다.
  - -output은 생성되는 JAR 파일의 이름을 지정한다. 미 지정시 bnd 파일의 이름을 이용한다. 폴더만 지정하면 해당 폴더에 bnd 파일의 이름을 이용한 JAR 파일을 생성한다.

```
D:\workspace\OSGi\chapter08.WebAdmin>java -jar c:\dev\eclipse\
plugins\bnd-0.0.313.jar build chapter08.WebAdmin.bnd
chapter08.WebAdmin.jar 4 6724
```

- wrap(-classpath LIST -output <file|dir> | -properties <file> -ignoremanifest) <jar file>
    - 일반 자바 JAR 파일을 인자로 받아서 OSGi JAR 파일로 래핑하는 옵션이다.
    - 기본적으로 해당 JAR 파일의 모든 패키지를 익스포트한다.

        ```
        D:\workspace\OSGi\chapter08.WebAdmin>java -jar
        c:\dev\eclipse\plugins\bnd-0.0.313.jar wrap log4j-1.2.15.jar
        log4j-1.2.15 269 397487
        One warning
        1 : Superfluous export-package instructions: [org, org.apache]

        D:\workspace\OSGi\chapter08.WebAdmin>
        ```

    - 위 Warning은 bnd가 기본으로 "Export-Package: *"를 사용하기 때문에 발생하는 것이다. 아래와 같이 log4j.bnd 파일을 만들어 사용하면 Warning 메시지를 없앨 수 있다.

        ```
        log4j.bnd 파일

        Export-Package: org.apache.log4j.*

        D:\workspace\OSGi\chapter08.WebAdmin>java -jar
        c:\dev\eclipse\plugins\bnd-0.0.313.jar wrap -properties log4j.bnd
        log4j-1.2.15.jar
        log4j-1.2.15 269 397486

        D:\workspace\OSGi\chapter08.WebAdmin>dir log4j*
        D:\workspace\OSGi\chapter08.WebAdmin 디렉터리

        2009-04-26  오전 07:16           397,491 log4j-1.2.15.bar
        2007-08-25  오전 12:29           391,834 log4j-1.2.15.jar
        2009-04-26  오전 07:15                34 log4j.bnd
        ```

    - -output을 지정하지 않으면 기본적으로 .bar 확장자를 가지는 파일로 생성된다. 위에서는 log4j-1.2.15.bar 파일이 생성되었다. MANIFEST에 많은 익스포트가 자동으로 포함되어 파일 크기가 커졌다.
    - 이것은 6장에서 이클립스의 Plugin from existing JAR archives를 이용해서 OSGi 버전의 Log4j를 만들었던 것과 결과가 동일하다.

2 이쿼녹스를 콘솔에서 사용하기

OSGi 구현체인 이쿼녹스 관련 파일들은 이클립스 배포본 안에 기본으로 같이 들어있다. eclipse/plugins 폴더를 살펴보자. 다음과 같은 세 개의 파일을 찾을 수 있을 것이다. 3.0 버전 이상의 RCP, JEE 등 어떤 버전의 이클립스를 사용한다 하더라도 아래 파일들은 항상 포함된다. 물론 파일 맨 뒤의 버전번호는 약간 바뀔 수 있다.

- org.eclipse.osgi_3.4.3.R34x_v20081215-1030.jar
    - 이쿼녹스의 메인 JAR 파일이다. OSGi Alliance에서 만든 OSGi R4 Core Specification 인터페이스와 이쿼녹스 OSGi 구현체를 가지고 있다.
    - 약 1메가 정도의 파일이며, 이 파일만 있으면 기본적으로 OSGi 프레임워크를 구동할 수 있다.
- org.eclipse.osgi.services_3.1.200.v20071203.jar
    - OSGi R4 Service Compendium에 정의된 각종 서비스들의 인터페이스만을 포함하고 있다.
    - 실제 구현체는 들어 있지 않다. Event, Configuration Admin같은 서비스는 org.eclipse.equinox.event, org.eclipse.equinox.cm과 같이 따로 구현체가 존재하며 Equinox SDK 안에 들어 있다.

> 5장에서 Event Admin을 사용할 때 봤듯이 http://download.eclipse.org/equinox/에 가서 Equinox SDK를 다운로드하면 그 안에 모든 서비스가 포함되어 있다. 이 책에서는 http://download.eclipse.org/equinox/drops/R-3.4.2-200902111700/index.php, [http://durl.kr/gsi]에 있는 eclipse-equinox-SDK-3.4.2.zip을 사용했다.

- org.eclipse.osgi.util_3.1.300.v20080303.jar
    - OSGi R4 Service Compendium에 정의된 유틸리티 클래스인 XML Parser, Position, Measurement 클래스에 대한 인터페이스 및 구현체를 가지고 있다.

이제 이 파일을 이용해서 커맨드 라인에서 OSGi를 실행해보자. 여기서는 윈도 기반으로 설명을 하였지만, 리눅스나 맥킨토시에서도 JVM 만 설치되어 있다면 별다른 수정 없이 그대로 활용할 수 있다.

콘솔테스트를 위한 폴더를(C:\Work) 하나 만들고 그 폴더 안에 위의 Eclipse/Plugins 폴더에 있는 org.eclipse.osgi_3.4.3.R34x_v20081215-1030.jar 파일을 복사하자. 콘솔 창을 열고 다음과 같이 실행해보자

```
C:\Work> java -jar org.eclipse.osgi_3.4.3.R34x_v20081215-1030.jar -console

osgi> ss

Framework is launched.

id      State       Bundle
0       ACTIVE      org.eclipse.osgi_3.4.3.R34x_v20081215-1030

osgi> exit

C:\Work>
```

이렇게 입력하면 지금까지 계속 봐왔던 친숙한 osgi> 프롬프트가 나올 것이다. 맨 뒤의 -console 명령은 이 osgi> 프롬프트를 실행하는 옵션이다. 개발 단계에서는 디버깅을 위해 -console 명령을 사용하고, 실제 서비스를 위해 디플로이할 때는 삭제하면 된다.

이렇게 콘솔을 실행하고 나면 해당 폴더(여기선 C:\Work) 아래에 configuration이라는 폴더가 생긴다. 이 폴더는 OSGi 프레임워크를 실행할 때 필요한 설정 파일과 로그 파일이 저장되며, 앞에서 계속 얘기했던 영구 저장영역으로 활용되는 폴더로 내부는 이렇게 생겼다.

그림 10-8

아마 지금 만든 폴더는 이렇게 생기지 않았을 것이다. bundles 폴더 아래의 숫자명 폴더들은 설명을 위해 따로 복사해준 것이다. 각 폴더의 용도는 다음과 같다.

```
C:\Work\  -  OSGi를 실행하는 루트폴더
    configuration\   : config.ini와 log 파일 저장위치
       org.eclipse.osgi\  : OSGi의 Persistent Storage Area
          .manager\  : OSGi 스토리지 매니저가 사용하는 임시폴더
          bundles\  : 프레임워크에 설치된 각 번들파일을 위한 폴더
             2\   : 번들 ID 당 한 개의 폴더
                1\   : 각 번들 ID 아래의 "1" 폴더는 실제 번들 JAR 파일 저장소
                data\  : 번들이 사용하는 임시 데이터 저장 장소
```

이중에 눈여겨봐둘 것은 configuration과 bundles 폴더 2개이다.

- configuration : OSGi 설정파일인 config.ini와 OSGi에서 발생하는 에러 로그가 저장된다.
  - config.ini : OSGi 프레임워크를 실행하는 데 필요한 각종 설정을 하는 파일이다. 바로 뒤 10.1.1에서 자세히 설명한다.
  - *.log : OSGi에서 발생하는 각종 에러 로그가 기록되는 파일이다. 이 로그에는 여러분이 만든 번들을 실행할 때 발생하는 프레임워크 레벨의 에러가 저장된다. 혹시 여러분의 번들이 오동작 하거나 한다면 꼭 이 로그 파일을 뒤져보도록 하자. 유용한 정보를 얻을 수 있다.
- bundles : 각 번들용 폴더
  - 프레임워크에서 부여하는 번들 ID에 따라 각 번들의 폴더가 결정된다.
  - 실제 각 번들파일은 "<번들 ID>\1"에 복사된다(콘솔에서 install 또는 BundleContext의 installBundle() 명령을 통해 동적으로 설치된 번들의 경우만 해당된다. config.ini에 지정하여 처음부터 기본으로 로딩된 파일은 복사되지 않는다).
  - "<번들 ID>data\" 폴더는 번들 내에서 생성하는 파일의 저장소이다. BundleContext.getDataFile(Filename) 메서드를 수행하면 이 폴더 내에 File을 만들게 된다.

2.1 config.ini 파일을 이용하여 OSGi 콘솔 실행 설정하기

이쿼녹스는 매우 세세한 설정이 가능하다. 여러분이 OSGi를 이용해서 시스템을 작성한다면, 아마도 기본 OSGi 번들에 더해서 여러분이 작성한 번들이 자동으로 실행되게 하는 초기화 작업을 필요로 할 것이다. 이렇게 설정하려면 config.ini라는 Configuration 설정파일을 이용한다. config.ini는 자바의 Properties 형식으로 된 파일이다. 이쿼녹스를 실행할 때 아무런 인자 값도 주지 않는다면 이쿼녹스는 기본으로 configuraion\config.ini 파일을 찾으려 시도해서 자동으로 로드한다. configuration의 위치를 바꾸려면 -configuration "<folder>\<config file name>" 형태로 지정하면 된다.

자, 그럼 테스트를 위해 9장에서 만든 HTTP 서비스와 WebAdmin이 콘솔에서 실행되도록 만들어보자. 먼저 C:\Work 폴더 아래에 MyBundles 폴더를 만들고 9장에서 사용한 아래 파일들을 복사한다.

- org.eclipse.osgi.services_3.1.200.v20071203.jar   - eclipse/plugins 폴더에서
- org.eclipse.equinox.http_1.0.200.v20080421-2006.jar - eclipse/plugins 폴더에서
- com.springsource.javax.servlet-2.5.0.jar - 9장에서 다운로드 했음. eclipse/DownloadedBundles 폴더에서
- com.springsource.org.apache.commons.fileupload-1.2.0.jar
  - eclipse/DownloadedBundles 폴더에서
- com.springsource.org.apache.commons.io-1.4.0.jar
  - eclipse/DownloadedBundles 폴더에서
- chapter08.WebAdmin.jar - 앞에 bnd를 이용하여 생성한 파일

앞에서 이미 org.eclipse.osgi_3.4.3.R34x_v20081215-1030.jar 파일은 C:\Work 폴더 아래에 복사했으니, C:\Work\configuration 폴더에 config.ini 파일을 만들고 아래처럼 입력한다.

```
#Configuration File
eclipse.ignoreApp=true
osgi.bundles=./MyBundles/org.eclipse.osgi.services_3.1.200.v20071203.jar@start,\
  ./MyBundles/org.eclipse.equinox.http_1.0.200.v20080421-2006.jar@1:start,\
  ./MyBundles/com.springsource.javax.servlet-2.5.0.jar@start,\
  ./MyBundles/com.springsource.org.apache.commons.fileupload-1.2.0.jar@start,\
```

```
./MyBundles/com.springsource.org.apache.commons.io-1.4.0.jar@start,\
./MyBundles/chapter08.WebAdmin.jar@start
```

- eclipse.ignoreApp라는 옵션은 이쿼녹스 실행 시에 자동으로 이클립스를 실행하게 되어있는데, 이것을 하지 말라고 지시하는 것이다. 지정하지 않아도 문제는 없지만, 그럴 경우 log 파일에 항상 Exception이 기록된다.
- osgi.bundles는 자동으로 설치될 번들을 지정하는 것으로, 위와 같이 여러줄에 나누어 작성할 수 있다.
  - @start와 같이 번들 뒤에 붙이면 설치 후 자동으로 실행된다. 없을 경우 installed 상태로 머물러 있다.
  - @1:start와 같이 시작할 스타트 레벨을 지정할 수 있다. 여러 개의 번들이 순서대로 실행되어야 하는 경우 스타트 레벨 값을 1부터 점점 큰 값으로 지정하면 된다. 위의 경우 웹 서비스를 먼저 실행하기 위해 http에만 1을 지정했다. 없으면 osgi.defaultStartLevel에 지정된 값이 지정된다.

> **TIP:**
>
> StartLevel은 OSGi에 기본으로 포함된 서비스로 번들의 시작/종료 순서를 결정하는 서비스이다. 0 이상의 Integer 값이 사용되며 0은 OSGi 프레임워크가 중단된 상태이므로 실제로 사용할 수 있는 값은 1 이상의 정수이다. StartLevel을 이용하여 번들의 시작 순서를 바꾸는 것은 다음과 같은 경우에 사용된다.
>
> - 번들의 시작순서를 지정해야 할 때(웹 애플리케이션 시작전에 웹 서버를 실행해야 하는 것처럼)
> - 초기화 시간이 오래 걸리는 번들을 먼저 시작하고자 할 때
> - 윈도 안전모드처럼 필수 번들만 로딩하기를 원할 때
>
> 앞에서 배운 ServiceTracker를 잘 활용하면 소스코드 내에서 다른 번들의 시작을 기다리도록 하여 번들의 시작순서를 지정하는 것이 필요가 없도록 할 수 있지만, 다수의 번들이 실행될 때는 상호 참조등으로 오류가 발생할 수 있으니 지정해주는 것이 좋다.
>
> config.ini에서 StartLevel을 지정하여 초기화할 수 있으며, 코드상에서 작업하려면 org.osgi.service.startlevel 패키지에 있는 StartLevel 서비스를 이용하면 된다. 또한 이클립스의 Run Configuration에서도 설정할 수 있다.

〈다음 쪽에 계속〉

```java
public interface StartLevel {
    // 프레임워크의 스타트 레벨
    public int getStartLevel();
    public void setStartLevel(int startlevel);


    // 각 번들의 스타트 레벨
    public int getBundleStartLevel(Bundle bundle);
    public void setBundleStartLevel(Bundle bundle,
        int startlevel);
    // 번들 설치 시 기본 스타트 레벨
    public int getInitialBundleStartLevel();
    public void setInitialBundleStartLevel(int startlevel);


    // 번들이 AutoStart 되는가?
    public boolean isBundlePersistentlyStarted(Bundle bundle);


    // 번들의 Bundle-ActivationPolicy가 선언되고 사용되는가?
    public boolean isBundleActivationPolicyUsed(Bundle bundle);
}
```

아래처럼 입력해서 실행하면 다음과 같이 보인다.

```
C:\Work>java -jar org.eclipse.osgi_3.4.3.R34x_v20081215-1030.jar -console

osgi> ss

Framework is launched.

id        State      Bundle
0         ACTIVE     org.eclipse.osgi_3.4.3.R34x_v20081215-1030
```

1	ACTIVE	org.eclipse.osgi.services_3.1.200.v20071203
2	ACTIVE	org.eclipse.equinox.http_1.0.200.v20080421-2006
3	ACTIVE	com.springsource.javax.servlet_2.5.0
4	ACTIVE	com.springsource.org.apache.commons.fileupload_1.2.0
5	ACTIVE	com.springsource.org.apache.commons.io_1.4.0
6	ACTIVE	chapter08.WebAdmin_0.0.0

osgi>

성공적으로 실행되면 웹 브라우저를 통해 http://localhost/admin에 접속하였을 때 WebAdmin의 화면을 볼 수 있을 것이다. 이제 위의 java 커맨드를 아래와 같이 배치파일/셸 스크립트 파일로 만들어 놓으면 이 폴더 자체가 여러분의 OSGi Application 실행환경이 된다.

start.bat   - for Windows
```
:: start.bat
::
:: Windows Batch Script to launch OSGi framework
::
@echo Launching OSGi..
@java -jar org.eclipse.osgi_3.4.3.R34x_v20081215-1030.jar
```

start.sh   - for Unix/Linux
```
#!/bin/sh
#
# Unix/Linux Shell Script to launch OSGi framework
#
echo "Launching OSGi.."
java -jar org.eclipse.osgi_3.4.3.R34x_v20081215-1030.jar
```

커맨드 라인 및 config.ini에서 지정할 수 있는 유용한 옵션들을 몇 가지 더 살펴보자.

http://help.eclipse.org/help32/index.jsp?topic=/org.eclipse.platform.doc.isv/reference/misc/runtime-options.html [http://durl.kr/hvv]

- osgi.console=<port number>

    -console을 붙이는 것과 동일하다. 이 옵션을 config.ini에 지정하면 위의 커맨드 라인에서 -console을 붙이지 않아도 된다.

    만약 뒤에 <port number>를 붙이면 OSGi 콘솔화면을 원격에서 볼 수 있도록 해당 포트를 열게 되며, 원격에서 텔넷 애플리케이션으로 접속이 가능하다.

    C:\Work>java -jar org.eclipse.osgi_3.4.3.R34x_v20081215-1030.jar -console 9000

    Listening on port 9000 ...

    위와 같이 실행한 후 또 다른 창이나 다른 PC에서 텔넷으로 접속한다.

    C:\Work\aa>telnet localhost 9000

    osgi>

    심각한 보안문제가 될 수 있으므로 개발할 때만 사용하는 것이 좋다.

- osgi.bundles.defaultStartLevel=<integer>

    install 명령을 통해 설치되는 번들의 기본 StartLevel을 지정한다. 이퀴녹스의 기본값은 4이다.

- osgi.startLevel=<integer>

    OSGi가 시작되고 난 후 지정할 StartLevel 값이다. 즉, 이 레벨까지의 모든 번들이 시작된다고 보면 된다. 이퀴녹스의 기본값은 6이다.

- osgi.clean=<true | false>

    OSGi를 시작할 때마다 이전 세션에서 저장된 영구 저장 영역을 초기화하도록 한다.

이제 여러분이 만든 폴더와 파일의 구조는 다음과 같다. 아래 폴더만 압축해서 배포하면 JVM이 설치된 모든 환경에서 사용 가능하다.

C:\Work\
  org.eclipse.osgi_3.4.3.R34x_v20081215-1030.jar   - OSGi 프레임워크
  start.bat, start.sh   - 프레임워크 실행 스크립트
  \configuration\
      config.ini   - 설정파일
  \MyBundles\   - 각종 번들 파일
    org.eclipse.osgi.services_3.1.200.v20071203.jar
    org.eclipse.equinox.http_1.0.200.v20080421-2006.jar
    com.springsource.javax.servlet-2.5.0.jar
    com.springsource.org.apache.commons.fileupload-1.2.0.jar
    com.springsource.org.apache.commons.io-1.4.0.jar
    chapter08.WebAdmin.jar

11

Spring Dynamic Modules for OSGi™

지금까지 OSGi의 번들, 서비스와 같은 기본 개념부터 각종 서비스의 사용, 배포 방법들을 배웠다. 이번 장부터는 스프링 프레임워크와 Spring Dynamic Modules를 사용하여 OSGi를 좀 더 강력하게 사용하는 방법을 알아보자.

1 스프링 프레임워크

스프링 프레임워크는 로드 존슨에 의해 개발된 오픈소스 애플리케이션 프레임워크로 2004년에 1.0 버전이 발표된 이후, 계속 발전을 거듭하여 현재는 3.0 버전을 개발 중이다. 초기에 스프링은 복잡한 Java EE에 대한 대안으로 시작되었지만, 이제 스프링은 자바 개발에 있어서 엔터프라이즈 영역의 모든 부분을 다 지원하는 다기능 프레임워크로 발전하였으며 점점 영역을 넓혀가고 있다.

실전에서 애플리케이션을 개발할 때 많은 컴포넌트를 개발하고 사용하게 되며, 각각의 컴포넌트는 서로 간에 호출을 하기 위해 의존성(Dependency)을 가진다. 스프링은 자바의 인터페이스를 이용한 각 모듈 간의 의존성을 좀 더 쉬우면서도 강력하게 사용할 수 있도록 하고 있다. 이를 위해 스프링은 제어 역전(Inversion of Control , IoC) 컨테이너로서 의존성 주입(Dependency Injection , DI)을 지원한다.

- 제어 역전
    - 소프트웨어 패턴의 하나로, 필요로 하는 기능을 위해 라이브러리의 코드를 호출해서 사용하는 것과 달리 사용 중인 프레임워크가 필요할 때 코드를 호출하는 형식을 의미한다. 단지 함수 호출만이 아니라 객체를 생성하고 소멸하는 것 자체도 프레임워크가 외부에서 관리하게 된다.
    - 마틴 파울러(Martin Fowler)의 'Inversion of Control' 글을 참고한다.
        - http://martinfowler.com/bliki/InversionOfControl.html
        [http://durl.kr/hwf]
- 의존성 주입
    - IoC를 지원하는 컨테이너에서 각 객체 간의 의존성을 처리하는 방법 중의 하나이다. 외부에서 A 객체가 필요로 하는 B 객체를 만들어서 주입(Injection)하는 것을 말한다.
    - 마틴 파울러의 'Inversion of Control Containers and the Dependency Injection pattern' 글을 참고한다.
        - http://martinfowler.com/articles/injection.html [http://durl.kr/hwg]
    - 생성자 주입(Constructor Injection), 세터 주입(Setter Injection) 등의 방법을 지원한다.

지금까지 사용한 OSGi는 서비스 레지스트리라는 개념을 사용하므로, 위의 마틴 파울러의 'Inversion of Control Containers and the Dependency Injection pattern' 글 후반에서 볼 수 있는 Service Locator를 이용한 방법과 비슷하다고 할 수 있다. 이에 반해 스프링은 POJO(Plain Old Java Object)를 활용하여 의존성 주입을 통해 각 객체 간에 직접적인 의존 관계 없이 호출을 가능하게 해준다.

11 Spring Dynamic Modules for OSGi™

> ❋ **NOTE:**
>
> **POJO : Plain Old Java Object**
>
> 특정기술에 종속되지 않는 순수 자바코드로만 작성된 객체를 의미한다. 기술에 종속되지 않으므로, 여러 프레임워크에 손쉽게 적용하여 재사용이 가능하다. 또한, 코드가 간결해지며 테스트가 쉽다는 장점이 있다. 주로 비즈니스 로직만을 가지고 있는 객체를 말할 때 사용된다.
>
> http://en.wikipedia.org/wiki/POJO [http://durl.kr/hwh]

스프링의 의존성 주입을 활용한 간단한 예제 코드를 보도록 하자. 소스를 간단하게 보기 위해 따로 웹 컨테이너 등을 이용하지 않고 독립 애플리케이션으로 작성할 것이다. 먼저 예제 코드 작성 및 실행을 위해 아래 위치에서 스프링 프레임워크를 다운로드하자.

http://www.springsource.com/download/community?project=Spring%20Framework

여기서는 2.5.6 버전의 스프링 프레임워크와 관련 라이브러리들이 같이 포함된 spring-framework-2.5.6-with-dependencies.zip을 다운로드했다.

http://s3.amazonaws.com/dist.springframework.org/release/SPR/spring-framework-2.5.6-with-dependencies.zip [http://tinyurl.com/spring256]

압축을 풀고, 기본 스프링 프레임워크 실행에 필요한 Spring.jar 파일과 commons-logging.jar 파일을 프로젝트 클래스패스에 추가하여 준다.

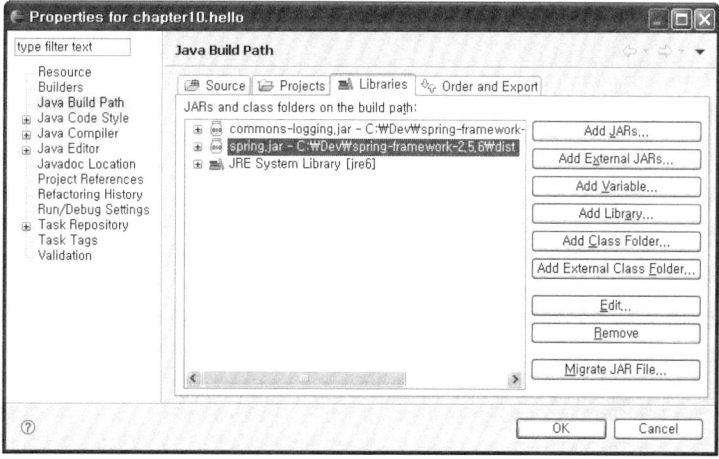

그림 11-1

이제 클래스를 생성해보자.

Hello는 메인 클래스로 SpringContext 생성을 위한 main 메서드가 있다. 그리고, DI를 통해 주입 받을 Printer 인터페이스를 선언하고 이를 통해 메시지를 출력한다.

```java
// Hello.java
package chapter10;

import org.springframework.context.support.FileSystemXmlApplicationContext;

public class Hello {
    private Printer myPrinter;

    public void setMyPrinter(Printer myPrinter) {
        this.myPrinter = myPrinter;
    }

    public void hello(String msg) {
        myPrinter.out("Hello " + msg);
    }

    public static void main(String[] args) {
        FileSystemXmlApplicationContext appContext =
            new FileSystemXmlApplicationContext(new String[]
                {"spring/spring.xml"});

        Hello hello = (Hello) appContext.getBean("hello");

        hello.hello("test");
    }
}
```

프린터를 위한 인터페이스 파일이다. 간단한 out 메서드만을 선언한다.

```java
// Printer.java
package chapter10;
```

```
public interface Printer {
    public void out(String msg);
}
```

프린터 인터페이스를 구현한 Console Printer 클래스를 생성한다. 받은 메시지를 바로 콘솔에 출력하는 간단한 클래스이다.

// ConsolePrinter.java
```
package chapter10;

public class ConsolePrinter implements Printer {
    public void out(String msg) {
        System.out.println(msg);
    }
}
```

그리고 테스트를 위해 Error Printer라는 클래스를 하나 더 생성한다. 이것은 System.Err를 이용하여 Error로 출력하게 만드는 클래스이다.

// ErrorPrinter.java
```
package chapter10;

public class ErrorPrinter implements Printer {
    public void out(String msg) {
        System.err.println("[Err]" + msg);
    }
}
```

그리고 나서 이제 이 클래스들을 엮어줄 spring.xml 파일을 생성한다.

```
<?xml version="1.0" encoding="UTF-8"?>
<!DOCTYPE beans PUBLIC "-//SPRING//DTD BEAN//EN"
    "http://www.springframework.org/dtd/spring-beans.dtd">

<beans>
    <bean id="hello" class="chapter10.Hello" >
        <property name="myPrinter">
```

〈다음 쪽에 예제 코드 계속〉

```
            <ref local="consolePrinter" />
        </property>
    </bean>

    <bean id="consolePrinter" class="chapter10.ConsolePrinter" />
    <bean id="errorPrinter" class="chapter10.ErrorPrinter" />
</beans>
```

생성한 프로젝트와 실행결과는 다음과 같다.

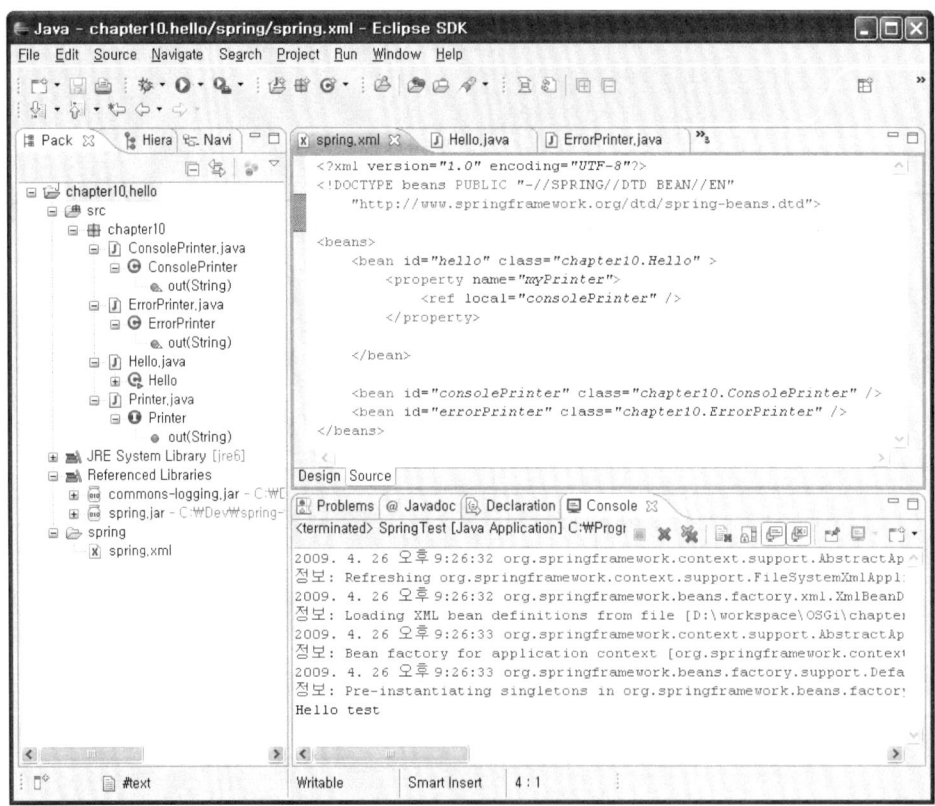

그림 11-2

Hello 클래스는 hello라는 빈(Bean)으로 생성되었다. 이렇게 생성된 빈은 appContext. getBean("hello")라는 메서드를 통해 가져와서 사용되고 있다. 눈여겨볼 부분은 Hello 클래스의 hello() 메서드 부분이다. 여기서는 myPrinter라고 하는 Printer 인터페이스를 그냥 사용하고 있으며, 이 인터페이스 변수에 객체를 생성하는 부분은 코드에 없다. spring.xml 파일에 있는 <property> 항목을 통해 세터 주입을 이용하여 스프링이 주입해주고 있다. 즉, 이 객체가 ConsolePrinter인지 ErrorPrinter인지를 결정하는 것은 코드가 아니라 외부파일 spring.xml이다. 위 xml 파일에 <ref local="consolePrinter" />라고 되어 있는 부분을 <ref local="errorPrinter" />로 수정하고 실행해보자.

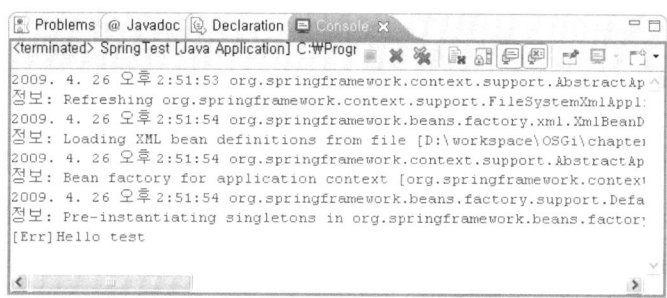

그림 11-3

myPrinter 변수에 주입되는 객체가 System.out을 사용하는 consolePrinter빈에서 System.err를 사용하는 errorPrinter 빈으로 변경되었다. 이와 같이 의존성 주입을 이용하여 코드의 수정 없이 외부의 XML 파일만 수정하여 주입되는 클래스를 변경하였다.

스프링 프레임워크는 이외에도 많은 장점을 가지면서도 매우 가벼운 프레임워크이다. 스프링 프레임워크에 대해 더 자세히 알아보는 것은 이 책의 범위를 벗어나므로, 웹사이트나 최근에 번역된 『프로 스프링 2.5』를 참고하기 바란다. 여기서는 의존성 주입이 이렇게 외부의 XML 파일 수정만으로 동작된다는 것만을 알아두면 SpringDM을 이해하는 데 도움이 될 것이다. 물론 스프링에 대해서 많이 알게 될수록 SpringDM에 접근하기가 쉬울 것이다.

2 Spring Dynamic Modules for OSGi

Spring Dynamic Modules for OSGi(줄여서 SpringDM)은 최근에 스프링에 추가된 프로젝트로서, 스프링으로 작성된 애플리케이션이 OSGi상에서 실행될 수 있도록 해준다. 정확히 말하자면 서비스 레지스트리를 사용하는 OSGi의 서비스 룩업 메커니즘을 스프링에서 제공하는 의존성 주입 형태로 사용할 수 있게 해준다는 것이다. 물론, 단순히 의존성 주입이 가능해지는 것만이 아니라, 스프링이 지원하는 각종 웹/DB 관련 클래스들도 OSGi에서 쉽게 이용할 수 있게 된다.

지금까지 앞에서 살펴봤듯이 OSGi는 번들이라는 개념을 통해 동적으로 모듈의 추가/수정/삭제 등을 제공하고 있으며, 각 번들은 서비스를 서비스 레지스트리에 등록하고 이를 가져와서 사용한다. 그러나 이러한 작업을 위해서 각 번들은 OSGi의 BundleContext와 BundleActivator라는 인터페이스에 의존하게 되므로 OSGi 번들은 POJO가 아니고 OSGi에 종속된 코드가 돼버린다. 또한 서비스를 등록하고 찾기 위해 ServiceTracker라는 형태의 클래스를 각각의 번들이 공통으로 만들어야 하므로 번들이 여러 개가 되면 똑같은 코드를 계속 중복해서 작성하게 된다. SpringDM은 OSGi상에 Extender 개념을 이용하여 POJO 형태의 일반 스프링 빈을 OSGi 번들로 동적으로 바꾸는 작업을 지원한다(Extender는 5장 94쪽의 박스설명 참고). 이 Extender를 통해 코드에서 OSGi 관련부분을 걷어내고, 서비스에 등록하고 찾아오는 작업을 스프링의 의존성 주입 메커니즘을 통해 가능하게 해주는 것이다.

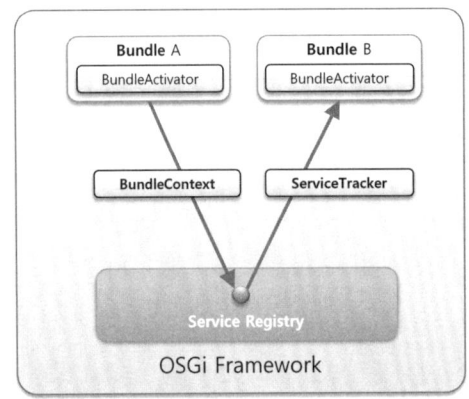

각 번들이 BundleActivator 를 통해 전달받은
BundleContext 를 이용하여 서비스를 등록하고 검색함

POJO 안에 들어있는 spring.xml 을 SpringDM 의 Extender
가 읽어 들여 Bean을 생성하고 POJO 를 OSGi 번들화시킴

그림 11-4

그림 11-4의 번들 A와 번들 B는 BundleActivator와 BundleContext를 통해 OSGi에 종속되어 있다. 하지만 POJO A와 POJO B의 코드에는 어떠한 OSGi 관련코드도 들어 있지 않으며 spring.xml에만 SpringDM을 위한 몇 개의 XML configuration이 들어 있을 뿐이다. SpringDM은 이 spring.xml을 읽어들여 POJO A가 제공하는 서비스 빈을 OSGi Service Registry에 등록시켜주고, POJO B는 POJO A가 제공하는 서비스를 기본 스프링에서 다른 빈을 주입하여 사용하는 것처럼 가져다 쓸 수 있게 된다.

- OSGi 사용자는 SpringDM의 지원으로 서비스를 등록하고 가져오는 방법이 쉬워지게 되며 의존성 주입을 사용할 수 있게 된다. 번들의 개발자체가 POJO 기반으로 변경되므로, 테스팅이 매우 용이해진다.
- 스프링 사용자는 OSGi가 지원하는 번들과 라이프사이클 모델을 통해 완벽한 모듈화, Versioning(버전이 다른 각각의 번들을 동시에 사용), 동적 추가/수정/삭제 등의 기능을 엔터프라이즈급 애플리케이션을 개발할 때 사용할 수 있게 된다.

이와 같이 OSGi와 SpringDM은 서로가 부족한 부분을 보완해주는 형태로 결합되어 엔터프라이즈 애플리케이션의 새로운 개발플랫폼으로 떠오르고 있다. 스프링 프레임워크를 개발한 SpringSource, Inc.에서는 이 두 가지 기술에 기반하여 스프링의 다양한 기술과 톰캣을 결합한 SpringSource DM Server라는 제품을 만들어 출시하고 있다.
http://www.springsource.org/dmserver   [http://durl.kr/i55]

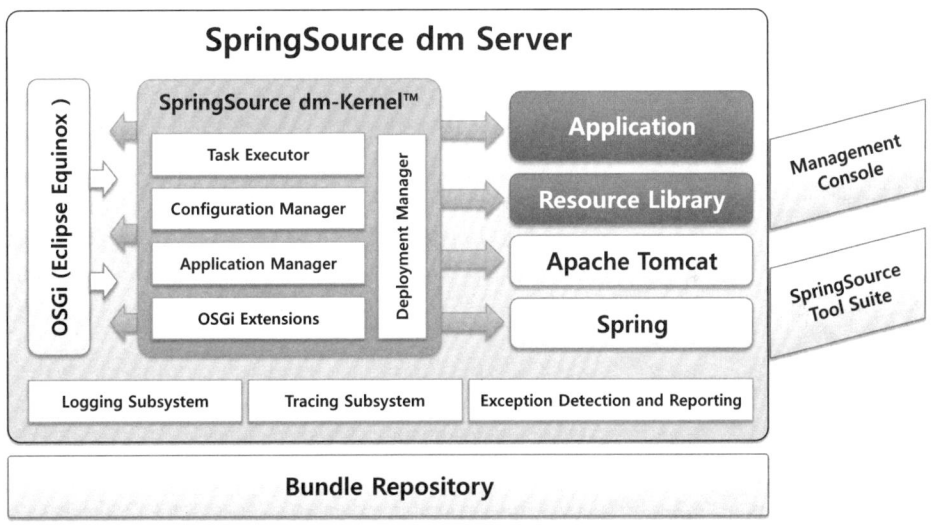

그림 11-5

3 SpringDM 개발환경 설정

SpringDM 개발을 위해 기존 사용하던 이클립스와 JDK 외에 필요한 것들은 다음과 같다.

- SpringDM 1.2.0 ···▶ http://www.springsource.org/osgi
  - http://s3.amazonaws.com/dist.springframework.org/release/OSGI/spring-osgi-1.2.0-with-dependencies.zip
    [http://tinyurl.com/springdm120]
- SpringIDE 2.2.2 ···▶ http://springide.org/
- Maven 2.1.0 ···▶ http://maven.apache.org/
- Maven Integration for Eclipse Plugin [m2eclipse]
  ···▶ http://m2eclipse.codehaus.org/

앞에서 사용하던 대로 C:\dev\ 폴더 아래에 SpringDM과 Maven을 다운로드해서 압축을 풀자. SpringIDE와 m2eclipse는 이클립스의 Update 기능을 이용한다.

3.1 SpringIDE 설치

먼저 스프링 관련 개발을 위해 SpringIDE를 설치하도록 하자. SpringIDE는 이클립스상에서 스프링 프레임워크를 활용한 개발을 쉽게 할 수 있도록 도와주는 확장기능들의 모음이다.

이클립스의 메뉴에서 'Help ▷ Software Updates'를 선택한다.

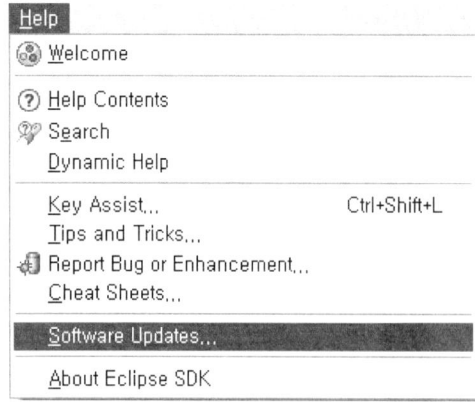

그림 11-6

이클립스 3.4 버전부터는 새로운 Software Update 시스템인 이클립스 P2(Provisioning Platform)가 적용되었다.

http://wiki.eclipse.org/Equinox/p2 [http://durl.kr/i5m]

클릭하면 다음과 같은 창이 실행된다.

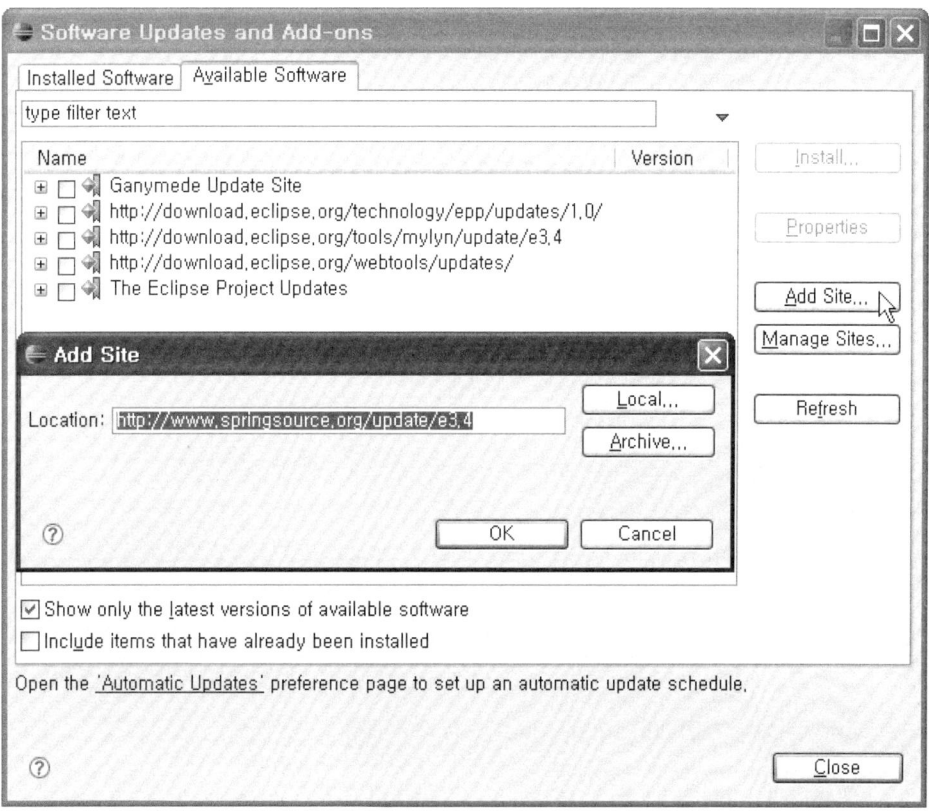

그림 11-7

두 번째 탭인 Avaliable Software 를 선택한다. Add Site 버튼을 선택해서 아래 2개의 주소를 입력한다.

- http://www.springsource.org/update/e3.4
- http://m2eclipse.sonatype.org/update/

이것은 SpringSource가 제공하는 이클립스 3.4 Ganymede 용 업데이트 사이트와 m2eclipse의 업데이트 사이트이다.

OSGi & SpringDM

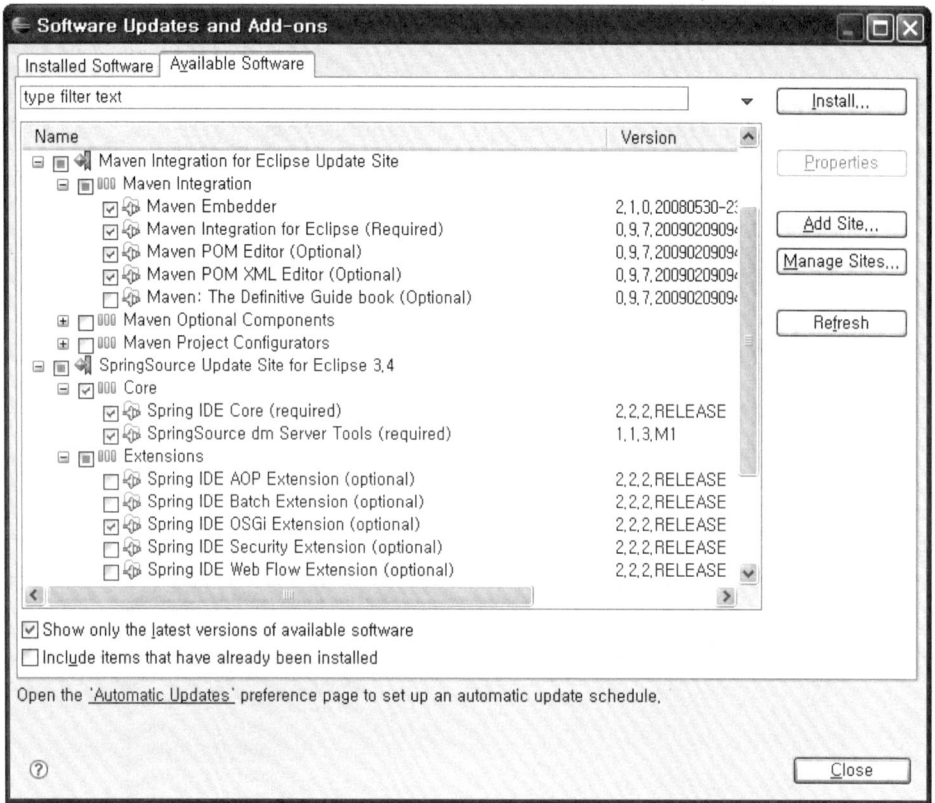

그림 11-8

그러면 위와 같이 M2Eclipse 업데이트 사이트와 SpringSource 업데이트 사이트가 추가되며, 이중에서 M2Eclipse와 SpringIDE 관련된 것들을 추가한다.

여기서는 위 화면과 같이 Maven 4개와 SpringIDE Core, SpringDM Server Tools, OSGi 확장만 선택하였다. 그리고 설치를 누르면 오른쪽 그림 11-9와 같이 확인창이 나오고 설치가 시작된다.

설치가 끝나면 이클립스를 재시작한다(이 이클립스 플러그인들도 OSGi를 이용하였으므로 재시작 않고도 적용은 가능하지만 이클립스 통합개발환경의 경우는 잘 안 되는 경우가 있다).

재시작 후엔 새 프로젝트 생성이나 프로젝트의 컨텍스트 메뉴에 M2와 스프링 관련 항목들이 추가된 것을 볼 수 있다.

11 Spring Dynamic Modules for OSGi™

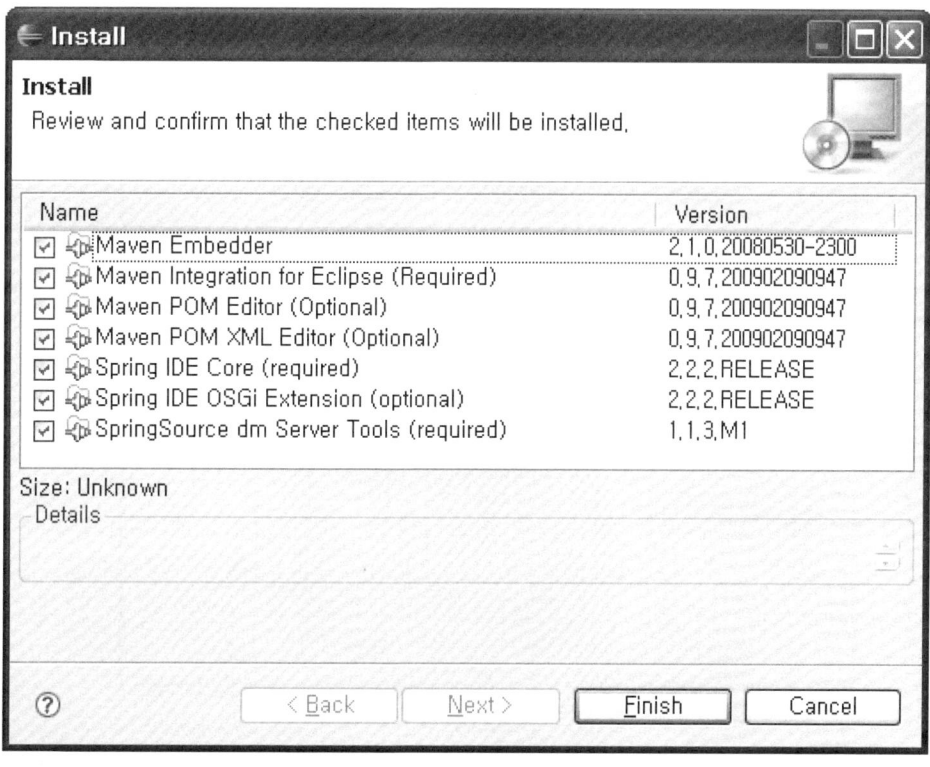

그림 11-9

3.2 Maven 설치

Maven이 설치되어 있지 않다면 Maven을 설치한다. http://maven.apache.org/

여기선 2.1.0 버전을 이용한다. http://mirror.apache-kr.org/maven/binaries/apache-maven-2.1.0-bin.zip [http://tinyurl.com/maven21]

파일을 다운로드해서 압축을 풀고 아래와 같이 3개의 값을 윈도의 환경변수에 등록한다.

- JAVA_HOME : JDK 설치경로
- M2_HOME : Maven 설치경로
- PATH : %M2_HOME%\bin 폴더 추가

277

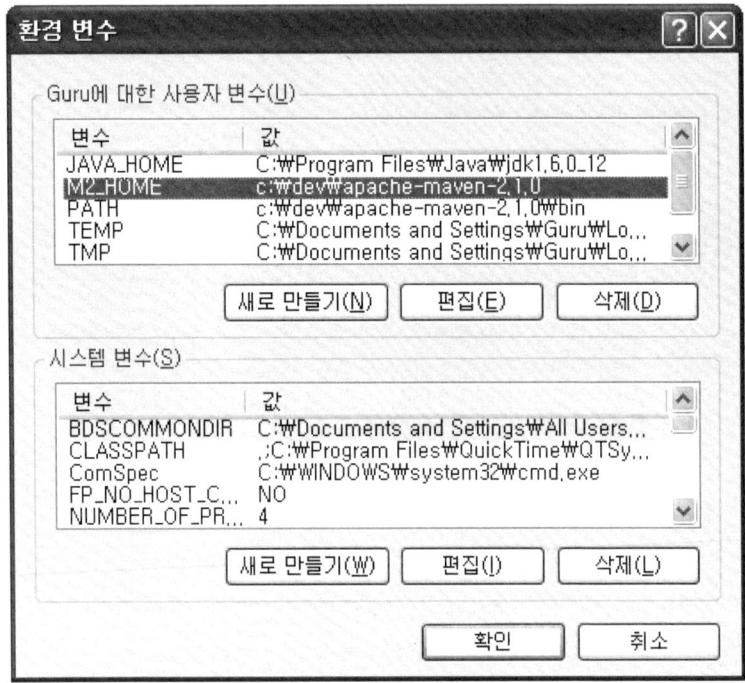

그림 11-10

4 타겟 플랫폼 설정

타겟 플랫폼(Target Platform)은 번들을 개발하고 실행하는 환경을 의미한다. 이것은 개발할 때 사용 중인 이클립스 내의 환경과는 다르게, 실제로 번들이 배포되었을 때 사용할 환경과 똑같이 만들어 줌으로써 실제 배포할 때처럼 테스트 및 개발을 할 수 있도록 해주는 것이다. 이클립스를 처음 설치할 때 기본 타겟 플랫폼은 이클립스 폴더로 되어 있어서 모든 이클립스 내의 번들이 올라가도록 지정되어 있다. 2장에서 처음에 OSGi 번들을 만들고 실행할 때 에러가 났던 것을 기억하는가? 그것은 타겟 플랫폼에 모든 번들이 등록되어 있어서 초기화할 때 모든 이클립스 내의 플러그인들을 다 실행하다가 에러가 났던 것이다. 또한 10장에서 OSGi를 콘솔에서 실행하게 하면서 매우 제한된 번들만 사용하도록 했는데, 그 역시도 단독 실행을 위한 타겟 플랫폼을 만들어 본 것이라 할 수 있다.

타겟 플랫폼은 이클립스에서 인식되는 .target 확장자를 가지는 파일로 기록되며 다음과 같은 형식을 가진다.

```xml
<?xml version="1.0" encoding="UTF-8"?>
<?pde version="3.2"?>
<target name="Spring DM Snapshot">
    <location path="${bundle_loc:org.springframework.ide.eclipse.osgi.
        targetdefinition}/snapshot/target"/>
    <content useAllPlugins="true">
        <plugins>
        </plugins>
        <features>
        </features>
    </content>
</target>
```

location 태그를 통해 각 번들이 위치한 폴더를 지정하며, 그 안의 모든 플러그인을 사용하기 위해 useAllPlugins를 지정한 것이다.

http://help.eclipse.org/stable/index.jsp?topic=/org.eclipse.pde.doc.user/guide/tools/preference_pages/target_platform.htm [http://durl.kr/i5h]

앞에서 설치한 SpringIDE를 설치할 때 기본적으로 아래와 같이 SpringDM을 위한 타겟 플랫폼이 2개 자동으로 설치된다.

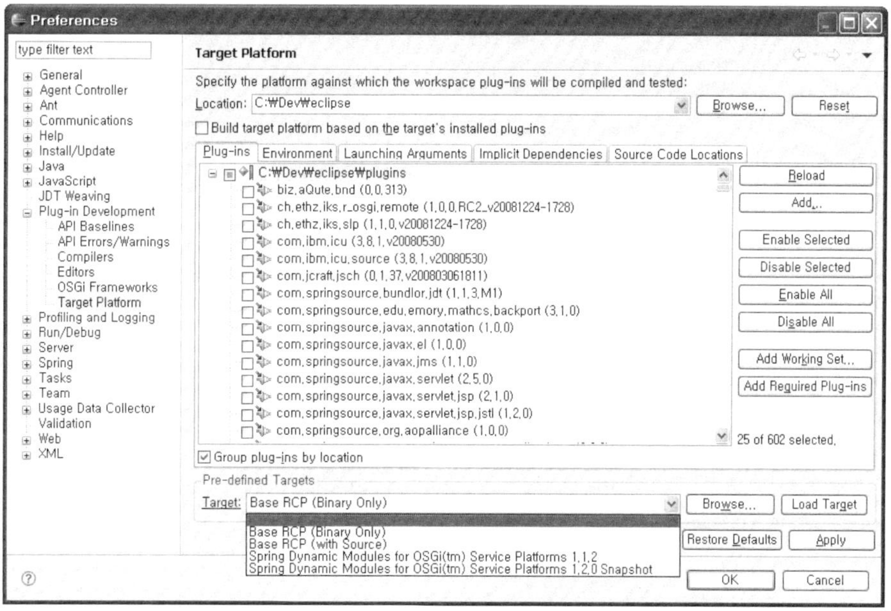

그림 11-11

이 타겟 플랫폼을 사용해도 상관은 없으나, 여러분이 실제 프로젝트를 진행할 때는 여러분이 사용하는 번들만을 포함하는 자신의 타겟 플랫폼을 지정하게 될 것이므로 여기서는 새로운 타겟 플랫폼을 만들어 보도록 하자.

타겟 플랫폼용으로 새로운 자바 프로젝트를 하나 만들자.

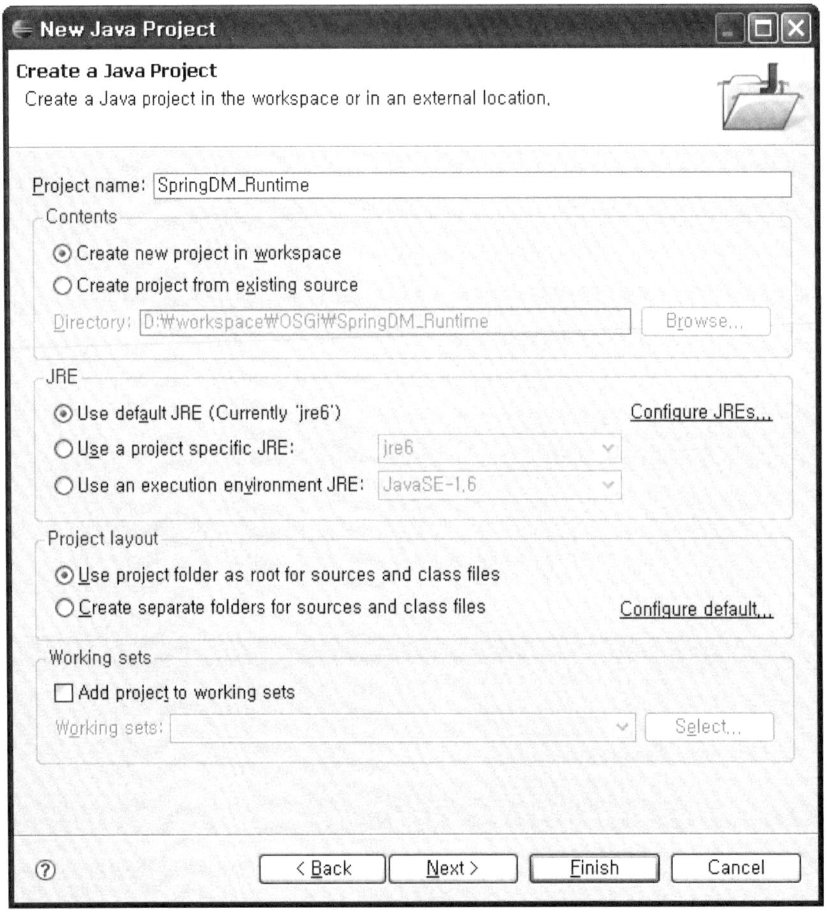

그림 11-12

프로젝트명을 SpringDM_Runtime이라고 주었는데, 실제 프로젝트를 진행할 때 타겟 플랫폼뿐만 아니라 실행에 필요한 런치 설정(Launch Configuration) 및 각종 실행정보를 저장할 임시 프로젝트로 사용하기 위해서이다. 일반적으로 프로젝트 수행 시에는 <프로젝트명>_Runtime으로 주어서 각 프로젝트당 알맞은 타겟 플랫폼을 유지해주는 것이 좋다.

프로젝트에 하부폴더로 target 폴더를 만들고 그 안에 새로운 Target Definition을 생성하자. File ▷ New를 선택하여 Plugin-Developement에 있는 Target Definition을 선택한다.

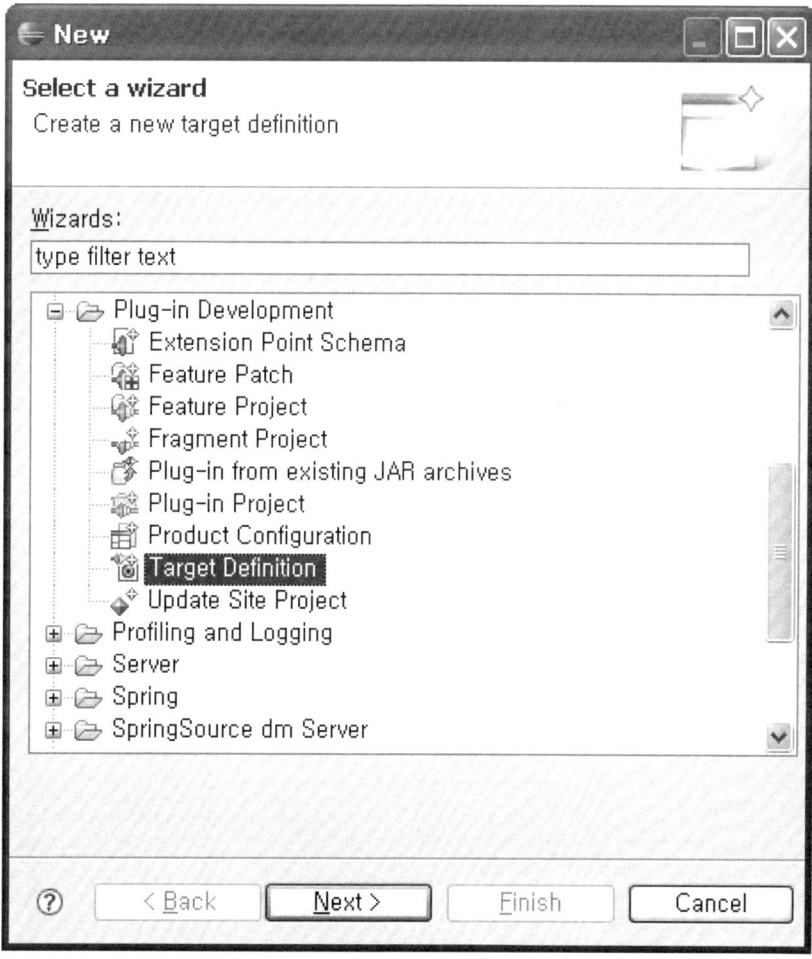

그림 11-13

나중에 사용하기 위해 제티 웹 서버를 포함하는 타겟 플랫폼을 만들 것이므로, target 폴더 아래에 다음와 같이 SpringDM with Jetty라는 이름의 target을 만든다. SpringDM은 기본적으로 아파치 톰캣과 제티 웹 서버를 지원한다. 여러분이 톰캣을 사용하고자 한다면 간단히 제티 서버 번들을 톰캣 번들로 교체하면 된다.

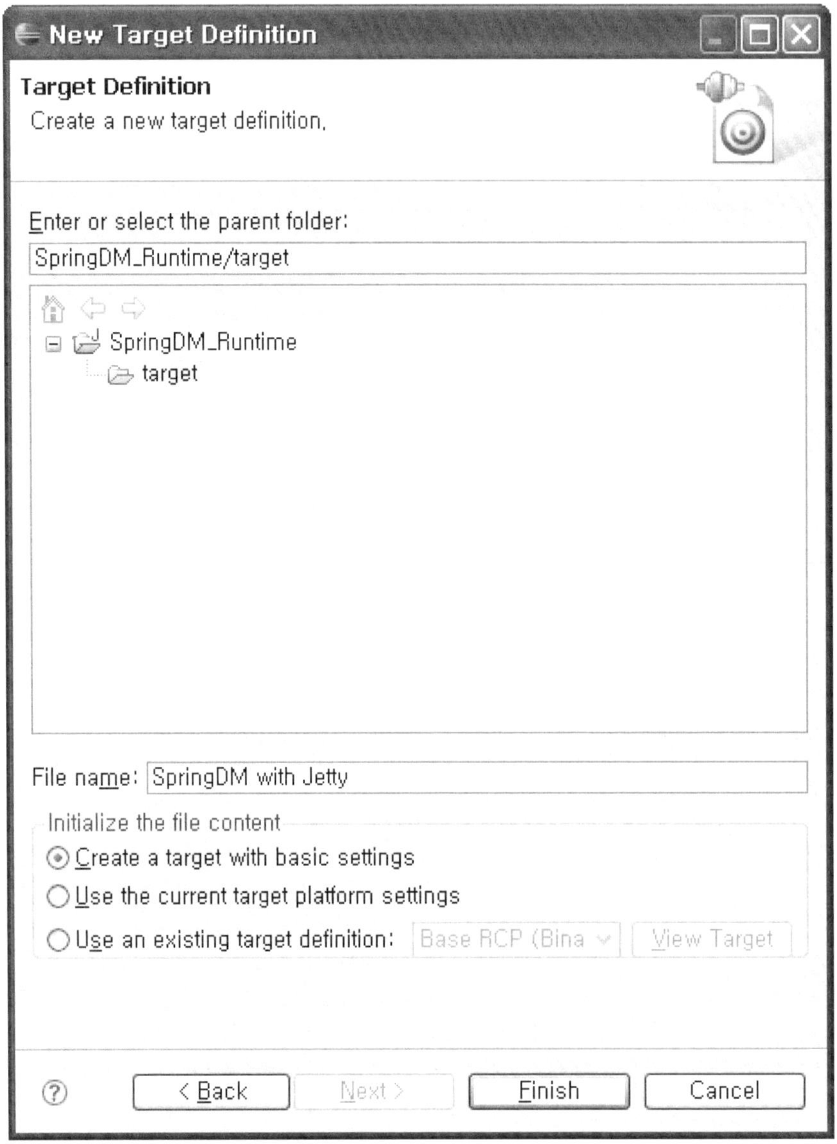

그림 11-14

파일이 만들어지면 이클립스 플러그인 개발환경에 포함된 Target Definition Editor가 실행되어 Target Definition을 수정할 수 있게 된다.

그림 11-15

여기에 Location을 방금 만든 프로젝트 아래의 target 폴더로 지정하자. ${project_loc}은 이클립스가 제공하는 변수로 현재 프로젝트의 폴더 위치를 나타낸다. 만약 여러분이 사용하는 번들이 종류가 많다면 여러 개의 서브 폴더로 나누고 아래 Additional Locations에 추가해줘도 된다.

여기까지 하고 나면, 이제 남은 일은 타겟 플랫폼에서 사용할 각종 번들을 찾아서 다운로드하고 이 Runtime 프로젝트로 복사하여 타겟 플랫폼을 완성하는 것이다. 하지만, 이 작업은 사용하는 번들이 많을 경우 시간도 오래 걸리고 관리하기가 매우 힘들다. 물론 OSGi화되지 않은 번들이라면 OSGi화하는 작업까지 진행해야 하므로 시간은 더욱 오래 걸리게 된다. 이때 Maven을 이용한다면 여러분이 필요로 하는 번들을 포함하는 타겟 플랫폼 작성을 자동화할 수 있다.

앞서 만든 SpringDM_Runtime 프로젝트에 Maven용 pom.xml을 만들자.

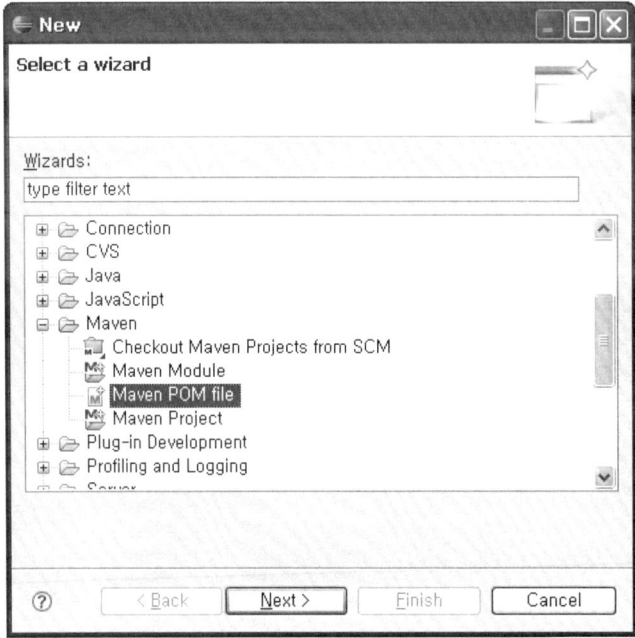

그림 11-16

다음을 누르면 Maven용 POM file의 기본정보를 입력할 수 있다.

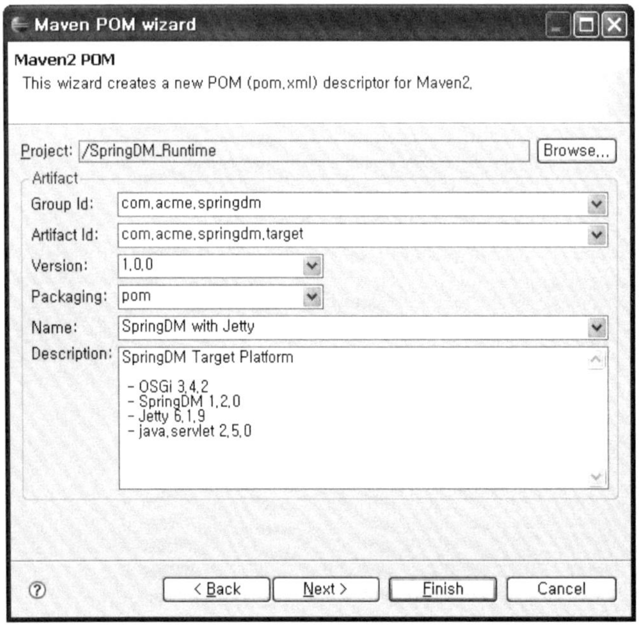

그림 11-17

Packaging은 pom으로 하고 나머지는 자신의 환경에 맞게 입력한다. 그리고 Finish를 누르면 pom.xml이 생성되고 M2Eclipse에 들어 있는 POM 편집기가 실행된다.

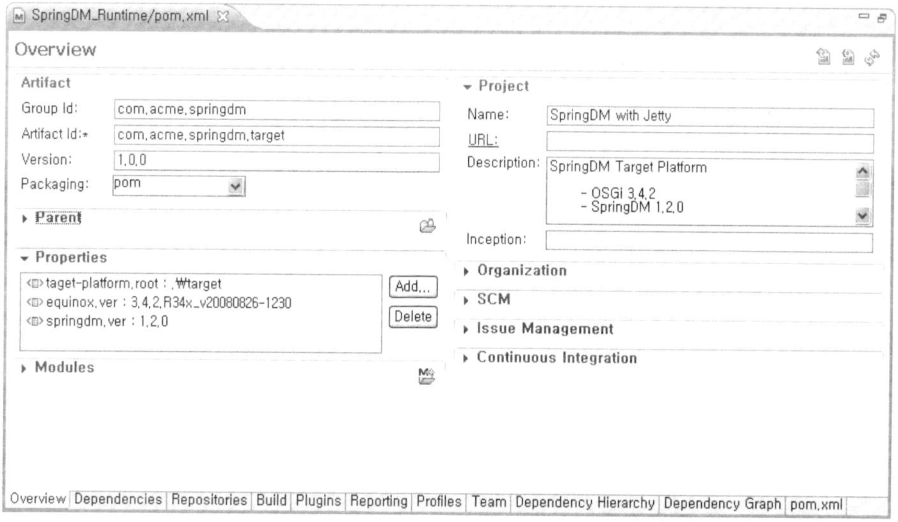

그림 11-18

이 편집기를 사용하여 자신이 원하는 번들을 추가하면 된다. Maven 저장소는 아래 5곳을 이용한다. SpringSource 쪽에서는 SSEBR(SpringSource Enterprise Bundle Repository)을 사용하는 것을 권장하고 있으나, 몇몇 번들의 버전이 잘 맞지 않고, SpringDM의 최신 버전이 바로 업데이트되지 않는 문제 때문에 추가적으로 몇 개를 더 사용하고 있다.

- Maven Eclipse Repository

    - http://repo1.maven.org/eclipse/
    [http://durl.kr/i5v]

    - Maven에서 제공하는 이클립스 프로젝트의 저장소로 모든 이클립스 프로젝트의 번들이 포함되어 있다.

    - 이퀴녹스 번들의 경우 http://repo1.maven.org/eclipse/org/eclipse/equinox/ 에서 원하는 것을 찾아서 추가한다.

- Springframework Maven Repository
    - http://s3.amazonaws.com/maven.springframework.org/milestone
      [http://durl.kr/i5w]
    - SpringSource의 모든 프로젝트의 Milestone 빌드가 저장되는 저장소이다.
    - http://s3browse.com/explore/maven.springframework.org/milestone/org/springframework/
      [http://durl.kr/i62]를 이용하여 번들을 찾을 수 있다.
- Springframework Maven OSGified Artifacts Repository
    - http://s3.amazonaws.com/maven.springframework.org/osgi
      [http://durl.kr/i5x]
    - SpringDM에서 사용하기 위해 SpringSource에서 OSGi화 해놓은 각종 번들을 모아놓은 저장소이다. SpringDM에서 내부적으로 사용된다.
    - Jetty, Tomcat을 OSGi화 해놓은 번들이 여기에 포함되어 있다.
    - http://s3browse.com/explore/maven.springframework.org/osgi/org/springframework/osgi/
      [http://durl.kr/i63]를 이용하여 번들을 찾을 수 있다.
- SpringSource Enterprise Bundle Repository - SpringSource Bundle/External Releases
    - http://repository.springsource.com/maven/bundles/release
      [http://durl.kr/i5y]
    - http://repository.springsource.com/maven/bundles/external
      [http://durl.kr/i6z]
    - SSEBR은 다양한 오픈소스 라이브러리들을 OSGi화 해놓은 버전을 모아놓은 저장소이다.
    - http://www.springsource.com/repository/app/
      [http://durl.kr/gsn]를 통해 아주 쉽게 검색이 가능하다.
    - 예를 들어 Jetty Server를 검색하면 아래와 같은 검색결과를 보여주므로 복사해서 바로 POM.xml에 넣으면 된다.

11 Spring Dynamic Modules for OSGi™

그림 11-19

필요한 번들을 추가한 POM.XML 파일은 아래와 같다. 이 파일은 이 책의 구글 토론방인 http://groups.google.com/group/OSGi-SpringDM에서 다운로드할 수 있다.

이렇게 한번 만들어 놓으면 계속 이 파일에 자신이 원하는 번들만 추가해 줌으로써 손쉽게 타겟 플랫폼을 변경할 수 있게 된다.

```
<project xmlns="http://maven.apache.org/POM/4.0.0" xmlns:xsi="http://www.w3.org/2001/XMLSchema-instance"
 xsi:schemaLocation="http://maven.apache.org/POM/4.0.0 http://maven.apache.org/maven-v4_0_0.xsd">
    <modelVersion>4.0.0</modelVersion>
    <groupId>com.acme.springdm</groupId>
    <artifactId>com.acme.springdm.target</artifactId>
    <packaging>pom</packaging>
    <name>SpringDM with Jetty</name>
    <version>1.0.0</version>
    <description>
    SpringDM Target Platform
```

〈다음 쪽에 예제 코드 계속〉

```xml
                - OSGi 3.4.2
                - SpringDM 1.2.0
                - Jetty 6.1.9
                - java.servlet 2.5.0
        </description>

        <properties>
                <!-- 다운로드한 번들을 복사할 위치  -->
                <target-platform.root>
                    .\target
                </target-platform.root>

                <!-- 사용할 OSGi의 버전 -->
                <equinox.ver>3.4.2.R34x_v20080826-1230</equinox.ver>

                <!-- 사용할 SpringDM의 버전 -->
                <springdm.ver>1.2.0</springdm.ver>

                <!-- 사용할 스프링의 버전 -->
                <spring.ver>2.5.6.A</spring.ver>
        </properties>

        <dependencies>
            <!-- OSGi Core & Service -->
            <dependency>
                <groupId>org.eclipse.osgi</groupId>
                <artifactId>org.eclipse.osgi</artifactId>
                <version>${equinox.ver}</version>
            </dependency>
            <dependency>
                <groupId>org.eclipse.osgi</groupId>
                <artifactId>services</artifactId>
                <version>3.1.200-v20070605</version>
            </dependency>

            <!-- SpringDM -->
```

```xml
<dependency>
    <groupId>org.springframework.osgi</groupId>
    <artifactId>spring-osgi-core</artifactId>
    <version>${springdm.ver}</version>
</dependency>
<dependency>
    <groupId>org.springframework.osgi</groupId>
    <artifactId>spring-osgi-extender</artifactId>
    <version>${springdm.ver}</version>
</dependency>
<dependency>
    <groupId>org.springframework.osgi</groupId>
    <artifactId>spring-osgi-io</artifactId>
    <version>${springdm.ver}</version>
</dependency>
<dependency>
    <groupId>org.springframework.osgi</groupId>
    <artifactId>spring-osgi-mock</artifactId>
    <version>${springdm.ver}</version>
</dependency>
<dependency>
    <groupId>org.springframework.osgi</groupId>
    <artifactId>spring-osgi-test</artifactId>
    <version>${springdm.ver}</version>
</dependency>
<dependency>
    <groupId>org.springframework.osgi</groupId>
    <artifactId>spring-osgi-web</artifactId>
    <version>${springdm.ver}</version>
</dependency>
<dependency>
    <groupId>org.springframework.osgi</groupId>
    <artifactId>spring-osgi-web-extender</artifactId>
    <version>${springdm.ver}</version>
</dependency>
```

〈다음 쪽에 예제 코드 계속〉

```xml
<!-- SpringFramework -->
<dependency>
    <groupId>org.springframework</groupId>
    <artifactId>org.springframework.core</artifactId>
    <version>${spring.ver}</version>
</dependency>
<dependency>
    <groupId>org.springframework</groupId>
    <artifactId>org.springframework.context</artifactId>
    <version>${spring.ver}</version>
</dependency>
<dependency>
    <groupId>org.springframework</groupId>
    <artifactId>org.springframework.web</artifactId>
    <version>${spring.ver}</version>
</dependency>
<dependency>
    <groupId>org.springframework</groupId>
    <artifactId>org.springframework.web.servlet</artifactId>
    <version>${spring.ver}</version>
</dependency>

<!-- Libraries -->
<dependency>
    <groupId>org.apache.log4j</groupId>
    <artifactId>com.springsource.org.apache.log4j</artifactId>
    <version>1.2.15</version>
</dependency>
<dependency>
    <groupId>net.sourceforge.cglib</groupId>
    <artifactId>com.springsource.net.sf.cglib</artifactId>
    <version>2.1.3</version>
</dependency>
<dependency>
    <groupId>javax.servlet</groupId>
    <artifactId>com.springsource.javax.servlet</artifactId>
```

```xml
        <version>2.5.0</version>
    </dependency>
    <dependency>
        <groupId>javax.servlet</groupId>
        <artifactId>com.springsource.javax.servlet.jsp</artifactId>
        <version>2.1.0</version>
    </dependency>
    <dependency>
        <groupId>javax.el</groupId>
        <artifactId>com.springsource.javax.el</artifactId>
        <version>1.0.0</version>
    </dependency>
    <dependency>
        <groupId>org.aopalliance</groupId>
        <artifactId>com.springsource.org.aopalliance</artifactId>
        <version>1.0.0</version>
    </dependency>
    <dependency>
        <groupId>org.objectweb.asm</groupId>
        <artifactId>com.springsource.org.objectweb.asm</artifactId>
        <version>2.2.3</version>
    </dependency>
    <dependency>
        <groupId>org.springframework.osgi</groupId>
        <artifactId>jstl.osgi</artifactId>
        <version>1.1.2-SNAPSHOT</version>
    </dependency>
    <dependency>
        <groupId>org.springframework.osgi</groupId>
        <artifactId>jasper.osgi</artifactId>
        <version>5.5.23-SNAPSHOT</version>
    </dependency>
    <dependency>
        <groupId>org.springframework.osgi</groupId>
        <artifactId>commons-el.osgi</artifactId>
        <version>1.0-SNAPSHOT</version>
```

〈다음 쪽에 예제 코드 계속〉

```xml
        </dependency>

        <!-- Jetty Web Server -->
        <dependency>
            <groupId>org.mortbay.jetty</groupId>
            <artifactId>com.springsource.org.mortbay.jetty.server</artifactId>
            <version>6.1.9</version>
        </dependency>
        <dependency>
            <groupId>org.springframework.osgi</groupId>
            <artifactId>jetty.start.osgi</artifactId>
            <version>1.0.0</version>
        </dependency>
        <dependency>
            <groupId>org.springframework.osgi</groupId>
            <artifactId>jetty.web.extender.fragment.osgi</artifactId>
            <version>1.0.1</version>
        </dependency>
    </dependencies>

    <repositories>
        <repository>
            <id>eclipse-repository</id>
            <name>Eclipse Repository</name>
            <url>http://repo1.maven.org/eclipse/
            </url>
        </repository>

        <repository>
            <id>spring-maven-milestone</id>
            <name>Springframework Maven Repository</name>
            <url>http://s3.amazonaws.com/maven.springframework.org/milestone</url>
        </repository>

        <repository>
```

```xml
        <id>spring-osgified-artifacts</id>
        <snapshots><enabled>true</enabled></snapshots>
        <name>Springframework Maven OSGified Artifacts Repository</name>
        <url>http://s3.amazonaws.com/maven.springframework.org/osgi</url>
    </repository>

    <repository>
        <id>com.springsource.repository.bundles.release</id>
        <name>SpringSource Enterprise Bundle Repository - SpringSource ↪
            Bundle Releases</name>
        <url>http://repository.springsource.com/maven/bundles/↪
            release</url>
    </repository>

    <repository>
        <id>com.springsource.repository.bundles.external</id>
        <name>SpringSource Enterprise Bundle Repository - External ↪
            Bundle Releases</name>
        <url>http://repository.springsource.com/maven/bundles/↪
            external</url>
    </repository>

</repositories>
<build>
    <plugins>
        <plugin>
            <groupId>org.apache.maven.plugins</groupId>
            <artifactId>maven-dependency-plugin</artifactId>
            <executions>
                <execution>
                    <id>copy-dependencies</id>
                    <phase>package</phase>
                    <goals>
                        <goal>copy-dependencies</goal>
                    </goals>
                    <configuration>
                        <outputDirectory>
```

〈다음 쪽에 예제 코드 계속〉

```
                        ${target-platform.root}
                    </outputDirectory>
                    <overWriteReleases>false</overWriteReleases>
                    <overWriteIfNewer>true</overWriteIfNewer>
                </configuration>
            </execution>
        </executions>
    </plugin>
  </plugins>
 </build>
</project>
```

이제 이 pom.xml 파일 위에서 마우스 오른쪽 버튼을 클릭하여 Run As ▷ Maven Install 을 선택하면 Maven이 자동으로 SpringSource의 저장소와 Maven의 저장소에서 실행에 필요한 버전들을 다운로드해서, target 폴더로 복사한다. 또한 Copy-Dependencies 플러그인에 의해 명시하지 않더라도 의존관계가 있는 번들을 자동으로 받아주므로, 손쉽게 관련 번들을 다운로드할 수 있다.

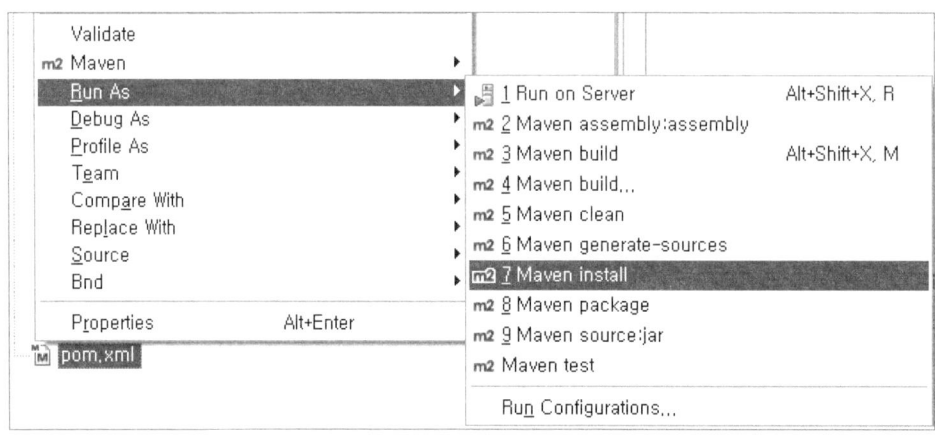

그림 11-20

만약 여러분의 PC에서 처음으로 Maven을 실행했다면, 로컬 저장소(Local Repository)를 생성하고 기본 JAR들을 다운로드하기 때문에 많은 시간을 필요로 할 것이다. 작업이 성공적으로 끝나면 아래와 같이 결과가 출력된다.

```
[INFO] [install:install]
[INFO] Installing D:\workspace\OSGi\SpringDM_Runtime\pom.xml to C:\Documents and Settings\Guru\.m2\repository\com\acme\springdm\com.acme.springdm.target\1.0.0\com.acme.springdm.target-1.0.0.pom
[INFO] ------------------------------------------------------------------------
[INFO] BUILD SUCCESSFUL
[INFO] ------------------------------------------------------------------------
[INFO] Total time: 27 minutes 18 seconds
[INFO] Finished at: Fri May 01 19:55:02 KST 2009
[INFO] Final Memory: 3M/21M
[INFO] ------------------------------------------------------------------------
```

실제로 로컬 저장소를 깨끗이 비우고 시작했을 경우 위와 같이 약 27분 정도가 소요되었다.

❇ NOTE:

> Maven의 로컬 저장소는 아래와 같다.
> - Windows XP - "C:\Documents and Settings\<유저명>\.m2\respository"
> - Windows Vista - "C:\Users\<유저명>\.m2\repository"
> - Unix/Linux - "~/.m2/repository"

이렇게 Maven 실행이 끝나면 다음 쪽 그림 11-21과 같이 target 폴더에 지정한 번들이 다운로드된다.

OSGi & SpringDM

그림 11-21

다운로드한 번들을 Windows ▷ Preferences에서 타겟 플랫폼에 설정해보자.

11 Spring Dynamic Modules for OSGi™

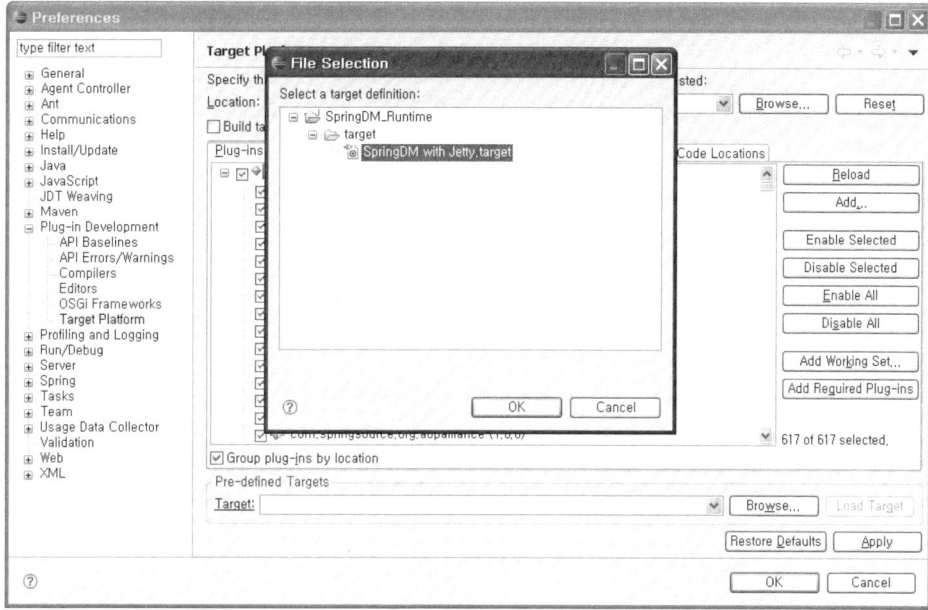

그림 11-22

화면 밑부분 'Pre-defined Targets' 옆에 있는 'Browse...' 버튼을 누르면 Target Definition 을 선택하는 창이 나오고, 앞에서 만든 Target Definition 파일을 선택하면 된다.

❋ NOTE:

> 이클립스 버전에 따라 워크스페이스에 여러 개의 프로젝트가 있을 경우 꼭
> Target Definition 파일이 들어 있는 프로젝트를 선택한 상태에서 이클립스의
> Preferences 창을 열어야만 Target Definition 파일이 보이는 경우가 있으므로 주의한다
> (3.3에서는 문제가 있었으나 3.4 버전에서는 문제가 해결되었다).

앞에서 Target Definition에 ./target 폴더를 지정해 놨으므로 Load Target을 누르면 아래 와 같이 target 폴더에 새로 다운로드한 번들이 Target Platform에 등록된다.

OSGi & SpringDM

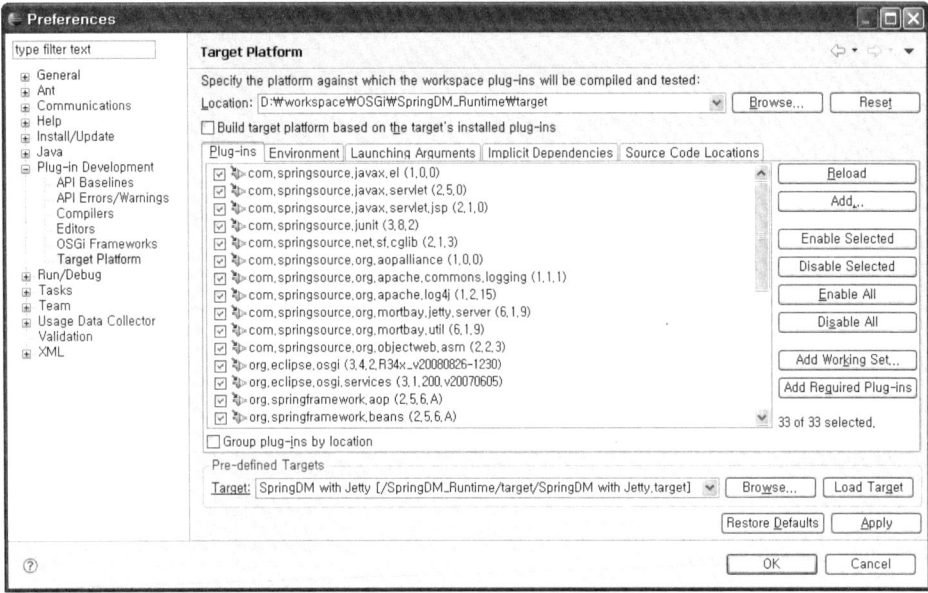

그림 11-23

이것으로 타겟 플랫폼이 완성되었다. 이제 Run Configurations에서 새로운 OSGi Launch 환경을 만들면 현재 선택된 타겟 플랫폼이 보이게 된다.

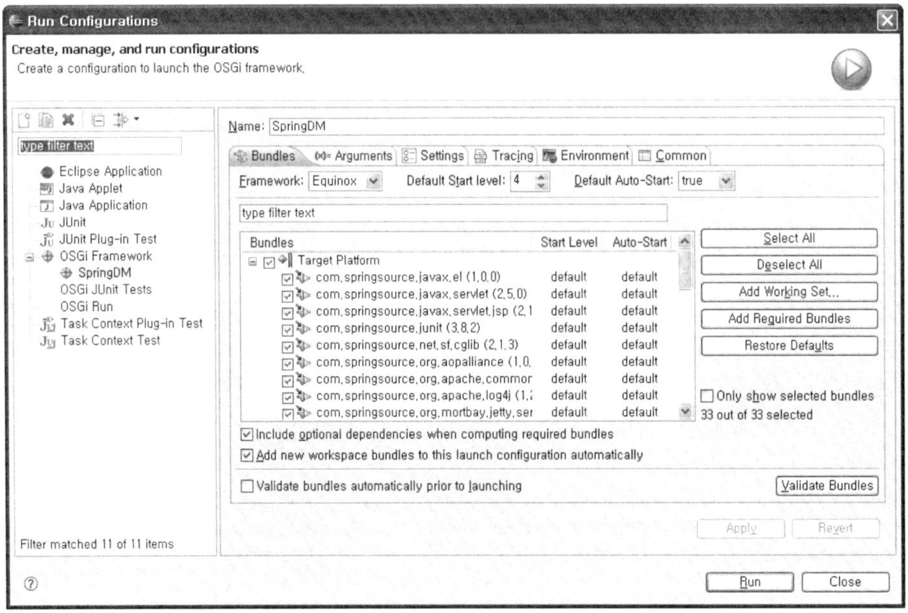

그림 11-24

여러분의 프로젝트가 복잡해질수록 타겟 플랫폼을 만들어 보는 것이 꼭 필요하다고 느끼게 될 것이다. 앞의 순서를 따라서 한번 꼭 만들어 보기 바라며, 여러분이 요구하는 새로운 번들을 추가할 때 SpringSource Enterprise Bundle Repository 검색기능을 잘 활용하면 쉽게 타겟 플랫폼을 구성할 수 있다.

5 Hello SpringDM

OSGi에 SpringDM이 적용되었을 경우 어떤 식으로 개발 과정이 달라지는지 알아보기 위하여 2장에서 만들었던 Hello OSGi의 SpringDM 버전을 만들어보자. 그리고 양쪽 버전을 비교하면서 OSGi 기반 개발과 SpringDM 기반 개발의 차이점을 알아볼 것이다. SpringDM이 적용되었더라도 META-INF/MANIFEST.MF는 필요하므로 New ▷ Project ▷ Plugin Project를 선택하자.

처음 옵션은 OSGi 때와 같다.

그림 11-25

단, 두 번째 옵션에서는 Activator 자동 생성을 빼도록 하자. 이제 POJO 기반으로 개발할 것이기 때문에 OSGi에 의존하는 BundleActivator 인터페이스는 필요 없다.

그림 11-26

이렇게 하면 META-INF 폴더와 MANIFEST.MF만을 가지는 빈 번들이 생성된다. 여기다 HelloSpringDM 클래스를 만들자.

```
package chapter11;

public class HelloSpringDM {
    public void start() {
        System.out.println("Hello SpringDM !!");
    }
}
```

```
    public void stop() {
        System.out.println("Goodbye SpringDM !!");
    }
}
```

이제 이 POJO 객체인 HelloSpringDM을 SpringDM에서 인식하도록 만들어보자. 5장에서 잠시 설명했던 OSGi Extender를 기억하는가? 기억이 안 난다면 잠시 가서 보고오자(94쪽). Spring OSGi Extender는 번들이 설치되고 난 후, 번들 안에 다음 두 가지 중 하나라도 만족한다면 SpringDM 번들로 인식한다.

- META-INF/spring/ 폴더가 있고, 그 안에 한 개 이상의 '.xml' 파일이 존재한다.
- META-INF/MANIFEST.MF 안의 내용에 Spring-Context라는 헤더가 존재한다.
  - Spring-Context는 스프링 설정파일의 위치를 가리키는 헤더이다.
  - 예) Spring-Context: config/app-context.xml, config/data-context.xml

위의 조건을 만족하는 것을 'Spring-Powered' 번들이라고 부른다. 편의상 책에선 스프링 번들이라고 칭하겠다.

기존 스프링 개발에서 하던 것처럼 spring.xml 파일을 만들기로 한다. 먼저 META-INF/spring/ 폴더를 만들고 그 안에 spring.xml을 만들어보자. 앞에서 설치한 SpringIDE를 활용하기 위해 새로 만든 프로젝트에서 마우스 오른쪽 버튼을 눌러 **Add Spring Project Nature**를 선택하자

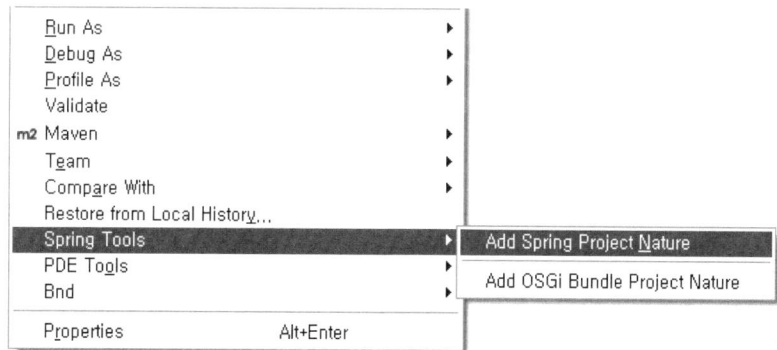

그림 11-27

이제 File ▷ New ▷ Spring ▷ Spring Bean Configuration File을 선택해서 spring.xml 파일을 만들자. 위의 Spring Project Nature를 지정하지 않으면 이 Spring Bean Configuration File Wizard를 활용할 수 없다.

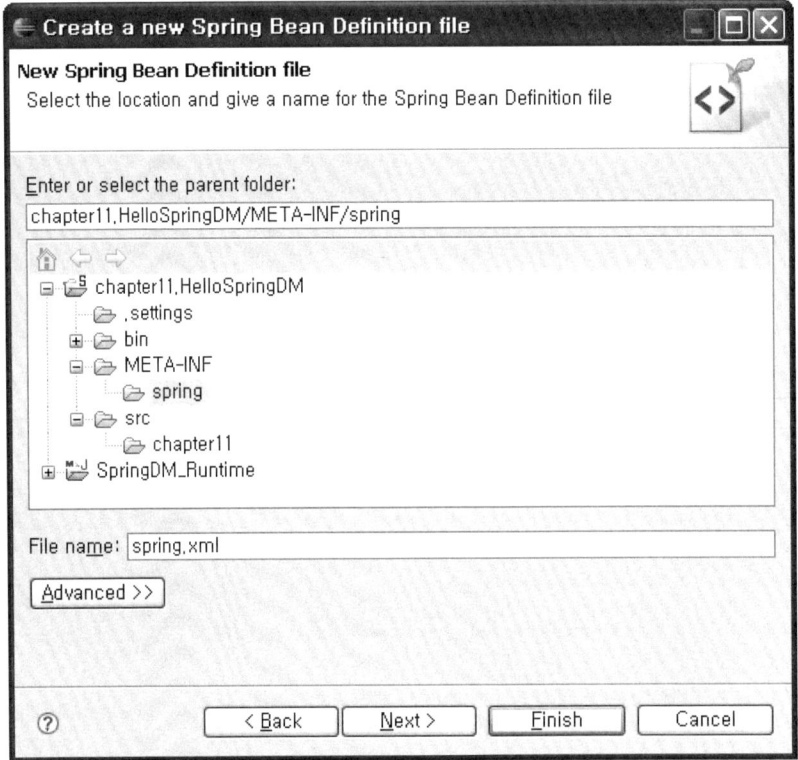

그림 11-28

xml 파일의 이름은 상관없이 spring 폴더 아래에만 만들면 된다. 그냥 spring.xml이라고 지정하고 Next를 선택한다.

11 Spring Dynamic Modules for OSGi™

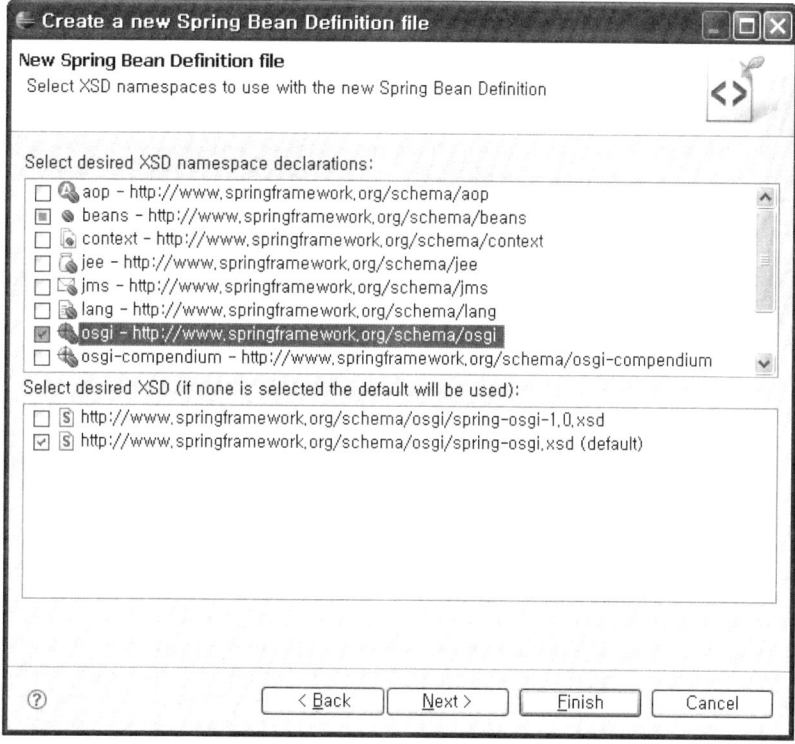

그림 11-29

기본적으로 필요한 것은 beans와 osgi이다. 이제 Finish를 선택하여 네임스페이스가 포함된 spring.xml을 만들고 다음과 같이 편집하자.

```xml
<?xml version="1.0" encoding="UTF-8"?>
<beans xmlns="http://www.springframework.org/schema/beans"
    xmlns:xsi="http://www.w3.org/2001/XMLSchema-instance"
    xmlns:osgi="http://www.springframework.org/schema/osgi"
    xsi:schemaLocation="http://www.springframework.org/schema/beans
       http://www.springframework.org/schema/beans/spring-beans.xsd
         http://www.springframework.org/schema/osgi
            http://www.springframework.org/schema/osgi/spring-osgi.xsd">


    <bean id="helloSpringDM" class="chapter11.HelloSpringDM"
        init-method="start" destroy-method="stop" />



</beans>
```

303

HelloSpringDM 클래스를 빈으로 생성하고 init & destroy 메서드를 지정해주었다. 이 걸로 번들 작성이 끝이다. BundleContext도 몰라도 된다. 초기화 작업을 수행하도록 하는 BundleActivator도 없지만, 스프링에서 활용하던 init 메서드를 그대로 활용할 수 있다.

실행해보자. 먼저 앞에 만든 타겟 플랫폼은 뒤에서 쓰일 웹 관련 번들을 포함하고 있으므로, 필요한 것만 선택한다.

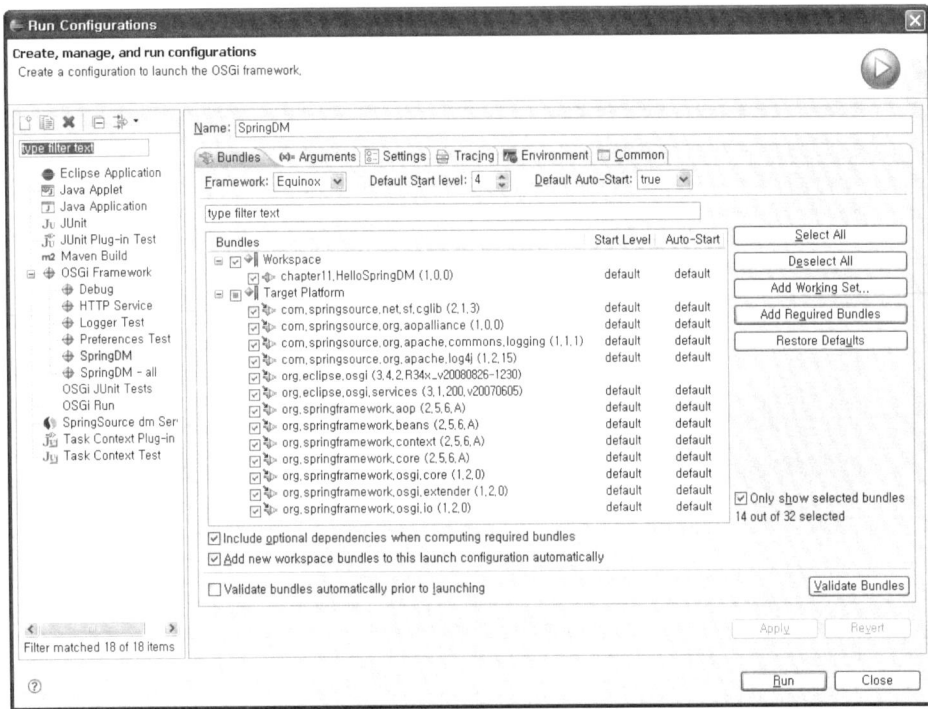

그림 11-30

그리고 실행하면 다음과 같은 결과를 볼 수 있다.

```
osgi> log4j:WARN No appenders could be found for logger (org.springframework.
osgi.extender.internal.activator.ContextLoaderListener).
log4j:WARN Please initialize the log4j system properly.
Hello SpringDM !!


osgi> ss
```

```
Framework is launched.

id     State       Bundle
0      ACTIVE      org.eclipse.osgi_3.4.2.R34x_v20080826-1230
80     ACTIVE      org.springframework.aop_2.5.6.A
82     ACTIVE      org.springframework.osgi.io_1.2.0
86     ACTIVE      com.springsource.org.apache.commons.logging_1.1.1
87     ACTIVE      org.springframework.core_2.5.6.A
90     ACTIVE      org.springframework.context_2.5.6.A
96     ACTIVE      com.springsource.org.apache.log4j_1.2.15
97     ACTIVE      org.springframework.osgi.extender_1.2.0
98     ACTIVE      com.springsource.org.aopalliance_1.0.0
99     ACTIVE      org.springframework.beans_2.5.6.A
100    ACTIVE      org.springframework.osgi.core_1.2.0
102    ACTIVE      org.eclipse.osgi.services_3.1.200.v20070605
103    ACTIVE      com.springsource.net.sf.cglib_2.1.3
104    ACTIVE      chapter11.HelloSpringDM_1.0.0

osgi> stop 104
Goodbye SpringDM !!

osgi>
```

log4j는 제대로 초기화되지 않았지만, 6장에서 배운 대로 -Dlog4j.properties를 실행옵션에 추가하면 SpringDM에서 나오는 각종 로그 메시지를 볼 수 있다.

이 HelloSpringDM 번들은 POJO 클래스를 사용하여 기존에 OSGi용 HelloOSGi가 하던 동작을 똑같이 수행하였다. 이것은 org.springframework.osgi.extender가 스프링 번들을 인식해서 동작시켜주기 때문이다.

6 OSGi 번들 개발과 SpringDM 번들 개발의 차이

순수 OSGi로 개발하는 것과 SpringDM을 이용하는 것의 차이를 간단히 짚어보자.

6.1 개발 단위의 변화

10장까지 배운 OSGi 개발은 주로 번들 단위로 진행되었다. 애플리케이션을 한 개 또는 그 이상의 번들로 모듈화하여 구성하고, 각 번들은 번들컨텍스트와 번들액티베이터에 의존성을 가지고 OSGi 함수를 호출하여 서비스를 등록하고 서비스를 가져오는 등의 작업을 진행하였다. 하지만 스프링을 통해 개발할 때는 Application Context라는 단위로 모듈이 구분된다. Application Context 안에서 빈(Bean)을 생성하고 그 빈 들을 엮어줌으로써 프로세스가 진행된다.

OSGi상에서 SpringDM을 이용하여 개발할 때도 역시 번들의 개념은 유효하다. 각 번들은 자신만의 Class Loader를 가지고 있으며, MANIFEST를 통해 사용 중인 Package들을 Export, Import 한다. 단, OSGi의 BundleContext에 꼭 의존할 필요 없이 POJO 클래스를 이용하여 개발이 가능해진다. SpringDM에 의해 각 번들(Spring-Powered 번들)은 하나의 Spring Application Context 를 가지게 되며, 이 Context에 의해 각 빈 이 만들어지고 번들 내에서 사용된다(Spring Application Context 또는 OSGi Application Context는 스프링 내부에 OsgiBundleXMLApplicationContext라는 인터페이스로 선언되어 있다). 또한 그 중 몇 개의 빈 들은 SpringDM에 의해서 OSGi 서비스로 등록될 수도 있으며, 이 경우 다른 번들에서 이 OSGi 서비스를 빈으로 가져올 수도 있다. 즉, 각 번들에 포함된 Application Context에서 생성된 빈을 OSGi의 Service 메커니즘을 통해 Application Context 간에 공유하게 된다.

6.2 초기화 순서의 변화

OSGi는 등록된 각 번들을 시작할 때 스타트 레벨 순서대로 동기적으로 실행한다. 하나의 Starter 스레드가 순차적으로 번들을 수행하기 때문에 중간에 하나의 번들이 BundleActivator.start() 메서드에서 시간을 많이 소비할 경우 전체 시작 시간이 느려지게 된다. 이 때문에 책의 초반부에 BundleActivator.start() 메서드에서 오래 걸리는 작업을 수행할 경우에는 작업 스레드를 생성하라고 얘기했던 것이다. 또한 2개의 번들이 서로의 서비스를 기다리게 되는 DeadLock이 발생하게 되므로 개발자의 주의가 필요하다.

SpringDM을 사용하게 되면 이 부분이 변경된다. SpringDM의 osgi extender는 현재 Active된 번들(모든 의존 패키지가 Resolve된) 중 Spring-Powered인 번들을 찾아서 각 번들에 대해 컨텍스트 생성을 시도한다. 각 시도는 SpringOsgiExtenderThread라는 이름의 스레드가 진행하며 비동기적으로 병렬 수행된다. 이것은 OSGi 시작 시간을 빠르게 하는 효과가 있으며, 여러 개의 번들이 서로 의존성을 가지고 있을 때 DeadLock 없이 기다렸다가 실행될 수 있도록 한다. 다만, 컨텍스트에서 다른 서비스에 Mandatory(필수) 의존관계를 가지고 있다면 해당 스레드는 계속 기다리게 되며, 기본으로 5분의 타임아웃을 가지고 있다.

종료할 때는 기존과 마찬가지로 동기적으로 수행된다. 그리고 스프링의 osgi extender 번들이 종료되면 기존에 시작된 모든 Spring-Powered 번들의 destroy-method를 호출하고 종료된다. 이 경우 각 Spring-Powered 번들은 ACTIVE 상태로는 남아 있지만 모든 OSGi Application Context는 닫혀진 상태이다.

6.3 OSGi 서비스 등록/찾기 방법의 변화

4장에서 번들컨텍스트를 사용하여 서비스를 등록하고, 검색해서 가져오는 방법을 배웠다. SpringDM을 활용하게 되면 번들컨텍스트를 통하지 않고 spring.xml에서의 XML 선언만으로 간단히 가능해진다. 이 내용은 12장에서 자세히 알아볼 것이다. 다만 이를 통해 기존에는 각 번들에서 똑같이 만들어 줘야 했던 ServiceTracker 관련 코드에 대해 신경쓰지 않아도 된다.

물론 BundleContext를 활용한 방법도 아직은 유효하다. POJO이기 때문에 BundleActivator를 통해 BundleContext를 받을 수는 없지만, SpringDM이 생성해주는 OSGi Application Context에는 기본적으로 bundleContext라는 Bean이 생성된다. 그러므로 여러분의 클래스에 아래처럼 BundleContextAware 인터페이스를 추가하면 BundleContext를 전달받을 수 있다.

```
public interface BundleContextAware {
    public void setBundleContext(BundleContext context);
}
```

6.4 웹 애플리케이션의 지원

SpringDM의 1.1.0 이후 버전의 가장 큰 변화 중 하나는 바로 웹 애플리케이션을 지원한다는 것이다. 9장에서 봤듯이 OSGi의 기본 HTTP 서비스는 서블릿 단위만을 지원한다. 이는 개발에 매우 제한적이기 때문에 최근에는 OSGi에서도 JSP를 지원하는 방법이 따로 공개가 되었다. SpringDM에서는 이를 더 확장하여 완전한 WAR 단위의 개발이 지원된다. 현재는 아파치 톰캣과 제티 두 가지의 웹 컨테이너를 기본으로 지원하며 다른 서버도 손쉽게 추가할 수 있다. 웹 애플리케이션 지원을 위해 spring.osgi.web 그리고 spring.osgi.web.extender 두 개의 번들이 추가되었다. web.extender는 앞에서 살펴본 osgi.extender와 마찬가지로 설치된 번들이 WAR 확장자를 가지거나 WEB-INF/ 폴더를 가지고 있다면 WAR 파일로 인식하여 웹 애플리케이션 설치를 진행하게 된다.

> **CAUTION:**
>
> 스프링과 SpringDM은 엔터프라이즈급 개발에 적합한 프레임워크이므로, 임베디드상에서 OSGi를 활용할 때는 약간의 주의가 필요하다. SpringDM이 OSGi가 제공 못하는 많은 기능을 제공하지만, 그를 위해 수행하는 다양한 작업(XML 분석, ApplicationContext와 Proxy 생성 등) 때문에, CPU가 빠르지 않은 임베디드 기기에서 SpringDM을 활용할 경우 성능저하가 일어 날 수 있다. 플랫폼 독립적인 자바 개발환경 때문에 여러분이 개발환경으로 사용하는 PC에서는 매우 빠르게 느껴지겠지만, 임베디드 기기에서 주로 쓰이는 ARM CPU에서는 성능 차이가 크므로 여러분의 프로젝트에 적용하기 전에 실제 기기상에서 다양한 테스트를 해보기 바란다.

12

SpringDM을 이용한 OSGi 서비스 활용

앞 장에서는 SpringDM의 기본 번들 작성방법을 배웠다. 이제 SpringDM을 활용하여 OSGi에 서비스를 등록/검색하고, 이를 활용하는 OSGi 애플리케이션을 작성하여 보자.

1 SpringDM을 이용한 OSGi 서비스 등록과 가져오기

11장에서 HelloSpringDM을 작성할 때 만든 spring.xml의 앞부분을 잠시 다시 보도록 하자.

```xml
<?xml version="1.0" encoding="UTF-8"?>
<beans xmlns="http://www.springframework.org/schema/beans"
    xmlns:xsi="http://www.w3.org/2001/XMLSchema-instance"
    xmlns:osgi="http://www.springframework.org/schema/osgi"
    xsi:schemaLocation="http://www.springframework.org/schema/beans ↪
        http://www.springframework.org/schema/beans/spring-beans.xsd
      http://www.springframework.org/schema/osgi ↪
        http://www.springframework.org/schema/osgi/spring-osgi.xsd">

    <bean id="helloSpringDM" class="chapter11.HelloSpringDM" ↪
        init-method="start" destroy-method="stop" />

</beans>
```

굵게 표시한 부분이 SpringDM에서 추가로 정의한 OSGi 용 네임스페이스이다. 이 네임스페이스에 새로 정의된 2개의 명령을 이용하여 OSGi 서비스를 등록하고 가져오는 것이 가능하다.

```
<osgi:service id="서비스 빈 이름" ref="구현 (Implementation) 빈 이름" interface="인터페이스 또는 클래스 이름" />
<osgi:reference id="서비스 빈 이름" interface="인터페이스 또는 클래스 이름" />
```

<osgi:service>는 생성한 빈을 OSGi 서비스로 등록하는 것이며, <osgi:reference>는 OSGi 서비스를 가져오는 것이다. <osgi:service>를 이용해 등록하거나 <osgi:reference>를 이용해 가져온 서비스 두 가지 경우 모두 id로 지정한 "서비스 빈 이름"을 통해 다른 빈 객체에 주입이 가능하다. inteface에 인터페이스 또는 클래스명이라고 지정한 것은 실제로 OSGi 서비스 등록 시에 일반적으로는 자바 인터페이스를 이용하지만, 클래스로 등록하는 것도 가능하기 때문이다. 따라서 극단적인 예제이지만 위의 HelloSpringDM클래스 자체를 서비스로 등록하고 가져오는 코드는 다음과 같다. 아래 두 개의 내용은 서로 다른 번들에 포함된 spring.xml이라고 생각하자.

```
<!-- HelloSpringDM 클래스를 Bean으로 생성하고 서비스로 등록 -->
<bean id="helloSpringDM" class="chapter11.HelloSpringDM" init-method="start" destroy-method="stop" />
<osgi:service id="hello" ref="helloSpringDM" interface="chapter11.HelloSpringDM" />


<!-- HelloSpringDM 서비스를 가져와서 인자로 전달 -->
<osgi:reference id="hello" interface="chapter11.HelloSpringDM" />
<bean id="helloUser" class="chapter12.SpringDMUser" init-method="start" >
    <property name="helloSpringDM" ref="hello" />
</bean>
```

이렇게 하고 나면 아래의 chapter12.SpringDMUser 클래스에서는 helloSpringDM을 OSGi 서비스 레지스트리를 이용해 가져와서 사용할 수 있다. 위의 코드를 원래의 OSGi 코드와 비교해 보자.

```
// BundleContext를 이용하여 서비스 등록
HelloSpringDM service = new HelloSpringDM();
registration = bundleContext.registerService(HelloSpringDM.class.getName(),
```

```
        service, null);

    // BundleContext와 ServiceReference를 이용하여 서비스 가져오기
    reference = bundleContext.getServiceReference(HelloSpringDM.class.getName());
    service = (HelloSpringDM) context.getService(reference);
```

코드 내부에서 OSGi 함수를 호출하여 서비스를 등록하고 가져오는 과정이, 스프링이 사용하는 방식인 외부의 xml에서 서비스를 등록하고 가져오는 것으로 변경되었다. 양쪽의 내용이 비슷해 보이지만, SpringDM 쪽은 내부적으로 이 서비스의 동적인 핸들링을 하기 위해 많은 일을 하고 있다. 서비스를 쉽게 가져오고 찾기 위해 사용했던 ServiceTracker 기능이 내부에 포함되어 있다고 보면 된다.

2 SpringDM으로 검색엔진 만들기

이제 서비스 등록과 해지에 대해 예제를 통해 조금 더 자세히 알아보자. 지금부터는 4장에서 만들었던 SearchEngine 인터페이스를 이용할 것이다.

2.1 검색엔진 등록

4장에서 만들었던 Google 검색엔진은 2개의 소스코드로 구성되어 있다. 하나는 OSGi에 검색엔진을 등록하는 번들 액티베이터이고 하나는 실제 구글 검색엔진 클래스이다. 구글 검색엔진 클래스는 SearchEngine 인터페이스를 상속받은 POJO 이므로 SpringDM에서는 그대로 사용이 가능하다. Activator는 위에서 살펴본 spring.xml로 변경할 것이다.

```
public class Activator implements BundleActivator {
    private SearchEngine service;
    private ServiceRegistration registration;
    public void start(BundleContext context) throws Exception {
        Dictionary props = new Properties();
        props.put(org.osgi.framework.Constants.SERVICE_VENDOR, "Google");
        props.put("searchable", "Text,Image,Code");
        props.put(org.osgi.framework.Constants.SERVICE_RANKING, 5);
```

〈다음 쪽에 예제 코드 계속〉

```
        service = new Google();
        // 서비스 등록
        registration = context.registerService(
            SearchEngine.class.getName(), service, props);
    }

    public void stop(BundleContext context) throws Exception {
        registration.unregister(); // optional
    }
}
```

4장에서 사용한 Google 번들의 액티베이터 소스는 위와 같다. 이것을 spring.xml로 변경해보자.

```xml
<?xml version="1.0" encoding="UTF-8"?>
<beans xmlns="http://www.springframework.org/schema/beans"
    xmlns:xsi="http://www.w3.org/2001/XMLSchema-instance"
    xmlns:osgi="http://www.springframework.org/schema/osgi"
    xsi:schemaLocation="http://www.springframework.org/schema/beans
      http://www.springframework.org/schema/beans/spring-beans.xsd
        http://www.springframework.org/schema/osgi
          http://www.springframework.org/schema/osgi/spring-osgi.xsd">

    <bean id="googleBean" class="chapter12.google.Google" />

    <osgi:service id="googleService" ranking="5" ref="googleBean">
        <osgi:interfaces>
            <value>chapter04.searchengine.SearchEngine</value>
        </osgi:interfaces>
        <osgi:service-properties>
            <entry key="service.vendor" value="Google" />
            <entry key="searchable" value="Text,Image,Code" />
        </osgi:service-properties>
    </osgi:service>
</beans>
```

- \<bean\>을 이용하여 먼저 POJO 인 Google 객체를 googleBean으로 선언한다.
- \<osgi:service\>로 서비스 등록을 시작한다. ref로 앞서 선언한 googleBean을 지정하였다.
  - googleService라는 ID로 OSGi 서비스를 등록한다.
    googleBean, googleService 두 개의 ID 값은 코드의 내용과는 상관없이 XML 상에서의 연결을 위한 값이다.
- \<osgi:interfaces\>를 통해 서치엔진 인터페이스를 지정하였다. interfaces라고 복수형으로 선언된 것에서 알 수 있듯이 \<value\> 구문을 여러 개 사용하여 여러 개의 인터페이스를 한 번에 등록할 수 있다. 이것은 한 개의 객체로 여러 개의 인터페이스를 구현하는 경우에 사용한다.
- \<service-properties\>를 통해 등록하는 서비스의 값들을 지정하였다.

\<entry\>의 value 값은 스트링 형태의 값을 지정하지만, value-ref를 통해 또 다른 bean을 지정하는 것도 가능하다. 이것은 OSGi의 Service Property가 Value 값으로 Object 형을 지원하기 때문이다.

- SERVICE_RANKING 값은 osgi:service에서 Attribute로 ranking="5"와 같이 지정하였다. 물론 \<service-properties\>를 통해서 입력해도 상관없다.

이제 이렇게 작성된 새로운 구글 검색엔진과 4장의 구글 검색엔진을 OSGi에서 상세정보를 볼 경우 다음과 같다.

```
// OSGi로 등록한 Google 검색엔진

osgi> bundle 4
initial@reference:file:../../chapter04.Google/ [4]
  Id=4, Status=ACTIVE     Data Root=D:\workspace\OSGi\.metadata\.plugins\org.
eclipse.pde.core\SpringDM\org.eclipse.osgi\bundles\4\data
  Registered Services
    {chapter04.searchengine.SearchEngine}={service.ranking=5, ↪
      service.vendor=Google, searchable=Text,Image, service.id=23}
  No services in use.
  No exported packages
  Imported packages
    org.osgi.framework; version="1.4.0"<System Bundle [0]>
```

〈다음 쪽에 예제 코드 계속〉

    chapter04.searchengine; version="0.0.0"<initial@reference:file:../../chapter04.SearchEngine/ [17]>
  No fragment bundles
  Named class space
    chapter04.Google; bundle-version="1.0.0"[provided]
  No required bundles

// **SpringDM**으로 등록한 **Google** 검색엔진

osgi> bundle 15
initial@reference:file:../../chapter12.Google/ [15]
  Id=15, Status=ACTIVE   Data Root=D:\workspace\OSGi\.metadata\.plugins\org.eclipse.pde.core\SpringDM\org.eclipse.osgi\bundles\15\data
  Registered Services
    {chapter04.searchengine.SearchEngine}={org.springframework.osgi.bean.name=googleBean, Bundle-SymbolicName=chapter12.Google, Bundle-Version=1.0.0, service.vendor=Google, searchable=Text,Image,Code, service.ranking=5, service.id=27}
    {org.springframework.osgi.context.DelegatedExecutionOsgiBundleApplicationContext, org.springframework.osgi.context.ConfigurableOsgiBundleApplicationContext, org.springframework.context.ConfigurableApplicationContext, org.springframework.context.ApplicationContext, org.springframework.context.Lifecycle, org.springframework.beans.factory.ListableBeanFactory, org.springframework.beans.factory.HierarchicalBeanFactory, org.springframework.context.MessageSource, org.springframework.context.ApplicationEventPublisher, org.springframework.core.io.support.ResourcePatternResolver, org.springframework.beans.factory.BeanFactory, org.springframework.core.io.ResourceLoader, org.springframework.beans.factory.DisposableBean}={org.springframework.context.service.name=chapter12.Google, Bundle-SymbolicName=chapter12.Google, Bundle-Version=1.0.0, service.id=28}
  Services in use:
    {org.springframework.beans.factory.xml.NamespaceHandlerResolver}={service.id=24}
    {org.xml.sax.EntityResolver}={service.id=25}
  Exported packages
    chapter12.google; version="0.0.0"[exported]
  Imported packages
    chapter04.searchengine; version="0.0.0"<initial@reference:file:../../chapter04.SearchEngine/ [17]>
  No fragment bundles
  Named class space
    chapter12.Google; bundle-version="1.0.0"[provided]

```
    No required bundles

osgi>
```

두 개의 번들이 거의 비슷하지만, SpringDM 번들의 경우 SpringDM에서 자동으로 등록한 서비스들이 여러 개 있다. 이것은 SpringDM이 각 번들을 관리하기 위해 자동으로 등록하는 서비스들이다. 이 서비스들을 통해 번들의 ApplicationContext와 같은 정보를 읽어올 수 있지만 사용을 권장하지는 않는다. 눈여겨볼 것은 임포트한 패키지에서 org.osgi.framework이 제거되었다는 것이다. 이 SpringDM 번들은 소스상으로는 더 이상 OSGi에 의존하지 않는다. 다만 Manifest에는 Bundle-SymbolicName 같은 OSGi의 필수 헤더들은 남아있어야 한다.

테스트를 위해 Naver 번들은 여러분이 변경해보자. 위와 똑같으므로 쉽게 할 수 있을 것이다.

2.2 한 개의 검색엔진을 사용하는 클라이언트

Naver 번들까지 변경이 끝나면, 이제 Client 번들을 SpringDM 버전으로 변경해 보자. 4장에서처럼 먼저 한 개의 서치엔진 서비스만 사용하는 클라이언트를 만들어 보고, 여러 개의 엔진을 같이 이용하는 서비스로 넘어갈 것이다.

```java
package chapter12.client;

import java.util.List;
import chapter04.searchengine.SearchEngine;

public class SearchClient {

    private SearchEngine searchEngine;

    public void start() {
        System.out.println("Start Querying SearchEngine..");

        List results = searchEngine.search("query string");
```

〈다음 쪽에 예제 코드 계속〉

```
            for(Object l:results){
                System.out.println(l);
            }
        }


        public void setSearchEngine(SearchEngine searchEngine) {
            this.searchEngine = searchEngine;
        }
    }
```

내부적으로는 OSGi와 관련해서 어떤 코드도 보이지 않는다. SearchEngine은 의존성 주입을 이용하여 주입받도록 되어 있다.

```xml
<?xml version="1.0" encoding="UTF-8"?>
<beans xmlns="http://www.springframework.org/schema/beans"
    xmlns:xsi="http://www.w3.org/2001/XMLSchema-instance"
    xmlns:osgi="http://www.springframework.org/schema/osgi"
    xsi:schemaLocation="http://www.springframework.org/schema/beans
        http://www.springframework.org/schema/beans/spring-beans.xsd
        http://www.springframework.org/schema/osgi
        http://www.springframework.org/schema/osgi/spring-osgi.xsd">

    <osgi:reference id="searchEngineSvc" interface="chapter04.searchengine.SearchEngine" />

    <bean id="searchClient" class="chapter12.client.SearchClient"
        init-method="start">
        <property name="searchEngine" ref="searchEngineSvc" />
    </bean>
</beans>
```

- <osgi:reference>를 이용하여 "chapter04.searchengine.SearchEngine" 인터페이스를 구현한 서비스를 받아오고 있다.
- <bean>을 이용하여 Client를 생성하고 init-method로 start()를 호출하도록 한다.
- <property>를 이용하여 클래스 안의 searchEngine 변수에 검색엔진 객체를 전달한다. ref 속성에 위에서 선언한 osgi:reference의 id를 지정한다.

이것을 실행하면 다음과 같은 결과가 보인다. 설명을 위해 6장에서 배운 대로 -Dlog4j.configruation을 설정하여 log4j를 enable 시켜서 INFO 레벨의 로그를 출력한 다음 중요 부분만 보이도록 편집했다.

```
375   INFO   Looking for mandatory OSGi service dependency for bean
[searchEngineSvc] matching filter (objectClass=chapter04.searchengine.
SearchEngine)
375   INFO   Found mandatory OSGi service for bean [searchEngineSvc]
Google text result1
Google text result2
```

<osgi:reference>에 요청했던 인터페이스명인 chapter04.searchengine.SearchEngine을 필터로 지정하여 검색하는 것을 볼 수 있다. 여기서 mandatory라는 용어가 쓰인 것은 <osgi:reference>를 이용하여 단일 서비스를 가져올 때 1..1의 카디널리티(Cardinality)가 기본으로 설정되기 때문이다. 1..1의 카디널리티는 "필수 번들"을 의미하며 만족하는 서비스가 하나도 없을 경우 SpringDM은 기본적으로 5분 동안 해당 서비스가 하나라도 활성화 되기를 기다리게 된다. 앞에서 만든 Google 검색엔진을 빼고 등록된 검색엔진 없이 실행해보자.

```
328   INFO   Adding OSGi service dependency for importer [&searchEngineSvc]
matching OSGi filter [(objectClass=chapter04.searchengine.SearchEngine)]

328   INFO   OsgiBundleXmlApplicationContext(bundle=chapter12.Client,
config=osgibundle:/META-INF/spring/*.xml) is waiting for unsatisfied
dependencies [[&searchEngineSvc]]

300344 WARN   [Timer-0] Timeout occurred before finding service
dependencies for [OsgiBundleXmlApplicationContext(bundle=chapter12.Client,
config=osgibundle:/META-INF/spring/*.xml)]

300344 INFO   [Timer-0] Destroying singletons in org.springframework.
beans.factory.support.DefaultListableBeanFactory@be41ec: defining beans
[searchClient,searchEngineSvc]; root of factory hierarchy

300344 ERROR [Timer-0] Unable to create application context for [chapter12.
Client], unsatisfied dependencies: Dependency on [(objectClass=chapter04.
searchengine.SearchEngine)] (from bean [&searchEngineSvc])
org.springframework.context.ApplicationContextException: Application context
initialization for 'chapter12.Client' has timed out
```

〈다음 쪽에 예제 코드 계속〉

```
...
osgi> ss

Framework is launched.

id     State      Bundle
0      ACTIVE     org.eclipse.osgi_3.4.2.R34x_v20080826-1230
1      ACTIVE     org.springframework.osgi.core_1.2.0
2      ACTIVE     org.eclipse.osgi.services_3.1.200.v20070605
3      ACTIVE     com.springsource.net.sf.cglib_2.1.3
4      ACTIVE     org.springframework.core_2.5.6.A
5      ACTIVE     chapter12.Client_1.0.0
```

시작하고 나서 바로 Client를 시작하려고 했으나 unsatisfied dependencies가 있어서 searchEngineSvc 를 기다린다고 메시지를 출력했다. 그리고 5분 동안 SearchEngine이 등록되길 기다리다가 Timeout이 발생하여 Application Context를 생성하지 못한다고 나오고 종료되었다. 이처럼 SpringDM의 서비스를 가져오는 코드는 기본적으로 ServiceTracker 형태로 동작한다.

앞에서 SpringDM 번들은 Active 되어야만 시작이 된다고 얘기했듯이, 물론 이 상태에서도 Client번들은 ACTIVE 상태로 나오는 것을 확인할 수 있다.

그렇다면 위의 spring.xml에서 <osgi:reference> 부분을 아래와 같이 변경하고 실행하면 어떻게 될까?

```
<osgi:reference id="searchEngineSvc" interface="chapter04.searchengine.
SearchEngine" cardinality="0..1" timeout="5000" />
```

결과는 다음과 같다.

```
328  INFO  Pre-instantiating singletons in org.springframework.beans.
factory.support.DefaultListableBeanFactory@1bc16f0: defining beans
[searchClient,searchEngineSvc]; root of factory hierarchy
Start Querying SearchEngine..

5359 INFO  Destroying singletons in org.springframework.beans.
factory.support.DefaultListableBeanFactory@1bc16f0: defining beans
[searchClient,searchEngineSvc]; root of factory hierarchy
```

```
5359 ERROR Application context refresh failed (OsgiBundleXmlApplicationConte
xt(bundle=chapter12.Client, config=osgibundle:/META-INF/spring/*.xml))
org.springframework.beans.factory.BeanCreationException: Error creating bean
with name 'searchClient' defined in URL [bundleentry://5/META-INF/spring/
spring.xml]: Invocation of init method failed; nested exception is org.
springframework.osgi.service.ServiceUnavailableException: service matching
filter=[(objectClass=chapter04.searchengine.SearchEngine)] unavailable
```

일단 "Start Quering SearchEngine"이 출력된 것에서 알 수 있듯이, 카디널리티가 "0..1"로 되어 있어서 정확히 매칭하는 서비스가 없어도 번들이 시작되었다. 하지만 바로 아래 실제 서비스 엔진 호출부분에서 SpringDM의 프록시에 의해 다시 또 대기하고 있게 되는데, 이때 지정한 timeout이 5초로 되어 있어서, 5초 후에 ServiceUnavaliableException 에러가 발생하였다. 이것은 실제로 주입된 서비스 객체도 SpringDM이 프록시를 구성하여 처리하고 있기 때문에, 동작 중에 상대 측 서비스가 재시작되거나 잠시 사용 불가능한 경우에도 대기하는 등의 작업을 수행하여 준다.

그리고 SearchEngine 객체로 처음에 구글엔진을 주입받아서 사용 중에 구글 번들을 종료하고 네이버 번들을 실행했다고 하더라도, 클라이언트에서는 아무런 작업 없이 새로운 네이버 엔진을 사용하게 된다. 실제로 이런 부분은 OSGi 코드로 작성하려면 꽤나 많은 양이기 때문에 SpringDM이 매우 똑똑하게 처리하고 있다는 것을 알 수 있다.

2.3 여러 개의 검색엔진을 사용하는 클라이언트

이제는 여러 개의 검색엔진을 가져와서 사용하는 클라이언트를 만들어보자.

```
package chapter12.client;

import java.util.List;

import chapter04.searchengine.SearchEngine;

public class MultiSearchClient {
    private List searchEngines;

    public void start() {
```

〈다음 쪽에 예제 코드 계속〉

```
            System.out.println("Start Querying SearchEngines..");

            for(Object engine:searchEngines) {
                List results = ((SearchEngine) engine).search("query string");

                for(Object l:results){
                    System.out.println(l);
                }
            }
        }

        public void setSearchEngines(List searchEngines) {
            this.searchEngines = searchEngines;
        }
    }
```

Single 형태와 비슷하지만, 여기서는 검색엔진들을 List 형태로 주입받고 있다. 이것을 위한 spring.xml은 다음과 같다.

```xml
<?xml version="1.0" encoding="UTF-8"?>
<beans xmlns="http://www.springframework.org/schema/beans"
    xmlns:xsi="http://www.w3.org/2001/XMLSchema-instance"
    xmlns:osgi="http://www.springframework.org/schema/osgi"
    xsi:schemaLocation="http://www.springframework.org/schema/beans ↵
       http://www.springframework.org/schema/beans/spring-beans.xsd
      http://www.springframework.org/schema/osgi ↵
         http://www.springframework.org/schema/osgi/spring-osgi.xsd">

    <osgi:list id="searchEngineSvcs" interface="chapter04.searchengine.↵
        SearchEngine" />

    <bean id="multiSearchClient" class="chapter12.client.MultiSearchClient" ↵
        init-method="start" >
        <property name="searchEngines" ref="searchEngineSvcs" />
    </bean>
</beans>
```

- <osgi:list> 또는 <osgi:set>를 통해 검색엔진 인터페이스의 모든 리스트를 가져온다.

    하위 엘리먼트인 <comparator>를 이용하여 원하는 순서대로 정렬하는 것도 가능하다.

    ```xml
    <osgi:set id="searchEngineSvcsSet" interface="chapter04.searchengine.SearchEngine" >
        <osgi:comparator>
            <bean class="chapter12.client.SearchEngineComparator" />
        </osgi:comparator>
    </osgi:set>
    ```

    <osgi:reference>에서 사용하는 cardinality는 그대로 사용이 가능하다.
    - 0..N - 서비스가 없어도 주입 가능
    - 1..N - 적어도 한 개 이상의 서비스가 있어야 주입가능

- 이 List와 Set은 SpringDM에 의해 동적으로 관리되며, 주입된 후에 새로운 서비스가 추가되더라도 주입된 변수에서 바로 사용이 가능하다.
- 클라이언트에 주입하는 것은 한 개의 검색엔진을 사용할때와 차이가 없다.

3 SpringDM의 OSGi 지원 옵션

SpringDM에서는 위에서 나열한 옵션들 외에도 매우 다양한 옵션을 제공하고 있다.

- <osgi:service depends-on="AnotherServiceBean" />
    - 서비스 등록 전에 다른 빈이 먼저 초기화되도록 기다린다.
      AnotherServiceBean은 직접 작성한 내부의 빈이 될 수도 있고, 외부에서 받아오는 서비스 빈이 될 수도 있다.

- <osgi:service auto-export="disabled | interfaces | class-hierarchy | all-classes" />
    - SpringDM이 서비스의 인터페이스 등록을 자동으로 처리하도록 한다. 기본값은 disabled이다.
    - interfaces : 해당 빈에 의해 구현된 모든 인터페이스를 등록한다.
    - class-hierarchy : 해당 클래스와 모든 상위 클래스를 등록한다.
    - all-classes : 해당 클래스,상위클래스, 모든 인터페이스를 등록한다.
- <osgi:service><registration-listener ref="myListenerBean" registration-method="svcRegistered" unregistration-method="svcUnregistered"></osgi:service>
    - 선언한 서비스가 등록될 때 또는 제거될 때 특정빈의 메서드를 실행해서 관련된 작업을 수행하게 해준다.
    - <registration-listener registration-method="svcRegistered"><bean class="MyListenerClass /></registraion-listener> 같이 내부에서 빈을 생성하는 것도 가능하다.
    - 각 메서드는 다음과 같은 타입중의 하나로 선언되어야 한다.
        - public void methodName(ServiceType service, Map serviceProps);
        - public void methodName(ServiceType service, Dictionary serviceProps);
- <osgi:reference filter="(image-query-enabled=true)" interface="xx" />
    - OSGi에서 사용하는 filter 표현식을 써서 원하는 속성값을 가진 서비스만 가져온다.
- <osgi:reference bean-name="googleBean" />
    - 해당 bean 이름을 가지는 서비스를 가져온다.
    - 이것은 SpringDM이 서비스를 등록할 때 자동으로 입력하는 org.springframework.osgi.bean.name이라는 속성을 필터링하는 것과 같다. 즉, 위의 표현은 <osgi:reference filter="(org.springframework.osgi.bean.name=googleBean)" />과 같다.

- \<osgi:list or osgi:set greedy-proxing="true | false" interface="xx" /\>
    - 리스트나 셋을 통해 가져오는 모든 서비스는 interface에서 지정한 "xx" 인터페이스를 가지고 있다. 이때 해당 서비스 클래스가 몇 개의 인터페이스를 더 지정하고 있다면 greedy-proxing을 통해서, 가져온 서비스가 모든 클래스를 프록시 처리하도록 할 수 있다.

    ```
    <osgi:list id="searchEngineSvcs" interface="chapter04.
    searchengine.SearchEngine" greedy-proxing="true"/>

    for(Object e:searchEngines) {
        SearchEngine engine = (SearchEngine) e;
        List results = engine.search("query string");

        if (engine instanceof Loggable)
            ((Loggable)engine).sendQueryResult();
    }
    ```

    // 이 예제는 받아온 SearchEngine이 추가적으로 Loggable이라는 인터페이스를 구현하거나 클래스로부터 상속받는다면, 해당 메서드를 더 실행한다.

- \<osgi:service context-class-loader="client | service-provider | unmanaged" /\>
    - OSGi에서는 서비스로 받아온 객체에 대해 메서드가 수행되었을 때 그 컨텍스트의 클래스 로더에 의해 어떤 리소스들이 보여질지를 명시하지 않는다. SpringDM에서는 이것을 context-class-loader로 명시할 수 있다. 기본값은 특정한 처리를 수행하지 않는 unmanaged이다.
    - service-provider : 컨텍스트의 클래스 로더가 해당 서비스를 제공하는 번들의 클래스패스에 있는 모든 리소스를 볼 수 있다.
    - client : 컨텍스트의 클래스 로더가 서비스를 사용하는 클라이언트 번들의 클래스패스에 있는 모든 리소스를 볼 수 있다.

- <osgi:reference context-class-loader="client | service-provider | unmanaged" />
    - 서비스 레퍼런스 시에도 똑같이 context-class-loader를 설정할 수 있다. 레퍼런스할 때는 client가 기본값이다.
    - 만약 <osgi:service> <osgi:reference>가 둘 다 context-class-loader 설정을 한다면 익스포트하는 osgi:service 쪽의 설정이 우선한다.
- <osgi:reference><listener bind-method="onBind" unbind-method="onUnbind" ref="myListenerBean" /></osgi:reference>
    - 레퍼런스가 연결되어 있는 서비스와 실제로 붙었는지 안 붙었는지를 지정한 빈의 메서드를 호출하여 알려준다.
    - <osgi:set> <osgi:list>에도 똑같이 적용 가능하다.
    - 각 메서드는 다음과 같은 타입중의 하나로 선언되어야 한다.
        - public void methodName(ServiceType service, Map serviceProps);
        - public void methodName(ServiceType service, Dictionary serviceProps);
        - public void methodName(ServiceReference ref);
    - bind는 서비스와 연결되었을 때, 서비스가 교체되었을 때, 리스트/셋에 새로운 서비스가 추가되었을 때 호출된다.
    - unbind는 서비스가 unregister되었을 때, 리스트/셋에서 서비스가 삭제되었을 때 호출된다.
- <osgi:bundle id="myBundle" symbolic-name="com.acme.mybundle" location="http://acme.com/repo/mybundle.jar" action="install | start | update | stop | uninstall " />
    - <osgi:bundle>은 spring.xml 내에서 번들 단위의 작업을 가능하게 한다
    - location은 URL 형태로 번들이 있는 위치를 지정한다.

여기까지 SpringDM을 이용하여 OSGi 서비스를 등록하고 가져오는 방법을 알아보았다. SpringDM을 이용하여 서비스를 가져오는 것은 OSGi 코드로 하면 매우 어렵게 코딩해야 했던 부분을 쉽게 설정만으로 할 수 있는 장점이 있다. 만일 여러분이 앞서 얘기했던 것처럼 임베디드 기기에서 개발을 하고 있어서 SpringDM을 쓰지 않고 OSGi만 활용해야 하는 상황이라면 SpringDM의 소스코드를 분석해서 동적으로 서비스 프록시를 관리하는 방법을 눈여겨봐두면 매우 도움이 될 것이다. 실제로 SpringDM의 소스코드는 OSGi 개발자에게 Extender와 Fragment를 매우 잘 사용하는 방법을 알려주는 좋은 예제 코드이기도 하다.

13
SpringDM으로 웹 애플리케이션 만들기

이제 마지막으로 SpringDM이 제공하는 가장 멋진 기능인 웹 애플리케이션 지원에 대해 알아보자.

1 OSGi와 Web 지원

9장에서 살펴보았듯이, OSGi상에서 HTTP 서비스를 이용해 웹을 지원한 것은 R1때부터이다. 초기 OSGi 모델은 임베디드 기기를 대상으로 만들어졌기 때문에, 빠른 속도를 제공하는 서블릿까지가 OSGi가 지원하는 웹 관련 지원의 전부였다. 하지만 OSGi가 점차 다용도로 쓰이게 되면서 서버 측에서도 OSGi를 사용하고자 하는 시도가 생겨났다. 이에 좀 더 유연한 웹 기술 지원을 요구하게 되었고, 몇 년 전부터는 이퀴녹스가 OSGi상에서 JSP를 지원하는 방법을 제공하고 있다.

> **✱ NOTE:**
>
> 이클립스 사이트의 OSGi based JSP Support 페이지를 참고한다. http://www.eclipse.org/equinox/server/jsp_support.php [http://durl.kr/h83]

이를 통해 OSGi 번들에서도 JSP, JSTL을 사용할 수 있게 되었으나, 그렇게 하기 위해서는 여러 가지의 번들을 설치해야 하고, 번들 내부에서 이를 등록하기 위하여 코드를 호출해야 하는 등 기존의 웹 개발과는 약간 다른 부분이 있었다. SpringDM 1.1.0의 가장 큰 변화는 바로 OSGi상에서 웹 애플리케이션 설치를 도와주는 Web Extender의 추가라고 할 수 있다. 이것을 통해 WAR(Web ARchives)라고 부르는 기존의 웹 애플리케이션 구축 단위를 그대로 OSGi 위에서 사용할 수 있게 되었고, 이것은 다시 OSGi의 동적인 라이프사이클 지원과 합쳐져서 서버의 재시작 없이 손쉽게 새로운 애플리케이션을 설치하고 업데이트할 수 있는 기능을 제공하게 되었다. 현재 SpringDM상에서 지원되는 웹 컨테이너는 아파치 톰캣 5.5.x / 6.0.x 버전과 제티 6.1.8+ / 6.2.x 버전이다. OSGi상에서 웹 애플리케이션을 실행하기가 어려운 것은 OSGi가 각각의 클래스 로더를 가지는 번들 단위로 관리되고, 번들 내에서 리소스를 처리하는 방식이 기존과 다르기 때문이다. JVM상에서 독립적인 애플리케이션으로 실행되던 각 웹 컨테이너는 이런 OSGi 환경에 대해 모르기 때문에 번들 내의 리소스를 읽거나 패키지를 참고하는 작업을 못하게 된다. SpringDM은 이 웹 컨테이너와 OSGi 사이를 연결하는 역할을 한다.

- 모든 WAR 파일은 기본으로 Servlet 패키지를 임포트해야 한다.
    - Import-Package: javax.servlet,javax.servlet.http,javax.servlet.resources
- 웹 애플리케이션에서 사용할 각 클래스 및 라이브러리는 번들 클래스패스에 지정한다. 이 중 .,WEB-INF/classes는 거의 모든 WAR에 기본으로 추가되어야 한다.
    - Bundle-Classpath: .,WEB-INF/classes,WEB-INF/lib/<libname>.jar,WEB-INF/lib/log4j.jar
- 외부에 보여질 모든 리소스는 WEB-INF 아래에 저장되어야 한다.
    - 번들 클래스패스에 있는 모든 리소스는 내부에서 사용 가능하지만, 외부에서는 볼 수 없다(WEB-INF를 제외하고)
- JSP, Tag Library의 사용을 지원한다.

실제로 SpringDM상에서 WAR의 지원은 초기에 등록할 때만 SpringDM이 관여할 뿐, WAR 자체를 구동하는 것은 전적으로 웹 컨테이너에 맡기고 있다. 따라서 기존에 웹 컨테이너를 이용해서 개발하던 사람은 프로젝트의 설정만 약간 바꾸어 주면 바로 사용할 수 있게 된다.

2 HelloSpringDM 웹 애플리케이션 만들기

간단한 예제를 통해 OSGi상에서 실행되는 웹 애플리케이션을 만들어 보자. 웹 개발을 위해서는 기존에 사용하던 Eclipse for RCP보다 Eclipse for JavaEE를 설치하는 것이 좋겠지만, RCP를 그냥 이용해 보자. 이 책에서 웹 개발에 관해 자세히는 다루지 않을 것이므로, RCP만 가지고도 예제를 따라 해보는 데는 문제가 없을 것이다.

먼저 일반 번들과 마찬가지로 Plug-in Project를 하나 생성하자. JEE에서는 Dynamic Web Project를 생성하고 프로젝트에서 마우스 오른쪽 버튼을 눌러 PDE Tools ▷ Convert Projects to Plug-in Project...를 선택해서 해당 프로젝트를 Plug-in Project화해야 한다. 이렇게 해야 Run Configuration에서 해당 프로젝트가 보여서 이클립스 내에서 OSGi 타겟 플랫폼을 사용할 때도 우리가 만든 웹 애플리케이션을 추가하는 것이 가능하다. 12장에서와 마찬가지로 Activator는 필요 없다. 아래와 같이 아무것도 없는 빈 프로젝트가 생성되었다.

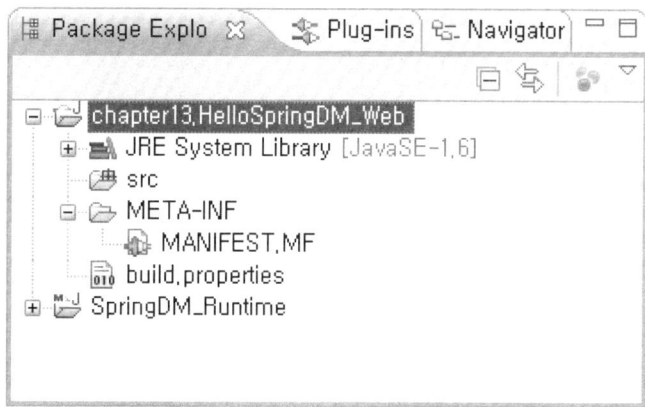

그림 13-1

이것은 아무 일도 하지 않는 번들로, 액티베이터가 없으므로 OSGi상에서 실행할 때 바로 Active가 된다. 즉, Manifest에 OSGi의 필수헤더인 Bundle-ManifestVersion, Bundle-SymbolicName 같은 것만 있는 상태면 OSGi는 번들로 인식한다. 이 상태로 한번 실행해 보자. 이제부터는 웹 서버 실행을 위해 Run Configuration에 모든 번들을 추가하여야 한다.

OSGi & SpringDM

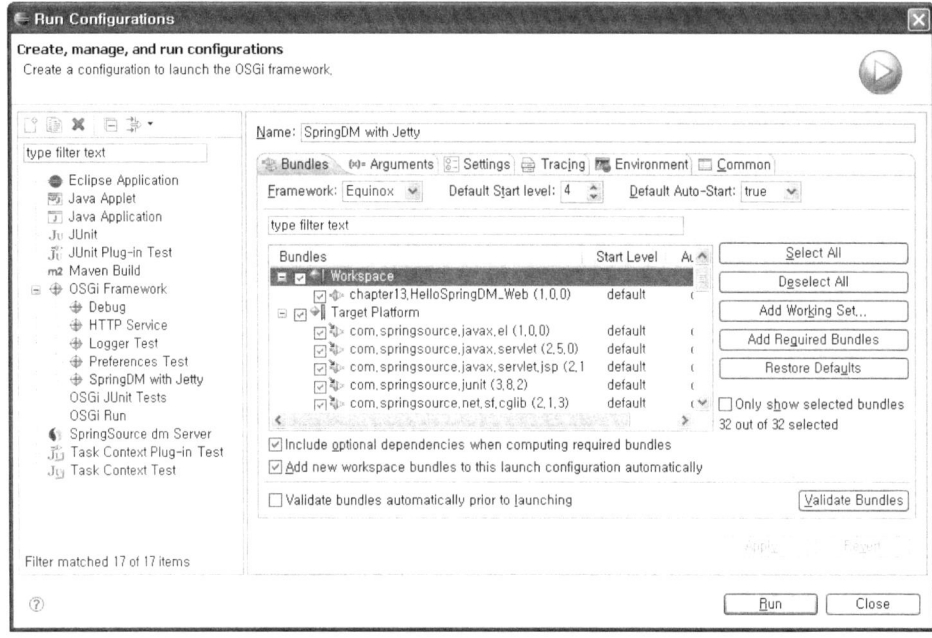

그림 13-2

11장에서 만들었던 타겟 플랫폼의 모든 번들을 선택한다. 여기서는 31개의 번들과 방금 만든 프로젝트가 선택되었다. 실행해보면 다음과 같다. 앞장에서 설정한 log4j 설정은 그대로 사용하였으며, 중요한 로그만 간추렸다.

```
0    INFO  WarLoaderListener  Starting [org.springframework.osgi.web.
extender] bundle v.[1.2.0]

0    INFO  Detected extender custom configurations at {bundleentry://16/META-
INF/spring/extender/jetty-deployer.xml}
```

2009-05-04 08:37:53.899:org.springframework.osgi.web.jetty.internal.
Activator:INFO: Starting Jetty 6.1.x ...

```
485  INFO  JettyWarDeployer    Found service Server@16877f8
```

485 INFO Publishing application context as OSGi service with properties
{org.springframework.context.service.name=org.springframework.osgi.web.
extender, Bundle-SymbolicName=org.springframework.osgi.web.extender, Bundle-
Version=1.2.0}


```
osgi> ss


Framework is launched.


  id    State      Bundle
```

330

13 SpringDM으로 웹 애플리케이션 만들기

```
0      ACTIVE      org.eclipse.osgi_3.4.2.R34x_v20080826-1230
...
15     ACTIVE      chapter13.HelloSpringDM_Web_1.0.0
```

앞 단에서 제티 웹 서버를 실행하는 로그와 Web Extender가 실행되는 것을 볼 수 있다. 앞에서 만든 번들도 실제로 아무런 작업도 수행하지 않지만 번들로는 인식되어 제대로 Active 된 것을 볼 수 있다. Jetty 웹 서버가 잘 실행되었는지 체크하기 위해 브라우저로 한번 접속해보자.

그림 13-3

제티 웹 서버는 잘 실행되었고 아직은 아무런 Context도 등록이 안 되었다고 보여준다.

이제 SpringDM의 Web Extender가 이 번들을 웹 번들로 인식하도록 해보자. 11장에서 언급했듯이 Web Extender는 war 확장자를 가지거나 WEB-INF 폴더가 있는지를 체크한다고 하였다. File ▷ New ▷ Folder를 선택하여 WEB-INF 폴더를 만들자.

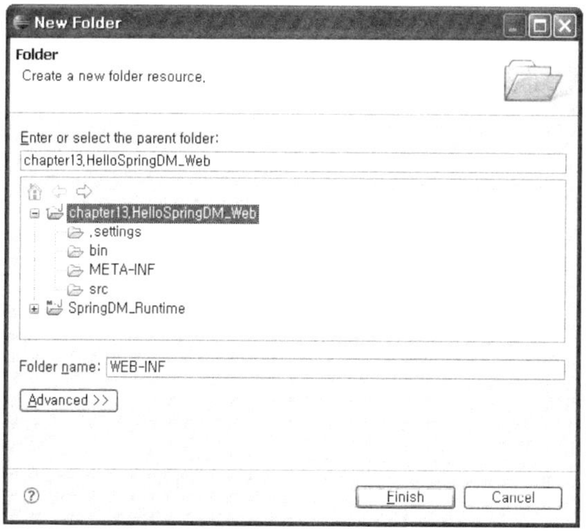

그림 13-4

자, 이제 빈 WEB-INF 폴더가 프로젝트에 추가되었다.

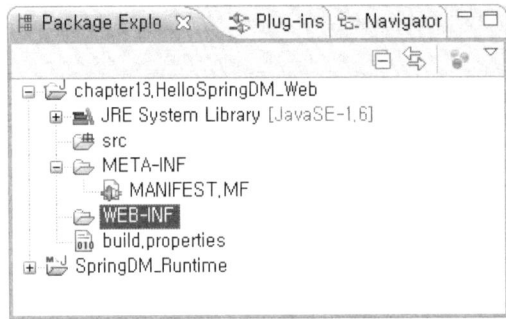

그림 13-5

이제, 아무런 수정도 하지 말고 다시 한 번 실행해 보자. 방금 전에 봤던 로그 다음부분에서 아래와 같은 추가된 로그를 볼 수 있다.

```
640  INFO  [WebExtender-Init] org.springframework.osgi.web.extender.internal.
activator.WarLoaderListener    - HelloSpringDM_Web Plug-in (chapter13.
HelloSpringDM_Web) is a WAR, scheduling war deployment on context path [/
chapter13] (no web.xml detected)

953  INFO  [Timer-0] JettyWarDeployer    - Successfully deployed bundle
[HelloSpringDM_Web Plug-in (chapter13.HelloSpringDM_Web)] at [/chapter13] on
server Jetty-6.1.x
```

첫 번째 줄에서 WEB-INF 폴더가 추가되어, WebExtender의 WarLoaderListener가 HelloSpringDM_Web 번들을 WAR로 인식해서 war로 deployment하는 작업을 스케줄러에 추가한다. 그리고 잠시 후에 타이머에 의해 동작된 JettyWarDeployer가 이 WAR 파일을 /chapter13이라는 위치에 성공적으로 deploy 하였다고 나온다. 단지 폴더만 추가해주는 것으로 간단하게 웹 애플리케이션 등록이 된 것이다. 웹 브라우저에서 확인해보자.

그림 13-6

Jetty가 현재 등록된 모든 context를 보여준다. 아직 web.xml을 통해 아무런 설정도 해주지 않았으므로, 실제 /chapter13 경로에 들어가봐도 번들의 내부 구조만 보일 뿐 아무것도 할 수 없다. 이제 이것을 하나하나 바꿔보자. 먼저 /chapter13이라고 등록된 위치가 마음에 안 든다. 이것은 SpringDM이 기본으로 프로젝트명의 마지막 부분을 제외한 앞 부분을 경로로 자동인식 하기 때문이다. MANIFEST.MF 파일을 열어 다음의 항목을 추가하자.

```
Manifest-Version: 1.0
Bundle-ManifestVersion: 2
Bundle-Name: HelloSpringDM_Web Plug-in
Bundle-SymbolicName: chapter13.HelloSpringDM_Web
Bundle-Version: 1.0.0
Bundle-RequiredExecutionEnvironment: JavaSE-1.6
Web-ContextPath: HelloSpringDM
```

이제 다시 실행해보면 지정한 HelloSpringDM 폴더로 웹 애플리케이션의 주소가 변경되는 것을 볼 수 있다.

```
625  INFO  [Timer-0] JettyWarDeployer     - Successfully deployed bundle
[HelloSpringDM_Web Plug-in (chapter13.HelloSpringDM_Web)] at [/HelloSpringDM]
on server Jetty-6.1.x
```

이 헤더는 SpringDM Web Extender가 사용하는 추가 헤더로, 각 번들의 웹 애플리케이션이 Deploy되는 위치를 지정하는 역할을 한다. 웹 애플리케이션 관련해서 SpringDM에 설정해주는 부분은 이 헤더밖에 없다. 꼭 기억해 두자. 이제 JSP 파일을 하나 추가하여 진짜 HelloSpringDM 페이지를 만들어 보자. WEB-INF 아래에 jsp 폴더를 만들고 hello.jsp 파일을 추가한다.

```
<%@ page info="Hello SpringDM on Web" %>
<%@ page import="java.util.*,java.text.*"%>
<html>
<head>
    <meta http-equiv="Content-Type" content="text/html; charset=UTF-8" />
    <link rel="stylesheet" href="./css/web.css" type="text/css" />
    <title>Hello SpringDM</title>
</head>
<body>
```

〈다음 쪽에 예제 코드 계속〉

```
<h1>Hello SpringDM on Web with JSP !!</h1>

<h2>HTTP Session Info by JSP</h2>
  <% Format formatter = new SimpleDateFormat ("yyyy-MM-dd' 'HH:mm:ss"); %>
  <center><table>
    <tr><td>Host</td><td><%=request.getRemoteAddr()%></td></tr>
    <tr><td>Session Id</td><td><%=session.getId()%></td></tr>
    <tr><td>Creation Date</td><td><%=formatter.format(new Date(session.↵
        getCreationTime()))%></td></tr>
  </table></center>

<h2>Image Resource Loading in Bundle</h2>

  <img src="./img/helloworld.jpg"/>


</body>
</html>
```

* 이 예제는 SpringDM 배포본에 들어 있는 예제인 simple-web-app의 hello-osgi-world.jsp를 단순화한 것이다.

이제 이 내용을 연결해 줄 web.xml 파일을 WEB-INF 폴더에 만들자.

```
<?xml version="1.0" encoding="ISO-8859-1"?>
<web-app xmlns="http://java.sun.com/xml/ns/j2ee"
    xmlns:xsi="http://www.w3.org/2001/XMLSchema-instance"
    xsi:schemaLocation="http://java.sun.com/xml/ns/j2ee ↵
        http://java.sun.com/xml/ns/j2ee/web-app_2_4.xsd"
    version="2.4">

    <display-name>Hello SpringDM on Web</display-name>
    <description>Simple War for OSGi and SpringDM</description>

    <welcome-file-list>
        <welcome-file>WEB-INF/jsp/hello.jsp</welcome-file>
    </welcome-file-list>
</web-app>
```

그리고 이 장의 처음에서 말했듯이, OSGi 용 웹 애플리케이션이 되기 위한 몇 개의 값을 MANIFEST.MF에 추가한다.

```
Manifest-Version: 1.0
Bundle-ManifestVersion: 2
Bundle-Name: HelloSpringDM_Web Plug-in
Bundle-SymbolicName: chapter13.HelloSpringDM_Web
Bundle-Version: 1.0.0
Bundle-RequiredExecutionEnvironment: JavaSE-1.6
Web-ContextPath: HelloSpringDM
Import-Package: javax.servlet,
 javax.servlet.http,
 javax.servlet.resources,
 javax.servlet.jsp
Bundle-Classpath: .,WEB-INF/classes
```

사실 현재 예제에서는 WEB-INF/classes는 사용하지 않으므로 꼭 추가해줄 필요는 없지만, 개발 할 때 잊어버리고 왜 에러가 나는지 다시 확인을 하는 경우를 줄이기 위해, 프로젝트 생성 시부터 넣어주는 게 좋다. 그리고 이미지 파일 하나와 CSS 파일을 만들어준다.

```
BODY { font-family: Tahoma;font-size:12px;padding 5px ; text-align:center;}

TABLE { border: 1px solid grey;}
TD { padding : 5px; border: 1px solid #EFEFEF ; text-align:center }
```

여기까지 만들고 폴더 구성을 만들면 다음과 같다.

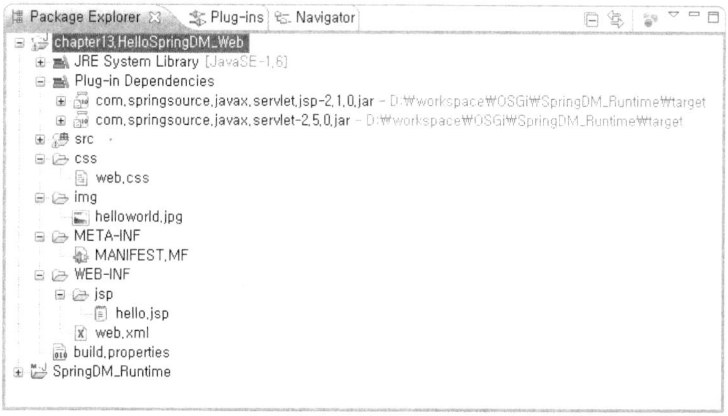

그림 13-7

Manifest에서 지정해준 javax.servlet 패키지 선언으로 TargetPlatform(SpringDM_Runtime) 안에 들어 있는 javax.servlet과 javax.servet.jsp 번들이 Plug-in Dependencies 항목에 추가 되었다. 이제 실행 후 다시 접속해 보면 다음과 같은 화면이 출력된다.

그림 13-8

JSP를 이용하여 현재 세션의 정보를 출력하였고, 번들 안에 있는 CSS 파일 및 이미지 파일도 적용되었다.

앞서 말했듯이, SpringDM을 활용한 웹 애플리케이션 개발은 초기 세팅 부분을 제외하고는, 기존의 웹 애플리케이션과 차이가 없다. 스프링에서 제공하는 MVC 라이브러리도 바로 적용할 수 있다. 웹 관련 개발에 관한 것은 일반 자바 웹 애플리케이션 개발 자료를 참고하면 된다.

찾아보기

| 기호 |

$(workspace_loc) 64

| ㄱ |

강한 결합 9
구현 72

| ㄴ |

느슨한 결합 71

| ㄹ |

라이프 사이클 6
라이프 사이클 레이어 43
랭킹 77
레이어 10

| ㅁ |

마틴 파울러 266
모듈 레이어 38

| ㅂ |

번들(Bundle) 6, 37
번들 Manifest 39
번들컨텍스트 43, 44

| ㅅ |

생명주기 43
생성자 주입 266
서블릿 222
서비스 71
서비스 레이어 69
서비스 레지스트리 11
서비스 지향 아키텍처 9
설정 영역 30

세터 주입 266
스냅샷 110
스프링 프레임워크 265

| ㅇ |

영구 저장소 46
웹 애플리케이션 327
의존성 5, 265
의존성 주입 265, 266
이벤트 핸들러 115
이퀴녹스 16
이클립스 10

| ㅈ |

제어 역전 265, 266
조각 번들 68

| ㅋ |

콘솔 160, 255
타겟 플랫폼 278
퍼스펙티브 25
화이트보드 패턴 108

| A |

Activator.java 25
addBundleListener 54, 94
addFrameworkListener 55, 94
addServiceListener 54, 94
Attaching 68

| B |

Blueprint 8
BND 247
build.properties 34

Bundle 44
Bundle-ActivationPolicy 41
Bundle-Activator 41
BundleActivator 32, 52
Bundle-ClassPath 41
BundleContext 43
BundleContext.installBundle 48
BundleEvent 93, 95
BundleListener 95
bundlelocation 184
Bundle Location 45
Bundle-ManifestVersion 40
Bundle-Name 40
Bundle-RequiredExecutionEnvironment 41
Bundles 11
Bundle Symbolic Name 45
Bundle-SymbolicName 40
Bundle-Version 41
ByteCode 9

|C|

Class Loader 39
ClassNotFoundException 41
ClassPath 5
CommandProvider 166
Concierge 15, 16
config.ini 43, 258
Configurable 184
Configuration 8, 161
Configuration Admin 13, 160
Configuration Area 30, 210
createFactoryConfiguration 164

|D|

Dependency Injection 265
Distributed OSGi 8

|E|

Eclipse 10
Eclipse for RCP/Plugin Developers 18

Enterprise 8
Equinox 15, 327
ERROR 102
Event 8
Event Admin 14, 109
EVENT_FILTER 119
Event Object 112
   Properties 113
   Topic 113
EVENT_TOPIC 119
Execution Environment 8, 11
Export-Package 42
Export Wizard 64
Extender 94, 325

|F|

Felix 15
Filtering 예제 119
Fragment 20, 325
Fragment Bundle 68
Framework 12
FrameworkEvent 93, 99
   ERROR 102
   PACKAGES_REFRESHED 102
   STARTED 102
   STARTLEVEL_CHANGED 102
FrameworkListener 99

|G|

getAllServiceReferences 54
getBundle() 54
getBundles() 61
getConfiguration 163
getDataFile 55, 211
getLocation() 61
getLog() 129
getProperty 55
getService 54, 80
getServiceReferences 54
getSystemPreferences() 212

getUserPreferences 212
getUsers() 212

| H |

help 32
HTTP 12, 222

| I |

Implementation 72
Import-Package 42
installBundle 44, 53
Inversion of Control 265
IoC 265

| J |

JAR 5, 38, 243
Java ARchive 38
Java Development Kit 17
java.util.Properties 159
javax.servlet 224
javax.servlet.http 224
JDK 17
JSP 228, 327
JSR-277 6
JSR-291 6
JVM 9, 70

| K |

Knopflerfish 15

| L |

Launch Configuration 27
Layer 10
Life Cycle 43
Life Cycle Layer 11
listConfigurations 164
log 128
Log 12
Log4j 124, 125
LogEntry 129

LogReaderService 129
LogService 128
Loose Coupling 71

| M |

Managed Service 163
Managed Service Factory 163
MANIFEST.MF 6, 25, 34
Maven 277
META-INF 6
MODIFIED 103
Module Layer 11
MVC 336

| O |

org.osgi.service.http 224
OSGi 5
OSGi Alliance 7
OSGi Log 127
OSGI-OPT 6
OSGi Service 12
OSGi 공개 표준 명세 7
OSGi 아키텍처 10
OSGi 커맨드라인 명령어 31
 ss 31
 start 31
 stop 31
 update 31
OSGi 프레임워크 번들과 상태
 ACTIVE 51
 INSTALLED 48
 RESOLVED 48
 STARTING 50
 STOPPING 51
 UNINSTALLED 51

| P |

Package Admin 12
PACKAGES_REFRESHED 102
Parameterized Logging 124

Permission Admin 8
Persistence Storage 46
Persistent Area 210
Perspective 25
Plain Old Java Object 267
POJO 267
postEvent 121
Preference 8
Preferences 13, 212
ProSyst mBedded Server 15

| R |

RANKING 91
REGISTERED 103
registerResource 223
registerResources 222
registerService 54, 76
registerServlet 222, 223
removeBundleListener 55, 94
removeFrameworkListener 55, 94
removeServiceListener 54, 94
Require-Bundle 42
Resolving 49
RFC2254 119
RFC2254 - Filter 정의 120

| S |

Security Layer 11
sendEvent 121
ServiceEvent 93, 102
Service Layer 11, 69
Service Oriented Architecture 9
SERVICE_RANKING 77, 313
ServiceReference 79
ServiceRegistration 77
Service Registry 9, 11
Service Tracker 13
ServiceTracker 86
SLF4J 124
SOA 9, 70

SpringDM 8, 271
Spring Dynamic Modules for OSGi 271
SpringIDE 274
ss 29
STARTED 102
Start Level 8, 13, 91
STARTLEVEL_CHANGED 102
Strong Coupling 9

| T |

Target Platform 21, 27
Topic 113

| U |

ungetService 54
Universal Framework 8
UNREGISTERING 103
URL Handler 8

| V |

Virtual Machine 9

| W |

waitForService 87
WAR 328
Web Extender 328
WEB-INF 332
Whiteboard Pattern 108
Workspace 19

| X |

XML Parser 8